21세기 한국 이슬람의 어제와 오늘

Islam in Korea in the 21st Century: The Past and Present

by Chung-Soon Lee

21세기 한국 이슬람의 어제와 오늘

copyright ⓒ 대서출판사 2012

초판 1쇄 인쇄 2012년 10월 25일
초판 1쇄 발행 2012년 10월 30일

  지은이 이정순
  펴낸이 장대윤

  펴낸곳 도서출판 대서
   등록 제22-2411호
   주소 서울시 서초구 방배동 981-56
   전화 02-583-0612 / 팩스 02-583-0543
   메일 daiseo1216@hanmail.net

  디자인 참디자인(02-3216-1085)

    * 책 값은 뒤표지에 있습니다.
    * 파본은 교환해 드립니다.
    * 이 책의 내용과 사진은 저작권법에 의해 보호를 받는 저작물이므로
     무단 전재나 무단 복제할 수 없습니다.
    * 독자의 의견을 기다립니다.

   ISBN : 978-89-92619-73-8 (03230)

21세기 한국 이슬람의 어제와 오늘

Islam in Korea in the 21st Century;
The Past and Present

이정순 지음

도서출판 대서

머리말

　한국사회는 전 세계에서 가장 빠른 속도로 고령화하고 있어 2045년에는 세계 최고령 국가가 될 것이란 전망이 나왔다. 2012년 6월 19일 국제금융센터에 따르면, 영국투자은행인 로열뱅크 오브 스코틀랜드(RBS: The Royal Bank of Scotland)는 '인구 고령화가 한국경제에 미치는 영향'이라는 보고서를 통해 한국인의 평균나이가 2045년에는 50세로 세계에서 가장 높을 것으로 전망했다. 인구 고령화로 한국의 노동인구는 2016년부터 감소하기 시작해 2020년부터는 유럽과 일본의 노동인구 감소 속도보다 빨라질 것으로 예상했다.[1] 이러한 전망에 따라 한국은 앞으로 이주노동자를 더 필요로 하게 될 것이라는 전망을 가지고 있다. 이것은 이주 무슬림[2] 노동자들이 현재보다도 더 많이 한국에 유입될 가능성이 높음을 시사한다. 이에 우리는 한국 이슬람이 어디까지 와 있는가를 올바로 인식할 필요가 있다.

　이슬람은 아라비아 반도의 사막에서 발흥되어 지난 1400여년 동안 전 세계적으로 확산하며 발전되었다. 오늘날 우리는 무슬림을 중동뿐만 아니라 아프리카, 남미, 유럽과 북미, 아시아등 전 세계어디서든지 쉽게 만날 수 있다. 이슬람은 각 나라의 문화와 접촉해 새로운 문화를 만들어 내며 그들 나름대로 정체성을 형성하며 그 뿌리를 내리고 있다. 따라서 21세기 이슬람 문화는 과거의 전통과 현대의 문명이 혼합된 특유한 문화이다. 현재 전 세계 무슬림 인구는 약 16억 명이며, 세계 인구의 4분의 1이다. 유엔은 이와 같은 추세라면 2200년이면 이슬람이 세계 최대의 종교[3]가 될 것이라고 예측하기도 했다.

오늘날 한국을 비롯하여 비이슬람 국가에서 무슬림들의 수적 증가율이 높아지고 있다. 약 15만 명에 이르는 무슬림들을 한국의 전역에서 발견할 수 있다. 무슬림은 이제 더 이상 먼 나라 사람들이 아니라 우리의 삶의 현장에서 쉽게 만날 수 있는 이웃으로 살아가고 있다. 이슬람은 다양한 모습으로 한국인들에게 다가오고 있다. 한국에서 이슬람은 '이슬람은 평화'라는 태도를 내세우며 다가오므로 공격적인 모습은 아닐지라도 분명한 것은 파장을 일으키고 있는 것이다.

21세기에 들어와 한국은 더 이상 단일 문화국가가 아닌 다문화국가로 급격하게 변화하고 있는 것이다. 이러한 변화는 한국에서 무슬림의 증가가 단일문화의 한국사회를 다문화사회로 점차 변화시키기 시작하는 계기가 되고 있다. 무슬림들이 더 이상 한국에 소수로 자리 잡고 살아가는 것이 아님을 의미한다. 그들은 한국사회에 영향력을 끼칠 수 있는 다수로서의 정체성과 문화를 형성해가고 있다. 따라서 무슬림에 대한 한국사회의 관심과 이해가 더욱 깊이 있게 요구되고 있다.

2001년도 한국이슬람중앙회측은 한국인 무슬림이 3만4천여명[4]이라고 발표하였다. 『한겨레신문』은 2011년 5월 17일-20일까지 '한국의 무슬림'이라는 주제 하에 4일간 연속기사를 내보냈다. 5월 17일자 『한겨레신문』 1면에는 한국에 13만~14만 명의 무슬림이 살고 있으며, 이 가운데 적어도 4만5천여 명은 한국인이라고 소개[5]하고 있다. 이러한 통계에 의하면,

한국인 무슬림은 지난 10년 동안 32.3%의 성장률을 보이고 있다.

역사적으로 이슬람과 한국과의 문화적 교류는 신라시대부터 시작되었다. 근대에 와서는 1950년대 한국전쟁에 유엔군으로 참전한 터키 군인들이 이슬람을 전파했지만 1960년대까지 그 활동은 매우 미약했다. 1970-80년대 중동에 진출한 한국인 건설근로자들 중에 일부가 무슬림이 되었다. 1980-90년대 이슬람권 국가에 유학한 한국인들이 유학 중에 무슬림이 되어 귀국 후에 책출판과 대중 매체를 통하여 이슬람을 적극적으로 소개하였다. 또한 노동인력으로 한국에 온 외국인 무슬림들과 접촉한 한국인들 중 일부가 무슬림이 되기도 하였다.

이슬람은 막강한 오일머니를 통해 국내 곳곳에 모스크를 세우고 성인들뿐만 아니라 어린아이들까지 포교 대상으로 삼고 있다. 1976년 5월 서울 용산구 한남동에서 한국 역사상 최초로 중앙모스크가 개원했다. 그 이후 2012년 8월 현재 국내에 모스크가 17개(11개의 모스크와 모스크 역할을 하는 6개의 문화센터[6])이다. 모스크로의 발전을 기다리고 있는 이슬람 임시 예배소는 서울 지역 5개를 비롯하여 광주, 인천, 대구, 부산, 대전 등 전국에 60여개소[7]가 있다. 2011년 12월 16일자 한국이슬람교의 『주간무슬림』에는 남이섬에 관광휴양지내에 있는 종합음식상가(밥플렉스) 건물 2층에 무슬림 관광객들을 위한 예배실과 우두실이 마련되었다고 안내하고 있다.

2008년 11월 『국민일보』가 글로벌리서치에 의뢰해 실시한 설문조사 결과 응답자의 87.2%가 '이슬람의 내용이나 특징에 대해 모른다'고 답했다. 무슬림이 점진적으로 증가하는 것에 대해서도 크게 개의치 않는 것으로 조사[8]됐다. 2008년 12월 10일 명동 청어람에서 열린 '이슬람포비아(Islamophobia: 이슬람 혐오증·공포증) 실체를 진단한다'의 주제 포럼에서 중동

머리말 **7**

지역 K선교사는 "현재 이슬람의 포교활동에 관련된 보도 내용 중 상당수가 근거가 불충분하거나 사실이 아닌 경우가 많다"[9] 라고 지적했다. 또한 2009년 4월 18일 한국선교신학회 '이슬람선교포럼'에서 K교수는 "이슬람포비아는 타당성이 결여된 음모이론에 가까운 일방적인 주장"이라고 단언하며 "이런 위기감으로 인해 보수·근본적 선교사역자들이 음모론을 확산시켰다"[10] 라고 주장했다. 그러나 K선교사와 K교수의 주장이 실린 기사가 한국인 무슬림의 홈페이지[11]에 올려져 있어 오히려 이슬람측에서 역으로 이용하고 있다.

현재 이슬람에 대한 우리의 이해가 매우 편식되어 있다. 한국 선교단체 간의 이슬람에 대한 인식이 다르고, 이슬람에 대하여 강의하는 강사들끼리도 의견이 다르다. 그동안 이슬람 '포용론'과 '경계론'으로 양분화 되어 있었다. 이로 말미암아 이슬람에 대하여 잘 모르는 성도들만 혼란이 더 가중되고 있다. 또한 선교현장에서 사역하는 선교사들에게도 혼란을 주고 있다. 이슬람에 대한 더욱 올바른 이해와 무슬림을 향한 사역에 전략적인 관심이 모아져야 할 때이다.

이슬람을 올바로 알려고 할 때 이슬람 국가별로 서로 다른 양상이 있음을 알고 그것에 맞는 이해와 연구를 해야할 것이다. 이슬람권지역에서 사역하는 사역자라도 자신의 지역에 대해서만 잘 아는 것이지 다른 모든 이슬람권지역의 사역을 깊이 연구하지 않고 다 아는 것처럼 이야기한다면 분명 실제 상황과는 다른 큰 차이를 가져오게 될 것이다. 610년에 발흥하여 21세기까지이어져 오는 약 1400년의 역사를 가진 이슬람을 오늘의 시각만으로 보아서는 안 된다. 그 시대별 특징과 이슬람이 전파된 나라마다 다른 환경에서 변형된 이슬람인 것을 고려해야 할 것이다. 꾸란이 쓰인 7세기 이슬람과 21세기의 이슬람은 공통점이 있지만 다른 면이 매우 많다.

　한국 이슬람이 출판한 책들 중에는 한국인들이 이슬람에 대해 서구적 관점으로 인한 편견을 갖지 않도록 하기 위한다고 하면서 객관성 보다는 이슬람을 다양하게 포장하고 있는 것들이 많다. 이런 정보는 한국사회에 또 다른 편견을 갖게 한다.

　필자는 1980년부터 12월 말레이시아를 처음 방문하여 큰 충격을 받았다. 특히 금으로 된 원형 모스크와 더운 날씨에 베일을 착용하고 길거리에 다니는 여성들과 여중생들도 교복으로 베일용 스카프를 착용하고 다니는 모습 등이 이슬람에 관심을 갖게 하였다. 그 후 2012년 겨울 쿠웨이트를 방문하기 까지, 필자는 지난 32년 동안 이슬람에 관심을 가지고 중동과 북 아프리카의 이슬람 국가를 포함하여 유럽과 북미, 남미, 동·서 남아시아, 중앙아시아, 아프리카 등을 방문하여 현장조사와 학문적 연구를 하였다. 학문적 연구를 더 깊이하기 위하여 2004-2012년 겨울, 봄 학기 시작 전에 영국 옥스퍼드 대학교(Oxford University)의 첫 학기 동안 방문연구원(Visiting Fellow)으로 네 번과 여름에 한 번, 모두 다섯 번 방문하였다.

　2006년 2월 19일 필자는 영국 옥스퍼드대학교에서 방문연구를 한 후 귀국길에 카타르 항공에 탑승했다. 카타르에서 한국에 오는 중간에 북경에서 한 번 더 탑승객을 내려주고 마지막 기착지로 인천에 들어오는 여정이었다. 북경에서 많은 승객이 내리고 나니 비행기가 텅 빈 것처럼 몇 십 명 안남았는데 비행기 중간

2006년 2월 카타르항공에서 만난 한국인 무슬림 소녀 K 양 (저자촬영)

에 무슬림 소녀가 혼자 앉아있기에 그쪽으로 다가가서 영어로 말을 걸었다. 인사를 나누다 보니, 무슬림 소녀가 "저 한국 사람이 예요"라고 말을 하기에 깜짝 놀랐다. '아마 부모님 중에 한명이 외국인인가 보다'하고 질문하니 부모님이 모두 한국인이라고 했다. 다만 부모가 무슬림들이기 때문에 아랍어를 공부하러 무슬림 소녀(K양)가 아프리카 수단에 갔다가 방학을 맞이하여 한국에 입국하면서 평상복이 아닌 무슬림 여성들의 의상을 착용하고 비행기를 탄 것이었다. 이 일을 계기로 필자는 한국인 무슬림들에 대하여 더 관심을 갖게 되었다.

이에 필자는 평소에 관심을 가지고 수집하여 온 한국인 무슬림에 대한 자료를 정리하여 한국인 이슬람 개종 요인을 연구하여 학회지에 발표하였다. 그리고 전에 발표한 모스크의 역할과 상징성은 책으로 엮고자 약간의 수정과 편집을 하였다. 이 책에서 무슬림 여성의 베일외에는 무슬림 여성의 삶과 문화에 대하여서는 언급하지 않았다. 필자의 다른 책『이슬람 문화와 여성』에 구체적으로 쓰여 있기 때문이다.

이 책에서 한국 이슬람의 역사는 이미 역사를 연구한 분들의 책을 주로 인용하였다. 그러나 한국인의 이슬람 개종 사례는 이에 대한 공신력과 객관성을 높이기 위하여 추측성의 보도가 아닌 필자가 오랫동안 수집한 한국의 주요 신문의 기사들과 한국이슬람중앙회의 자료 등을 인용하였다. 이것은 한국 이슬람에 대하여 막연한 추측이나 소문이 아닌 구체적인 실체에 근거해 현실을 직시하기 위해서이다. 신문 기사에 난 사람들의 이름은 약자로 처리하였다. 이 책은 이슬람과 기독교의 신학적인 논쟁이나 이슬람포비아를 부추기는 것이 아니며, 한국사회와 한국교회가 한국인 무슬림의 증가 현상을 올바로 인식하여 이해하도록 하기 위한 것이다. 또한 신학적인 것보다는 우리가 이슬람에 대하여 이해하기 위하여 필요한 일반적인 이슬람의 역사, 종교, 문화·사회적 관점과 무슬림들의 신앙과 행위에 대하여 서술하였다. 특히 한국사회와 교회가 무슬림을 단순히 비방하는 것이 아니라 그들의 실상과 확산에 대한 좀 더 바른 이해를 갖도록 하려는 데에 있다.

  이 책이 독자들에게 21세기 한국 이슬람을 이해하는데 유용성을 제공하며 올바른 안목을 기르는데 실제적인 도움이 되기를 기대한다. 이 책을 출판하는데 수고를 아끼지 않은 도서출판 대서에 진심으로 감사한다.

2012년 10월

이 정 순

우리안에 이슬람 어떻게 대처할 것인가*

무슬림 상대적 약자란 생각은 위험, 교회가 침묵하면 확산은 시간문제

현재 선교학계는 전 세계 무슬림 인구를 최대 16억명, 세계 인구의 4분의 1까지 추정한다. 유엔은 2200년이면 이슬람교가 세계 최대 종교가 될 것이라고 예측하기도 했다. 이슬람은 때로는 강제로, 때로는 교묘한 방법으로 확산되고 있다

한국인들이 갖고 있는 이슬람의 이미지는 무엇일까. 대부분 이슬람 하면 석유, 테러, 검정 베일, 사막을 떠올릴 것이다. 이슬람 사회와 문화는 우리와 확연히 다르다. 이슬람 국가간도 많은 차이가 있다. 예를 들어 이란과 시리아가 비슷한 것처럼 보이지만 한국과 태국 정도의 차이가 있다. 이슬람 세계는 획일화된 하나의 세계가 아니다. 다양성과 공통성이 동시에 존재한다. 때문에 고정된 관념으로 이슬람 사회와 문화를 보면 안 된다.

지난달 말 스위스 의회는 모스크 첨탑 설치 문제를 놓고 국민투표까지 거쳐야 했다. 유럽의 이슬람에 대한 뿌리 깊은 경계심은 '이슬람모포비아 (Islamophobia·이슬람혐오증)'를 넘어 '유라비아(Eurabia·유럽의 아랍화 또는

---

* 이 글은 국민일보 2009. 12. 16일자. 33면에 필자가 쓴 내용이다.

유럽의 이슬람화)'의 공포로 확대되고 있다. 유럽인들이 정작 두려워하는 것은 무슬림 여인들의 베일이나 자살폭탄 테러가 아니라 무슬림 '인구폭탄'이다. 지난해 말 유럽의 무슬림 인구는 5146만명으로, 유럽 인구의 7%에 달했다. 2015년에는 14%, 2025년에는 20%에 이를 것이라는 전망이 나왔다.

한국교회는 더 이상 이슬람의 확장에 대해 무관심해서는 안 된다. 어린아이들까지 포교 대상으로 삼고 있는 증거가 있기 때문이다. 현재 국내 한국인 무슬림 가운데 이슬람권에서 박사학위를 취득한 뒤 교수로 재직하면서 이슬람을 적극 전파하는 이들도 있음을 잊어서는 안 된다. 따라서 국내 일부 선교학자나 중동에서 사역하는 선교사들이 이슬람 확장에 대해 안일하게 대처하는 모습을 보면 매우 안타깝다. 최근 국내 이슬람의 발전을 살펴볼 때 그리 단순한 문제가 아니기 때문이다.

대학입학수학능력시험에서 아랍어가 '로또과목'으로 알려져 해마다 선택비율이 폭발적으로 늘고 있다. 사법연수원은 2007년 정식 외국법 과목으로 '이슬람법'을 개설했다. 수강인원 120명인 '이슬람법과 문화' 과목은 순식간에 마감될 정도로 인기가 높다. 이 강좌를 수강한 40여명의 연수생들은 이슬람법학회를 창립하기까지 했다.

현재 한국이슬람중앙회(Korea Muslim Federation)는 '주간 무슬림'을 발행하고 있다. 지난 10월 30일자 '주간 무슬림' 942호 18쪽의 주간소식란에는 다음과 같은 내용이 실렸다. "교단 관계자 터키 방문…방문 결과 아지즈 마흐무드 후다이 재단에서 출판한 서적 중 한국 실정에 맞는 책을 연간 3권 이상 번역 출판하기로 합의하였고, 한국에 선교사 1명을 파견해 이슬람 선교에 이바지하기로 하였습니다. 또한 여성 입교자 교육을 3개월 과정으로 개설해 여성 무슬림 교육에 지원하기로 하여 향후 본회에서 선발하여 보내기로 하였습니다. …"

일부 한국 기독교인들 중에는 유럽의 이슬람과 한국의 이슬람이 매우 다르기 때문에 그다지 위험하지 않다는 논리를 펴기도 한다. 유럽은 오랫동안 무슬림의 이주가 진행되면서 이슬람 사회가 형성된 반면 한국 무슬림들은 일시적 체류자, 약자인 디아스포라라는 시각이다. 이는 너무나도 안일한 판단이다. 영국에서 무슬림 인구가 50만명에서 240만명으로 늘어나는 데 4년밖에 걸리지 않았다.

현재 한국인 무슬림은 약 4만명이다. 외국인 무슬림은 14만명에 달한다. 모스크는 서울 부산 전주 인천 광주 안양 안성 파주 부평 등에 있다. 이슬람센터 4곳, 이슬람 예배처소 60여곳이 있다. 서울 이태원 '이슬람 중앙모스크'를 중심으로 이란 터키 등에서 온 2000여 무슬림이 마을을 형성해가고 있다.

이희수 한양대 교수는 1997년 터키에서 발표한 '한국내 이슬람의 출현(The Advent of Islam in Korea)'[12] 이란 책에서 한국을 이슬람화하기 위해선 네 가지를 고려해야 한다고 밝혔다. 첫째, 젊은 세대들을 이슬람권에서 집중적으로 교육시켜 무슬림 리더로서 삶을 통해 이슬람 선교(다와)에 헌신토록 한다. 둘째, 한국문화와 이슬람 원리 사이의 갈등을 해결하고 이슬람을 알기를 원하는 한국인들을 위해 잘 디자인된 책을 출판한다. 셋째, 한국사회에 접근하기 위해 이슬람연구소를 설립해 다양한 주제

이희수 교수의 책

로 이슬람을 전공한, 젊은 최고의 무슬림 학자들을 배출한다. 넷째. 이슬람 진리에 기초한 인재 육성을 위해 이슬람 대학을 설립한다. 이같은 이 교수의 제안은 지난 10년간 한국에서 착실히 진행되고 있음을 국내 세계무슬림청년협의회의 활동사례에서도 충분히 알 수 있다.

지금이 이슬람을 올바로 이해하고 철저히 준비해야 할 때이다. 이슬람 포비아가 과장된 측면이 있다면서 무시만 할 것인가. 이슬람을 과대 평가하거나 과소 평가하지 말고 균형 잡힌 시각을 가져야 한다. 교회가 움직이지 않으면 무슬림들이 적극 이슬람을 홍보할 것이기 때문이다.

차 례

1. 머리말: 이 책을 쓴 동기와 목적 • 5
2. 우리안에 이슬람 어떻게 대처할 것인가 • 12

제1부: 한국 이슬람

1장 • 한국 이슬람에 대한 분석
1. 한국 이슬람 역사 • 21
2. 한국인의 이슬람 개종 요인 분석 • 41
3. 한국 이주 무슬림 현황 • 80
4. 한국 거주 무슬림남성과 한국여성의 결혼실태 • 84

2장 • 한국의 다문화 사회
1. 한국 이주민 현황 • 89
2. 다문화사회 양상 • 98

제2부: 이슬람의 배경과 신학

1장 • 이슬람의 발생과 확장 배경
1. 무함마드의 생애 • 109
2. 이슬람의 확장과 현황 • 114
3. 이슬람 분파와 그 발생 배경 • 131

2장 • 이슬람의 교리와 신학
  1. 이슬람 의무 • 143
  2. 기독교와 이슬람의 신학적 차이 • 151
  3. 샤리아(Sharia; 법) • 161
  4. 수피즘(Sufism) • 164
  5. 민속이슬람(Folk Islam) • 171

제3부: 이슬람 문화·사회

  1. 이슬람의 2대 축제: '이드 알 피트르(Eid-al-Fitr)'과 '이드 알 아드하(Eid-al-Adhar)' • 181
  2. 수쿠크(Sukuk) • 185
  3. 움마(Ummah) • 188
  4. 이슬람 모스크의 상징성과 역할 • 194
  5. 아랍인의 관습과 예의 범절 • 218
  6. 무슬림 여성의 베일 • 232

제4부: 이슬람 사역 방안

  1. 이주 무슬림들을 위한 사역 방법 • 240
  2. 한국인의 이슬람 개종 대책 • 247

맺는말 • 256

미주 • 260

제1부
한국 이슬람

Islam in Korea in the
21st Century;
The Past and Present

1장
한국 이슬람에 대한 분석

1. 한국 이슬람 역사

무함마드에 의하여 사우디아라비아에서 620년에 태동한 이슬람은 632년 그의 사후부터 확장하기 시작하였으며 676년경에 한반도까지 도달하게 되었다.

통일신라시대(676-935년)

신라는 백제를 통해서 중국과 교류할 기회를 갖게되었다. 한국과 이슬람 세계와의 최초 접촉은 국제무역을 통해서 통일신라 말기 및 고려전기에 주로 페르시아계(현재의 이란) 무슬림들과의 교류로 시작되었다. 중국 동남부에 거주하던 무슬림 상인들이 통일신라까지 들어와서 교역상품과 이슬람 문화를 전하였다.

아시아 정치의 중심지였던 당나라의 수도 장안에는 이슬람 제국의 사절과 무슬림 상인들이 빈번히 왕래하였으며 아랍과 서역 물품들이 대량

양직공도

유입되었다. 당과 친밀하게 교류 했던 통일 신라인들은 매년 1회 이상 사절단을 장안에 파견하였으며, 703-738년에는 당 조정의 각종 행사에 46회 이상 대규모 사절단을 파견했다. 중국 기록에는 651-798년에 최소한 37회의 아랍 사절단이 장안에 당도했다는 내용이 있다.『일본서기』753년의 기록에 의하면 장안에서의 궁중하례에 신라와 일본 사절단 이외에도 아랍 사절의 참석을[1] 전하고 있다. 이러한 교류들은 당 조정에서의 신라와 이슬람 제국 사절간의 만남을 예측하게 한다.

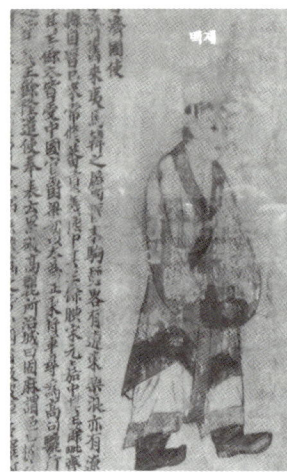

중국『양직공도』에는 양나라에 백제와 파사국(현재의 이란) 등 12개국 사신들의 모습과 함께 그 나라의 풍속 및 양나라의 관계들이 기록되어 있다.『양직공도』를 참조해서 그려진『당염립본왕회도』에도 백제와 파사국 사신 등 총 24개국에서 26명의 사신들의 모습들이 그려져 있다.

중국 〈양직공도〉에 백제와 파사국(페르시아) 사신들의 묘사를 참조해서 그려진 것으로 알려진 〈당염립본왕희도〉도 있다.(저자촬영)

경주 괘릉의 무인상. 무인상의 얼굴은 깊게 들어간 눈매, 오똑하게 높고 큰 매부리코의 형태가 페르시아 풍이며, 아랍계 터번 모자를 쓰고 있다. (이여상 촬영)

신라 고분에서 아랍의 유리 기구, 비파, 구슬, 단검, 토용 등이 발굴되었다. 특히 탈 제작 기법 중에서 한국에서 가장 오래된 처용 탈은 서역인상[2]을 형상화하여 만든 탈이라고[3] 볼 수 있다. 9세기 '처용가'의 주인공인 처용의 얼굴은 매우 이국적이었다고 묘사하고 있다. 이 것은 처용이 페르시아인으로 신라 왕실에서 일했던 서역인일 가능성을 나타내고 있다.

경북 경주에는 8세기 통일신라 원성왕의 무덤으로 추정되는 곳에 괘릉이 있다. 그 괘릉 안에는 8세기 신라왕의 무덤이 있으며 그 앞에는 페르시아인 조각상 한 쌍이 서 있다. 당시 신라 경주는 문물이 번창했던 국제도시였다. 그 당시 유럽의 로마, 페르시아에서부터 중국과 일본까지 다양한 인종의 외국인들이 왕래하였다. 그 흔적을 보여주는 대표 유물이 괘릉의 페르시아 무인상 2개(각 높이 257cm)이다. 신라인들이 왕의 무덤을 지키는 무인석의 모델로 페르시아인들을 채택했던 것은 그들의 험상궂은 풍모가 악귀를 쫓을 수 있다고 믿었기 때문이다. 고분에서 출토된 토용(土俑·흙인 형)에서도 페르시아인 등 서역인의 모습이 나타난다. 경주 용강동 석실분(8세기)에서 긴 턱수염과 얼굴 모습이 페르시안의 풍모와 비슷한 문관상이 나왔다. 그는 옛 관리들이 왕을 만날 때 손에 쥐는 물건 홀(笏)을 들고 서있는 문관상의 모습은 1200여 년 전 페르시아인 들이 경주 땅으로 들어와 신라의 관료로 일했을 가능성을 나타낸다.

무슬림들의 신라 정착 이유

페르시아가 이슬람화된 이후 9세기 이슬람 학자들이 쓴 책에서 무슬림들의 신라 진출과 신라의 위치, 자연환경, 산물 등에 관한 기록이 있다. 신라의 무슬림의 특징과 유의할 만한 내용을 담고 있는 것은 디마쉬키, 알-누와이리, 알-마크리지 등의 저서이다. 이들의 저서에는 우마이야 왕조(661-750년)의 박해를 피하려는 일부 알라위 족(현재의 시리아에 살고 있는 소수 종파)들이 한반도에 망명 하였다[4]고 밝히고 있다. 『도로와 왕국 총람』을 쓴 이븐 쿠르다지바(Ibn Khurdadhiban)는 신라에 거주하는 무슬림에 대해 언급한 최초의 이슬람 지리학자였다. 그의 책에 나오는 '중국의 맨 끝 맞은편에 산이 많고 왕들이 사는 곳'은 신라를 지칭한 것이다. '신라는 금이 많이 나고 기후와 환경이 좋아서 페르시아인을 포함한 많은 무슬림들이 신라에 정착했다.'는 기록에 의하면 페르시아인과 아랍인은 신라의 금을 구하기 위해 실크로드를 거쳐 경주에 와서 신라의 수도 경주 거리를 활보

했다. 신라인들은 그 페르시아인을 모델로 삼아 무인상등을 제작한것[5]으로 볼 수 있다.

신라인 최초로 아랍을 방문한 사람

신라의 대덕고승 혜초는 727년경 인도에 갔다가 돌아오는 길에 대식(大食, 아랍)을 방문하였다. 그는 한국인으로서는 처음으로 아랍현지를 방문하고 견문록 『왕오천축국전往五天竺國傳』을 썼다.

고려시대(918-1392년)

이슬람과 고려조정의 만남

고려시대, 11세기 초에는 대식으로 알려진 이슬람 제국의 상인들이 대규모로 고려조정과 교역을 시도했다고 전해진다. 무슬림들은 고려에 정착하여 나름대로의 종교, 민족적 공동체를 형성하면서 한국 사회에 이질적인 이슬람 문화를 점차적으로 이식하였다.

아랍 상인들의 고려 진출을 적고 있는 '고려사(현종 15년,1024년)'나 '고려사절요(문종 2년, 1452년 편찬)' 등에서, 이슬람을 지칭하는 '회회(回回)'나 무슬림을 일컫는 '회회인'에 관한 기사가 가끔 나온다. '고려사'와 1025년, 1037년에 대식국 상인 열라자(悅羅慈)와 하선(夏詵)과 보나합(保那盒)을 비롯하여 100여 명씩 무리지어 개경에 와서 수은, 몰약(방부제), 소목(외과용약) 같은 진귀한 공물을 바쳤다. 고려왕은 객관까지 마련해 후대하고, 돌아갈 때 황금과 비단을 하사하기도[6] 했다고 기록하고 있다. 그곳에서 그들은 꾸란 암송이나 왕의 장수와 국가의 안녕을 기원하는 아랍식기도와 같은 그들 고유의 종교의식들을 보여주기도 하였다. 그러나 그들의 종교의식들이 주목할 만한 영향력을 미치지는 못했지만 투르크계 위구르인들은 수도 개경을 중심으로 공동체를 형성했으며 고유 의상과 언어, 문화를 그대로 유지했다. 1047년에도 '대식국 상인 보나가 와서 수은, 용치, 점섬향, 물약등 귀한 물품을 바치니, 왕이 그들을 후하게 대접한 뒤 돌아갈 때 비단 옷을 선물하였다'[7]라고 기록되어 있다.

무슬림들이 고려 여인과의 결혼과 그들의 이웃에 살고 있는 한국인들과의 일상적 교류를 통해 이슬람의 문화와 종교를 한국사회에 전달하게 되었다. 결혼을 통한 접촉과 동화의 예는 오늘날 덕수 장씨의 시조로 일컬어지는 회회인 삼가(三歌)이다. 그는 고려 충렬왕의 부인이 된 원 공주를 따라 1274년 한국에 온 시종들 중의 한명으로 아랍인 혹은 위구르인이었다. 삼가는 고려시대에 높은 벼슬에 올랐으며, 충렬왕에 의해 장순용이란 이름을 하사받고 고려인과 결혼하여 세 아들을 남기고 44세에 사망[8]하였다. 현재 이 가문의 후손들은 뿌리를 내리고 살아가고 있다.

중국광저우 박물관에 소장된 한 묘비 문에는 1349년 고려인 라마단이 고아주에 와서 병을 얻어 사망한 후, 이슬람 묘역에 안장되었다는 기록이 남아있다. 이는 이미 고려사회의 무슬림들이 국내와 더불어 중국과도 긴밀한 교류 관계를 유지하고 있음을 증명해주는 좋은 자료이다. 몽골군이 이란(페르시아)을 정복하고 세운 일한제국(1256-1353년)의 의사이자 역사학자인 라시드 알 딘(Rashid-al-Din, 1248-1318년)이 『종합사』와 오스만 제국의 역사학자겸 지리학자였던 알리 아크바르(Al Akhbar)가 쓴 『키타이나메』에도 고려에 대한 상세한 기록[9]이 있다.

이슬람 문화의 유입은 고려가 몽골 원제국의 간섭을 받으면서 몽골관리와 함께 원 제국의 실권을 장악하고 있던 중앙아시아계 무슬림들이 대거 고려로 들어오는 것이 계기가 되었다. 당시 중국의 원나라 조정에서 실권을 쥐고 있던 중앙아시아계 무슬림들이 고려 조정에도 진출하여 정착하였다. 그들은 자신들의 종교 민족적 공동체를 형성하면서 한국사회에 이슬람 문화를 전달하였다.

민속학자 이능화(1869-1943년)의 '조선불교통사' (1918년)에서는 무슬림들이 고려 개성에 예궁을 짓고 살았다고 전한다. 예궁이란 이슬람의 모스크이었을 것이며 첨탑과 둥근 돔이 있는 형태보다는 중국 전역에 산재한 불교 사찰을 닮은 모스크이었을[10] 것이다. 예궁(禮宮)에서는 일상 예배행사를 열었다. 이슬람 이맘의 인도로 집단예배의식인 '대조회송축(大朝會頌祝)'을 궁전에서 거행하고 신전에서 왕을 위해 향연을 베풀기도 했다. 충혜왕 때는 무슬림들에게 피륙 판매권을 준 대가로 그들에게서 매일 쇠고기 15근을 상납 받았다는 기록[11]을 통하여 무슬림들의 활동을 나타내고 있다. 원나라에 보내는 진귀품인 매를 키우고 관리하는 응방 총관도 이들이 도맡았다. 왕실 주변에는 색목인출신의 최성노같은 대상인들이 공사무역에 종사하기도 했다. 이처럼 무슬림들이 고려사회에 잘 적응하여 '고려화'되었고, 유행하던 풍자가사의 주인공으로까지 등장한다. 유명한 고려 가요 '쌍화점(雙花店)'이 그 일례다. 삼국시대부터 유입된 서역 노래와 춤은 고려시대에도 명맥을 이어갔다. 중앙아시아에서 들어온 비파, 나팔, 소 같은 호악(서역음악)과 호가(서역노래), 호무(서역춤)는 널리 퍼졌다. 14세기 후반 우왕은 무슬림의 자녀들을 시종 삼아 대동강 부벽루에서 호악을 친히 연주하고 화원에서 호가를 즐기며 호무까지 추었다고 한다.

소주의 유입

이슬람 세계와의 교류품 가운데 하나는 한국인이 즐겨 마시는 소주다. '소주'는 고려와 이슬람의 교섭을 위한 매개체이었다. 소주는 기원전 3천

년경에 메소포타미아 수메르에서 처음 만들어졌으며, 오늘날 중동지역에서 '아라끄'란 이름으로 전승되고 있다. 몽골 서정군은 1258년 압바스왕조를 공략할 때 처음 '아라끄'의 양조법을 배워갔는데 이후 일본 원정을 위해 주둔한 원정군의 본영이던 개성과 전진기지가 있던 안동, 제주도 등지에서 소주를 처음 빚기 시작12)하여 퍼져 나갔다.

조선시대(1392-1897년)

한반도에 이슬람과 그 문화의 본격 유입

한반도에 이슬람과 그 문화가 본격적으로 유입된 시기는 조선초기인 13-14세기이다. 조선 초기 세종 재위기의 궁중의 공식행사에는 무슬림들의 대표나 종교지도자들이 초청되었다. 그들은 꾸란을 낭송하며 임금의 만수무궁과 국가의 안녕을 기원하기도 했다고 전해진다. 그 당시에 이슬람의 도자기 기술이 도입되었다. 한반도에 정착한 많은 무슬림들은 사회에 이슬람적 영향을 끼쳤다. 조선초기에는 이슬람의 과학기술을 수용하였는데 특히 이슬람력(히즈라)을 도입하여 사용하였다. 세종은 농업의 획기적 발전을 위해 중국의 역법은 낡고 오차가 심하다고 여겨 중국에서 얻은 회회역법(이슬람력법)을 이용했다. 그 원리를 깨우쳐 새로운 역법을 완성한 것이 순태음력인 『칠정산내외편』13)이다. 세종이 만든 한국식 이슬람력법이라 할 수 있다. 이 역법은 효종 4년(1653년)에 서양의 태음력인 시헌력((時憲曆))이 도입될 때까지 사용되었다.

이슬람의 영향은 조선 초기과학기기의 발명과 과학 서적 편찬에도 관련되었다. 그러나 15세기 중엽이후 한반도와 이슬람의 교류관계는 급격히 냉각되었다. 세종(1397- 1450, 재위 1418년-1450년, 조선의 제4왕)초기까지만 해도 이슬람의 영향은 상당히 강했다. 무슬림들은 한반도에 거주하면서 그들 고유의 관습과 의상을 지켰다. 따라서 조선의 조정에서는 그들을 견제해야 할 필요성을 인식하고 이슬람의 영향력은 점차 약화[14]시켰다. 1427년에 발효한 세종의 칙령으로 무슬림들의 특권이 금지되었는데,『세종실록』에는 다음과 같은 기록이 보인다. "예조가 아뢰기를…회회의 무리가 의관이 달라 사람들이 이질감을 느끼는바, 이미 우리 백성이 되었으니 마땅히 우리 의관을 따라 차이를 없애야만 자연스럽게 혼인하게 될 것이다…… 또 회회인들이 대조회(大朝會) 때 송축하는 의식도 폐지하는 것이 옳다고 하자 왕이 이를 승낙하셨다." 이로써 150여 년간 보존된 무슬림들의 종교적, 민족적 동질성은 와해되고, 급속히 한국인으로서의 동화[15]되기 시작하였다.

통일신라이후로 조선 초기까지 끊임없이 무슬림들이 한반도와 접촉한 것으로 추정되지만 오랫동안 한반도에서 그 뿌리를 잘 내리지는 못했다. 15세기 중엽 이후 조선왕조의 새로운 건국이념인 유교사상의 영향으로 이슬람과 그 문화는 오랫동안 배척되었다. 15세기 이후 스페인과 포르투갈 중심의 지리상 발견시대가 되어 교량적 무역을 담당하던 아랍 무역권의 쇠퇴를 가져왔다. 그 시기 중국에서는 명의 건국에 따른 유교의 부흥이 활발했지만 상대적으로 무슬림들의 활동은 많이 위축되었다. 한국과 중국과의 긴밀한 유대관계로 중국의 변화는 한반도에도 영향을 끼쳐 무슬림들의 고립화와 단절을 촉진시켰다 그것은 19세기 말까지 오랜 단절기간을 가져왔다.

그 후 이슬람과의 첫 접촉은 1909년 러시아 강점하에서 투르키스탄의 자치 독립을 위해 투쟁하던 독립운동가 압둘라시드 이브리힘(Abdurrashid Ibrahim)의 조선 방문이다. 1909년의 조선 사회상을 담은 책 '아시아 여행

보고서'가 1913-1914년에 걸쳐 터키 이스탄불에서 출판되었다. 오스만 제국의 술탄인 압둘 하미드 2세와 긴밀한 관계를 유지하던 터키 지도자 압둘라시드 이브라힘은 일본을 거쳐 1909년 6월에 약 10일간 조선을 방문하여 기록을16) 남겼다.

이상과 같이 한반도에 신라시대부터 조선시대까지 이슬람과 문화적인 교류가 직·간접으로 있었으나 이슬람 포교활동은 활발하지 않았던 것으로 간주된다.

일제 강점기(1910-45년)의 이슬람

이슬람이 다시 한반도에 이주하여 작은 공동체를 형성하여 정착을 시작한 것은 1920년대부터 이다. 1920년대에 한반도에 들어온 무슬림들은 크게 종교와 정치적 이유로 나누어 유입되었다. 당시 만주에 머물렀던 중국계 또는 한국계 무슬림들중 일부가 1920년대에 들어와 한반도에 이주해 온 무슬림들로 추측된다. 러시아 볼셰비키 정권의 억압으로부터 이탈한 투르크인들이나, 강제노역에서 탈출한 200여명의 터키계 러시아인들이 만주를 거쳐 한국으로 이주해 와서 영구 정착하게17) 된것이다. 이들은 1928년 서울에 무슬림 터키 협회를 구성하고 자체 학교 및 문화회관 등을 소유했다. 서울 시청 뒤편의 2층 건물을 매입하여 문을 연 문화회관에 이슬람예배소와 학교 등을 설치하였으며, 서울 홍제동에 이슬람 전용묘지를18) 조성하였다.

1930-40년대 중반까지 한국에 평균 약 70개의 터키인 점포가 있었던 것으로 추측된다. 서울에서만 최소 30개의 점포에 35-40가구, 약 100명의 터키인이 거주했다.19) 무슬림들은 1950년 한국 전쟁이 발생할 때까지 서울, 부산, 대구, 신의주, 평양과 혜산 등지에 널리 분산되어 정착하였

다. 그들은 주로 만주와 한국 그리고 일본을 잇는 무역에 종사하거나 포목점이나 양복점 등을 경영하며 거주하였다.

한국인 최초의 무슬림 박재성

박재성은 터키인이 운영하는 알타이 양복점에 점원으로 취직하였다. 그는 1932년 터키인 주인의 권유에 따라 무슬림이 되었으며, 샤밀(Shamil)이란 이슬람식으로 개명하였다. 그의 양복점 주인 압둘학 누만(Abdul Haq Nugman)과 부인에게는 자식이 없었으며, 그는 지병으로 사망했다. 박재성은 그의 부인과 결혼하여 남매를 낳았다. 압둘학 누만의 사업체를 인수한 그는 해방 이후 혼란스러운 정국으로 인하여 1950년 6.25전쟁이 일어나기 전 부인의 조국인 터키로 가족과 함께 이주하여 살았다. 그는 2005년 이스탄불에서 93세로 사망하였다. [20]

이슬람의 태동기(1950-1960년)

1950-1960년대는 한국에 무슬림 공동체가 본격적으로 태동한 시기이다. 1950년 6·25전쟁에 유엔군의 일원으로 참전한 터키 군인의 포교로 이슬람이 한국인 사이에 전파되기 시작했다. 한국 전쟁에 참전했던 다국적 군사들 가운데 이슬람 국가인 터키는 미국 다음으로 두 번째로 큰 대규모의 여단 병력을 파견했다. 1955년 종전 이후 군 이맘 중 최초로 한국인들에게 이슬람을 전파하기 시작한 사람은 당시 터키 제6사단의 이맘이었던 53세의 압둘가푸르 카라이스마이로루(Abdulgafur Karaismailolu)[21]였다. 그러나 한국 무슬림들의 1세대가 형성된 것은 1956년 20세의 청년 이맘 주베이르 코치(Zubeyir Kochi)가 여단군 이맘으로 부임해 오면서부터였다. 이 당시 터키군 이맘을 한국인 김진규와 김유도가 도

왔다. 김진규는 1938년 일제치하에서 만주로 갔다가 중국인 무슬림을 만나 1955년 무슬림으로 회심하였다. 일제가 만주경영을 위하여 한국인들을 반 강제로 만주에 이주시킨 한국인의 수는 약 100만 명에 달하였다. 이들 중에 몇 명의 한국인들은 무슬림들과 접촉하였지만 정확한 인원 파악은 불가능하다. 그 당시 만주에서 살면서 이슬람과 접촉했던 윤두영, 서 정길, 김진규 등은 무슬림이 되었으며 이슬람 모스크와 이슬람 공동체를 만들었다. 1955년 이후 김진규와 김유도는 '한국 이슬람 협회'를 만들어 터키군 이맘을 도와 이슬람 전파활동을 시작하였다. 이 협회는 1955년 10월 터키군 당국의 지원을 받아 서울시 동대문구 이문동에 야전용 천막 3동을 설치하여 임시 모스크와 사무실로 사용하였다. 1956년에 '청진학원'을 세워 이슬람을 한국소년들에게 가르치기도 했다. 이것은 한국 이슬람 근대사에서 최초의 이슬람 모스크라 볼수있다. 이시기에 무슬림 수는 208명[22]이었고, 그들이 근대 한국 이슬람 태동의 초석이 되었다.

한국인 최초의 이맘

1955년 9월 12일 국립서울대학교 농과대학 강당에서 첫 이슬람식 예배 건물 개원식을 가졌다. 이때에 윤두영은 한국 무슬림 이맘으로 임명되었으며, 무함마드 윤두영으로 이름이 바뀌었다. 그는 한국 이슬람 사상 첫 한국인 이맘[23]이 되었다.

1960년대부터 한국 무슬림들은 국내 포교활동과 더불어 해외 이슬람 국가들과의 유대 강화에도 적극적이었다. 김진규는 사우디아라비아 순방 중, 성지순례에 참가함으로써 한국 무슬림으로서는 최초로 성지순례자가 되기도 했다. 1962년 2월에는 서울 중앙모스크 원로 이맘 슐래이만 이행래와 한국 여학생 3명을 포함하여 전체 11명 학생이 6개월간 말레이시아 '클랑 이슬람대학'으로 초청받아 이슬람 교육을 받았다.[24]

1963년 말레이시아 국회의장 하지 무함마드 노아가 한국을 방문하여 한국에 이슬람 전파를 위하여 본국 정부에 건의하였다. 그 결과 말레이시아 정부는 한국에 모스크건립 기금으로 미화 33,000달러를 제공[25]하였다. 이것은 한국의 무슬림 공동체를 강화시키는 데 큰 힘이 되었다. 또한 1963년 10월 14일에 한국인 무슬림에 관심을 가지고 국가수반인 말레이시아 의회의 의장 싸다트 타아투 하즈누흐 빌무바다라 바르쌀이 방문하였다. 그는 말레이시아에 귀국 후 양국 무슬림간의 협력을 조정하기 위한 기회로 한국인들을 이슬람 국가에 6개월간 방문하게하여 이슬람의 기초를 배우게 하였다. 이 교육비용은 말레이시아가 모두 부담[26]하였다. 말레이시아는 한국인 무슬림들을 육성하는데 오랫동안 재정적으로 적극 지원하며 격려하고 있다.

1965년 현 '한국 이슬람교 중앙회'의 전신인 '한국이슬람교 중앙연합회(Korea Muslim Federation)'가 설립되었다. 1966년 10월 파키스탄 종교지도자 사이드 무함마드 자밀(Sayid Muhammad Jamil)이 한국에 약 40일간 체류하면서, 이슬람 포교와 국내 무슬림들의 교육에 심혈을 기울였다. 그 결과 약90여명이 이슬람 개종자가 되었다. 그는 이슬람에 대해서 와이엠씨에이(YMCA)와 명지대학교에서 '이슬람이란 무엇인가(What is Islam?)'라는 제목으로 약500명의 학생들에게 강의를 하였으며, 그 결과 명지 무슬림연합회가 설립되었다.[27] 그는 그 후에도 여러 차례 방한하여 한국 이슬람의 발전에 큰 공헌을 하였다.

1967년 6월 격월간지 '코리아 이슬람 헤럴드(Korea Islamic Herald)'를 한글과 영문으로 발간했다. 1976년 한국 무슬림들이 만든 공식 조직체 '한국 이슬람 재단(Korea Islamic Foundation)'이 발족되었으며, 남영동에 사무실 겸 임시 모스크를[28] 만들었다. 사우디아라비아 앗쉐이크 알무르홈 이브라힘 이븐 오마르 앗싸카깐실은 싱가포르와 한국을 1968-1970년 사이에 5번 방문 한국 무슬림을 만났다. 그는 1969년 4월 26일에 서울 이태원 중앙모스크 건설을 위한 부지를 방문하여 현재의 모스크 건물을 세우는데 영향을[29] 주었다.

1960년대부터 이슬람이 한국에서 적극적인 포교활동을 위하여 터키, 말레이시아, 파키스탄과 사우디아라비아등의 이슬람 국가들 사이에 밀접한 교류가 이루어지고 있음을 나타내고 있다.

이슬람의 정착기(1970-1980년)

1973년부터 1977년에 사우디아라비아에 진출한 한국회사들은 40여 개로 3만 5000명 이상의 한국인이 진출하였다. 한국 남성들은 도로, 항만, 주택, 산업단지, 전화 가설공사등 사우디 아라비아 전역에서 일했다. 이슬람의 성지로 불리는 메카와 메디나에서도 공사를 수행했다. 메카와 메디나는 무슬림이 아니면 출입이 엄격히 금지된 곳이다. 당시 한국의 A사와 D사는 한국인 무슬림 인력을 만들기 위하여 제다(Zeddah) 이슬람문화원에서 3개월 과정의 이슬람 교육을 하였고 한국인 유학생이었던 C가 강의를[30] 하였다. 당시 사우디아라비아의 리야드 센트럴병원에는 253명의 한국 간호사도 근무하였다. 이들의 간호사의 대표가 언어문제로 환자 진료에 많은 어려움을 겪고 있으므로 이슬람문화원장에게 아랍어와 이슬람을 배울 수 있는 기회를 요청하므로 C가 그들을 교육하였지만,[31] 이슬람 교육을 받은 한국인 간호사중에 무슬림으로 개종하였는지는 파악되지 않는다. 1973년 본격화된 중동 사업은 1975년 해외인력 파견 규모의 30%까지 올라섰고 1980년대에 이르러서는 80%를 넘어섰다.[32] 한국 건설 경기의 급격한 성장은 국내 건설회사들에게 해외 진출에 관심을 갖고 수많은 인력이 중동의 이슬람 국가로 진출할 수 있게 하는 계기가 되었다. 당시 현지 이슬람 문화를 알지 못하는 해외건설 파견자들에게 한남동 모스크는 이슬람 교육을 실시하였다. 그 결과 그 당시 약 3,700명이던 무슬림 수가 거의 두 배로 증가했다고[33] 한국이슬람 중앙회의 기록에 나타나고 있다.

1970년 9월 박정희대통령은 서울시 용산구 한남동 이태원의 사유지 1,500평을 모스크건립용 부지로 하사하였다. 이태원에 모스크를 건설하는데 사우디아라비아, 카타르, 쿠웨이트, 모로코, 아랍 에미리트, 리비아가 재정적으로 지원하였다. 1976년 5월 세계17개 이슬람 국가로부터 장관 및 국회의원을 포함한 약50명의 종교지도자들이 참석한 가운데 한국에서는 최초로 아랍 건축양식에 의한 돔식 서울 서울 중앙 모스크 개원식이 거행되었다. 또한 '소수무슬림 국가에서 이슬람 선교' 라는 주제로 강

▶ 서울 이태원중앙모스크(저자촬영)

▼ 모스크 뜰에서 담소를 나누는 한국 무슬림들 (저자촬영)

연회가 개최되었다. 최초의 한국 이슬람 중앙모스크의 개원을 시작으로 한국은 급속한 이슬람 발전의 계기를 맞게 되었다.

1976년 6월에는 서울 서울 중앙 모스크에서 '아랍어 연수원'이 개설되어 무슬림과 비 무슬림을 대상으로 아랍어 강의가 진행되기도 하였다. 이 시기에는 출판사업도 활발했으며, 특히 (재)한국이슬람교(KMF; The Korea Muslim Federation)를 중심으로 많은 세미나와 출판 사업이 진행되기도 하였다. 한국인 무슬림학자들을 중심으로 『꾸란;성 꾸란 의미의 한글 번역본』이 출판되기도 하였다.

이슬람 전파를 위한 활동 다와를 위하여 1977년 대학생들을 중심으로 '이슬람 학생회'가 조직되었다. 이들 학생회는 그 당시 생소했던 이슬람에 대하여 각 대학에서 순회강연을 통해 이슬람 전파에 활발한 활동을 전개하였다. 주한 이슬람 대사관들의 지원을 받아 매년 서울 시내 중심가에서 '이슬람 문화전시회'를 개최하여 일반인들이 좀 더 쉽게 이슬람에 접할 수 있도록 했다. 1985년 2월 13-19일까지, '제6회 이슬람문화전시회'가 여의도 백화점 6층 전시실에서 개최되었다. 한국 이슬람 학생회가 주관했고, 한국이슬람교중앙연합회와 주한 이슬람권 9개 공관이 후원하였다. 이러한 활동들이 오늘날에는 그 규모를 더욱 성장시켜 진행되고 있다. 한국중동협회는 '중동이슬람 문화전시회' 행사를 개최하였다.

1979년 한국 무슬림들은 성지순례단을 구성하여 사우디 아바라비아의 메카를 순례하고 돌아왔다. 1983년부터는 사우디아라비아에 본부를 두고 있는 청소년 단체 세계무슬림 청년협의회 와미(WAMY: World Assembly of Muslim Youth))의 지원으로 매년 한국에서 와미 캠프가 개최되고 있다.

80년대 말 부터 동남아시아, 남아시아 무슬림 노동자들의 유입이 시작된 이래 한국사회에는 다양한 국적과 계층의 무슬림 커뮤니티가 형성되고 있다. 이주 노동자들은 1987년 이후 제조업과 건설부분의 인력부족이라는 경제적인 이유로 국내에 입국하기 시작했다.

이슬람의 변화기(1990년대)

1990년대 외국 무슬림 지도자들은 한국 이슬람의 성장을 위하여 계속 지원하였다. 1990년대 이후 한국 이슬람은 한국의 사회적 상황과 한국 이슬람 안에 여러 요인들이 결합하여 많은 변화와 발전의 새로운 면모양상을 나타내었다. 이것을 크게 두 가지로 볼 수 있다.

첫째, 한국인 무슬림 안에서의 세대교체가 있었다. 1980년대 이후 1세대 무슬림들이 노환으로 사망하였다. 그러나 1980-1990년대 아랍국가 및 여러 이슬람 국가에서 유학하고 귀국한 2세대 무슬림들이 한국 무슬림 공동체의 중심이 되므로 자연스럽게 세대교체가 이루어졌다. 해외 건설 근로자 등으로 이루어진 1세대에 비하여 2세대 한국 무슬림들은 대부분 해외 유학파가 주

대구 모스크와 인근 상점(저자촬영)

안산 모스크(저자촬영)

류를 이루었다. 그들은 석사 및 박사 학위를 받은 중산층 지성인들로 현재 대부분은 학자나 국내대학에서 교수로 활동하고 있다. 그들은 이슬람에 관한 책을 출판하는 것외에도 이슬람과 관련된 다양한 연구를 지속하여 발표하고 있다.

둘째, 이슬람 국가의 이주 노동자들이 많이 유입되었다. 1980년대 후반부터 한국에 입국한 이주 근로자들은 대부분이 이슬람 국가 출신들이다. 한국의 경제적 발전과 더불어 필요한 인력수급으로 이슬람 국가의 많은 이주 노동자들이 유입되었다. 그들은 한국 무슬림의 증가와 한국사회를 다문화 사회로 변화시키는 주요 요인으로 작용하였다. 특히 이들은 모스크를 중심으로 공동체를 형성하여 전국에 약 60여개의 외국 무슬림 근로자들을 위한 예배소 및 이슬람 센터가 건립되었다. 서울 중앙모스크 근처나 대구 북부버스정류장 앞과 달서구 죽전동 이슬람 모스크 등에는 이주 무슬림들을 위한 각종 이슬람 관련 편의 시설로 이슬람 식당, 정육점, 무슬림 마켓 등이 점차로 많이 생겼다.

한국 이슬람은 이슬람 세미나 "이슬람과 한국 그리고 세계"(1994), "이슬람과 평화"(1995), "이슬람과 다른 이념"(1996), "동아시아의 이슬람-역사와 문화적 조화"(1997)라는 제목으로 이슬람 세계의 여러 학자들을 초청하였다.

1998년 10월 한국 국무총리의 초청으로 압둘라 이븐 압둘 아지즈 사우디아라비아의 왕세자가 한국을 방문하였다. 그는 방한 중 한국 이슬람교 중앙회 대표들을 면담한 자리에서 한국 내 모스크들의 보수 및 환경미화를 위한 기금으로 미화 50만 불(한화 약 6억원)을 희사했다. 이 기금은 전국 4개 모스크에 대한 대대적인 보수 및 환경미화 공사로 사용하였다.[34]

이슬람 발전기(2000년대)

2000년대 한국에서 이슬람에 대한 큰 관심이 일어나는 이유는 경제·정치·문화·종교적인 면에서 다양하다. 특히 많은 무슬림 유학생과 결혼으로 인한 무슬림 이민자들이 한국사회에 유입되었다.

술탄 이븐 압둘 아지즈 사우디아라비아 왕자는 2000년 10월 서울 중앙 성원을 방문한 자리에서 무슬림 어린이들에 대한 교육을 강조하며 마드라사(학교) 설립기금으로 미화 30만 불을 희사했다. "술탄 마드라사 (Prince Sultan Islamic School)"라는 이름으로 2001년 10월에 개교한 이 학교에서는 방과 후에 무슬림 어린이들에게 이슬람과 아랍어를 가르치

서울중앙모스크 내 위치한 이슬람선교원 (저자촬영)

서울중앙모스크 입구 오른쪽에 위치한 술탄왕자이슬람학교(저자촬영)

고 있다.

한국이슬람50주년 기념 국제 학술대회((International Symposium on Islam and Other Religions in Asia)가 2005년 11월 25-26일 서울 쉐라톤 그랜드 워커힐 호텔에서 이슬람 세계를 대표하는 종교지도자들과 석학들이 모인 가운데 개최되었다. 여기서 한국이슬람중앙회 이사장 S박사는 환영사에서 21세기의 한국에서 이슬람은 활짝 꽃을 피워, 주요 종교이자 삶과 문화의 가장 중요한 요소로 자리하게 되리라고 밝혔다.[35] 또한 한국 · 이슬람 50주년 기념 「중동 · 이슬람 문화풍물대전」 2006. 10. 9(월)~14(토), 6일간 장소로는 서울 삼성동 코엑스 3층 컨벤션홀(11실)에서 한-이슬람 50주년 기념행사 조직위원회 주최로 있었다. 주관은 (사)한국-중동협회이며, 후원은 교육인적자원부, 외교통상부, 산업자원부, 문화관광부, KOTRA, 대한상공회의소, 한국무역협회, 국회의원 친선협회, 주한 중동 · 이슬람국가 대사관, 한국-이슬람중앙회등이다.

이슬람 사회의 장례규칙은 매장을 원칙으로 한다. 이에 따라 1970년대부터 무슬림 공동묘지설립을 추진하였으나 재정문제로 성립되지 못하고 있었다. 2002년에 부임한 주한 카타르 대사 압둘 라작 압둘 가니가 카타르 정부의 설립기금 50만불을 지원하였다. 2004년 8월 충청북도 충주시 양성면 소재 진달래 공동묘지 내에 3,800㎡의 대지를 구입하여 무슬림 공동묘지를[36] 조성했다. 무슬림 공동묘지를 필요할 정도로 국내 무슬림 인구가 증가한 것이다. 서울 이태원 무슬림 마을에는 중앙모스크를 중심으로 이란, 터키 등에서 온 무슬림 2,000여명이 살고 있다.[37] 서울 중앙모스크 주변 상가 60%가 이슬람 서점, 할랄(halal) 음식점, 이슬람 옷가게, 여행사 등 이슬람관련 상가로 변모되었다. 이곳을 걷다보면, 무슬림 복장을 한국인 무슬림이나 외국인 무슬림 남 · 녀를 쉽게 볼 수 있다..

2008년 5월 26일 '한·아랍 소사이어티'(Korea-Arab Society) 창설 국제회의에 아랍권 22개국의 정부, 왕실, 재계 인사 200여 명이 동시에 한국을 방문하였다. 아랍과 이 같은 네트워크를 구축하는 것은 전 세계적으로 프랑스에 이어 두 번째다. [38]

한국 정부는 2008년 8월 유학정책을 통해 '2012년까지 외국인 유학생을 10만 명으로 늘리고 출신 국가도 다양화하겠다' 고 발표하였다. 특히, 사우디아라비아, 카타르, 터키 등의 중동국가 유학생들을 유치하고, '정부장학생'을 2008년 837명, 2012년 3000명까지 확대할 계획을 발표하였다. [39] 2008년 서울대에만 무슬림 유학생이 100명이었다. 그들의 모임(SNU Muslim Society)에서는 한국 학생들을 대상으로 이슬람 영화를 상영하였다. 2008년 9월 라마단기간에 무슬림 학생들이 서울대 측에 예배 공간을 공식 요구하여 서울대는 임시 기도처를 내주었다. 국내 최초로 이슬람 동아리 '카이스트 이슬람회'가 정식 등록하였다. [40] 2011년 10월 서울대학교는 기숙사 920동에 100석 규모의 다용도실을 무슬림들의 기도처로 사용할 수 있도록 허락하였다.

2. 한국인의 이슬람 개종 요인 분석

이슬람은 단순한 믿음이나 종교가 아니라 하나의 '총체적인 시스템'이다. 이슬람은 종교적인 용어의 옷을 입은 사회 경제적, 사회 교육적, 입법적, 사법적, 그리고 군사적인 시스템으로서, 구성원들의 삶의 모든 영역과 모든 관계, 비 무슬림들과의 관계까지 통제하는 규율들을 가지고 있다.

1970년 이전에는 한국인의 이슬람 개종이 드물었고, 중동에 진출한 건설노동자들 중에 일부가 무슬림이 되었다. 1970년대 이후 한국인의 이슬람 개종 요인은 여러 분야에서 매우 다양한 모습으로 나타나고 있다. 이에 대한 사례 연구를 구체적으로 고찰하고자 한다.

모스크 방문

1976년 서울 중앙모스크의 건립은 당시 중동 붐에 힘입어 한국인의 관심을 유도하였으며, 중동에 진출하는 기업들과 일반인들의 길잡이 역할을 하면서 무슬림 수 급증에 기여했다. 모스크 개원 전 3천 명 정도에 불과하던 무슬림이 개원 후 3년 내에 1만5천 명으로 증가했다.41)

이태원에 있는 터키음식점 '쌀람'(저자촬영)

정ㅈㅅ(41)는 고등학교 1학년 때(1981년) 친구를 따라 중앙모스크에 들렀다가 무슬림이 된 이래 25년째 독실한 무슬림으로 살고 있다. 그는 1989년부터 7년간 파키스탄 국제이슬람대(IIUI: International Islamic University Islamabad)에서 공부하였고 종교자문관 겸 아랍어 통역으로 자이툰 부대에서 1년간 근무한 적이 있다. 서울 중앙모스크 근처에서 1999년부터 터키 음식점 '쌀람'을 운영42)하고 있다. 사진사 김ㄷㅅ은 이슬람을 처음 접한 것이 1996년 라마단 때였다. 아랍문화에 대한 단순한 호기심으로 중앙모스크를 찾은 김 씨는 몇 권의 안내서적을 얻어 온 뒤 틈틈이 이를 읽으며 이슬람으로 개종하였다.43) 한국외국어대학교와 명지대학교 아랍어과 학생들 100여 명이 이슬람의 기본교리와 문화에 대한 체험 시간을 가졌다. 명지대학교 아랍지역학과는 학기 중 정규 커리큘럼이 아닌 학생들의 모스크 방문에[44] 적극적이다. 다문화 가정의 자녀들을 모스크에 방문하게함으로서 어려서부터 이슬람에 친근감을 갖고 성장하도록 유도하고 있다. 한국 종교연합(URI-Korea)에서 개최한 '엄마와 함께하는 2010 다문화 가정자녀를 위한 종교문화역사 기행단' 40여명이 2010년 7월 22일 오후 서울 중앙모스크를 방문하였다.[45]

　서울 중앙모스크에서는 방문객들에게 이슬람을 소개할 수 있는 전시물을 모스크 마당과 사무실 근처에 마련해놓고 있다. 한국 이슬람측에서는 전시물을 관람하는 방문객들이 이슬람에 대해 더욱 다양하고 유익한 지식을 얻게 될 것이라[46] 기대하고 있다. 모스크를 방문하는 학생들이나 일반인들에게 문화체험이라는 명목 하에 이슬람을 자연스럽게 전한다. 2010년 5월부터 서울 중앙 모스크에서는 방문하거나 연락처를 알려주면 무쓰타파 말라이카(Mostafa Malaekah)의 저서 '삶의 목적은 무엇인가'의 번역본과 여러 소책자를 무료로 배포하고 있다. 이 책은 무슬림들과 비무슬림들에게 이슬람을 소개하는 책자이다. 2010년 10월 8일부터 2011년 2월

이슬람 소개 책자(저자촬영)

11일까지 매주 금요일 합동기도회 전 모스크 대회의실에서 12시부터 '이슬람소개 영상물'을 방영하였다. 서울 중앙모스크에서는 2011년 4월 30일 대학생들을 상대로 하는 이슬람 교육 강좌가 사상 처음으로 열렸다. 이 때 무슬림 유학생, 한국인 무슬림 대학생 등 60여 명이 모였으며, 한국

이슬람중앙회는 계속 월 1회씩 이슬람을 소개하는 강좌를 열고 있다.[47] 이것은 한국 젊은이들에게 이슬람 전파를 목적으로 하고 있는 것이다. 이로 인해 2011년 6월 그동안 이슬람 교리 교육을 받아 왔던 2명의 한국 남자가 이슬람에 입교[48]하였다. 외국 무슬림들이 모스크를 중심으로 이슬람 전파활동을 하기 위하여 한국에 들어와 활동하고 있다.

해외 유학

이슬람 국가[49]와 비이슬람 국가에서 유학 중에 현지 무슬림들의 영향을 받게 된다.

이슬람 국가에 유학

명지대학교 C 교수는 한국인으로서는 처음으로 전 세계 이슬람최고회의기구의 위원에 추대됐다. 전 세계 이슬람 국가가 55개국이나 되지만 최고회의기구의 위원은 33명에 불과하다. 이슬람최고회의기구는 전 세계의 이슬람 관련 정책수립과 분쟁조정, 각국에서 제출된 안건들을 연구·검토하고 지원을 결정하는 역할을 하는 가장 권위 있는 단체이다. C 교수는 1976년 사우디아라비아에 유학하면서 이슬람 문화 연구를 시작하였다. 그는 꾸란을 약 20년간의 작업을 통하여 한국어로 처음 번역하였으며 사우디아라비아 파하드왕 꾸란 출판청에서 발간됐다.[50]

'이슬람독회' 팀원들 중 여러 팀원들이 아랍권으로 유학을 가서 무슬림이 되었다. 이 팀은 1989년 결성된 한국이슬람학회 산하에서 연구활동을 주도하는 그룹이다. 이 팀은 90년 1월 10여명의 학자들이 매달 셋째주 토요일 10시부터 3시간 동안 대우재단 또는 한국외국어대학교 회의실에 둘러앉아 이슬람을 단순한 종교체제로서만이 아니라 역사, 법, 사회, 어

문학, 문화사, 정치사상과 이슬람 지역연구를 목적으로 시작하였다.[51]

A대학의 교수는 아랍어를 전공하고 사우디아라비아로 유학 가서 이슬람을 믿게 됐다. 그러나 그는 스스로가 무슬림이라고 밝히는 것을 꺼린다고 했다. B대학 교수는 "국내에 이슬람 문화 혹은 역사를 전공하고 온 '엘리트 무슬림'은 30여 명에 속한다"라고[52] 밝혔다.

터키 유학 중 이슬람을 받아들인 윤ㅇㅊ(33)은 한국으로 돌아온 후 이슬람 음식점 '메르하바'를 운영하며 민간 외교관 역할을[53] 적극적으로 하고 있다. 브루나이에서 대학을 다니며 무슬림이 된 한ㄱㅎ(36)은 "한국 무슬림들은 이슬람 국가의 대사관에서 근무하며 국빈급 외국인들을 맞이하거나, 이슬람 국가들과 관련된 사업을 하는 경우도 많다"고[54] 말하였다.

우리는 이슬람권 국가가 한국유학생을 적극 유치하는것에 주목할 필요가 있다. 예를 들어, 터키 이스탄불 파티대학(Fatih University)에 최근들어 한국인 유학생들의 숫자가 점차적으로 늘어가고 있다. 이 대학이 한국 유학생들에게 관심을 끄는 이유는 영어로 수업이 진행되고, 다른 나라에서 온 유학생들과 교제가 자연스럽게 국제적인 감각을 익힐수 있으며, 장학금과 기숙사 등 제공되는 다양한 혜택들이 있기 때문일 것이다. 이들 유학생들은 대부분 한국에 진출한 터키 사업가들이나 이스탄불 문화원에서 일하는 직원들 그리고 기타 지인들의 추천에 의해서 유학을 오게 되었다고 밝히고 있다.[55]

사우디아라비아는 오늘날 까지 외국에서 온 유학생들에게 입학부터 졸업하고 돌아갈 때까지 모든 것이 무료이다. 즉 등록금, 기숙사비, 의료비, 교재가 모두 무료이다. 심지어 교복비까지 나오고 매달 용돈도 나온다. 일정 분량의 꾸란을 암기하는 시험에 합격하면 방학에 고국을 다녀올 수 있는 왕복 항공권까지 제공한다.[56]

우리는 이슬람이 국내 포교뿐만 아니라 국외로 한국학생들을 불러들여 이루어지는 이러한 활동을 간과하지 말아야 한다

비이슬람권 국가에 유학

서울시청 홍보담당관실 계약직 직원 전ㅁㅅ은 2001년 10월부터 시청 내에서도 머리에 스카프를 쓰고 다녔다. 그는 5년간 미국에서 유학하여, 1998년 석사학위를 받고 귀국하였다. 그가 무슬림이 된 것은 유학 중에 알게 된 말레이시아인 친구를 통해서였다. 57) 그의 재계약은 2002년 1월에 만료되었다.

윤알리야(36)는 미국에서 대학원에 다녔다. 유학 2년째를 맞은 9·11 테러 직전인 2001년 여름, 윤씨는 무슬림이 되었다. 그는 귀국 후 한국에 유학 온 터키인 크르테미르 후세인(40)을 인터넷 카페에서 만났다. 후세인은 한국인에게 이슬람을 소개하는 인터넷 카페를 운영했다. 2006년 윤씨와 후세인은 결혼하였고, 남자는 한국에 귀화했으며 이름을 장후세인으로 바꿨다. 58)

중동지역 근무

전술한것 처럼 1977년에는 사우디아라비아에 40여 개 회사에 무려 3만 5000명 이상의 한국인이 진출했다. 이곳에서 공사를 하던 한국의 A사와 D사는 한국인 무슬림 인력을 만들어 내기 위하여 당시 제다 이슬람문화원에서 3개월 과정의 이슬람교육과정을 교육시켰다. 59) 1979년 사우디아라비아에 진출한 회사 중에서 12개 회사에서 배출한 한국인 무슬림 199명이 메카 순례를 했다. 1980년 2월 16일자 제다 이슬람문화원의 보고서에 따르면 이슬람문화원을 통하여 배출된 한국인 무슬림이 2000명

이 넘었고, 1982년 7월 22일자 메카지역의 통치자에게 제출한 보고서에는 한국인 무슬림이 3200명에 달했다.[60] 한국 이슬람이 가장 번성했던 시기는 1979-1981년경이다. 중동 각국에 파견된 수십만 명의 한국인 근로자들 중에서 7천 명 이상이 5-6년 사이에 무슬림이 되었다.[61]

한국외국어대학교에서 10년째 아랍어 강의를 하고 있는 전ㅊㅁ 교수가 무슬림이 된 것은 26년 전이다. 당시 국내 굴지의 건설회사 과장으로 요르단 발령을 받은 것이 계기가 됐다. 전 교수는 "현지 사람들의 마음을 사는 것이 급하다고 생각해 이슬람을 받아들이게 됐다"고 했다. 그는 사우디아라비아로 파견근무를 지원하여 현지 대학에서 이슬람 신학을 공부한 후 한국으로 돌아와 강의하였다. 한국이슬람중앙회 이주화 사무차장은 "한국인 무슬림 3만5천여 명 대부분이 70-80년대 중동에 다녀온 경험 때문에 이슬람을 믿게 된 사람들"이라고 말했다.[62] 사우디아라비아의 메카에 비무슬림은 들어갈 수 없기 때문에 공사를 위해서는 노동자나 기능공들이 교육받고 개종하여 무슬림이 돼야 했고, 아랍 현지에서 새로운 종교에 관심을 갖고 개종한 사람의 숫자도 적지 않았다. 이들의 숫자는 1만 5천명이 넘는다.[63]

1982년에 건설 노동자로 사우디에 2년 간 다녀온 김ㅊㅇ은 지인의 권유로 아랍어를 배우기 위해 모스크를 드나들다 무슬림이 됐다. 꾸란을 교재로 삼아 선교사들에게 아랍어를 배우다 보니 자연스레 이슬람에 마음이

이태원 무슬림 정육점 간판(저자촬영)

갔다. 그는 '알리'라는 이슬람식 이름도 있다. 한남동 모스크 1층 '무슬림 정육점'의 주인인 알리김은 우리나라에서 유일하게 이슬람식 도축을 허가받은 한국인 무슬림이다.[64]

1999년 7월부터 삼성물산 사우디아라비아 지점장으로 근무하고 있었던 윤ㅇㅂ(41) 차장의 종교는 이슬람이다. 1992년 중동지역 전문가로 이집트에서 아랍어와 현지 문화를 배우면서 무슬림이[65] 되었다.

중동지역 전문 인력 취업을 원하는 중동 현지 기업들이 직접 한국고용시장을 찾아나섰다. 제2의 중동 붐이 한국채용시장까지 몰려온 것이다. 그동안 한국 젊은이들의 진출은 호주, 캐나다, 일본등 선진국에 편중된 경향이 있었다. 그러나 이제 일자리 신대륙을 찾아 중동 등으로 시야를 돌리고 있다. 한화건설이 해외 수주 단일 프로젝트로는 역대 최대인 9조원 규모의 이라크 신도시 건설 공사를 따냈다.[66] 한국의 경제 발전과 더불어 앞으로 한국인의 중동진출은 점점 더 늘어나게 될 것이다. 이들이 이슬람에 대한 분별력과 경계심을 갖도록 미리 오리엔테이션이 필요하다.

이슬람 국가에 파병

2004년 5월 28일 오후, 국방부가 이라크에 파병하는 자이툰 부대원 37여 명이 서울 중앙모스크에서 다른 무슬림들과 함께 문화 체험이란 명목으로 예배를 드렸다. 자이툰 부대 손ㅈㄱ대위는 모스크에서 열린 이슬람 입교식에서 선서문을 암송하였다. 이슬람 종교의식에 따라 온 몸을 깨끗이 씻고 행사에 참석한 장병들은 '금요 합동예배일'인 이날 모스크에서 '이맘'의 인도에 따라 이슬람교에 입교하였다. 이들은 7월 말 이라크 북부 쿠르드 자치지역인 아르빌에 배치돼 평화재건지원 임무를 맡을 한국군 자이툰 부대 장병들이다. 부대원들이 이날 이슬람교에 입교한 것은 자이툰부대가 마련한 이슬람 종교 체험 기회를 가진 것이 결정적 계기였다. 자이툰부대가 아르빌 주민 대다수가 무슬림인 점을 감안해 종교가 없는 부대원들을 3주 동안 한남동 모스크로 보내 이슬람교를 이해할 수 있도록 배려한 것이다. 여기에 참여한 일부 부대원들이 이슬람교에 입교한 것이다. 육군 11사단에 근무하다 자이툰부대에 지원한 백 ㅅ O상병은 "대학 재학시절 전공인 아랍어 공부를 하다 우연히 접한 꾸란을 읽고 이슬람에 관심이 많았는데 이번 종교 체험을 계기로 무슬림이 되기로 결심했다"고 67) 밝혔다. 5개월 후 2004년 10월 11일 자이툰 소속 장병들이 이라크 아르빌에 파병된 후에 이슬람 예배를 현지에서 보고 있는 모습의 사진과 함께 기사가 신문에 실렸다. 68) 이라크 파병을 계기로 자이툰 부대원들 일부가 이슬람을 믿게 되었다.

직장

국내에 이주 무슬림 근로자들이 많이 들어와 있다. 2005년 1월 무슬림들의 순례인 하지(Haji) 기간에 기도 인파가 모스크를 가득 메우고 골목길까지 이어졌다. 대구시 죽전동 모스크 앞에서 인도네시아, 스리랑카 등에서 온 무슬림들이 기도를 올리고 있는 모습의 사진이 신문 기사로 실렸다. 69) 한국인이 직장에서 이주 무슬림과 직장동료로서 자연스럽게 접촉하며 이슬람에 대하여 듣고 호기심을 갖게 되기도 한다. 김 ㅁ ㅎ는 1995년 직장에서 1990년에 한국에 온 파키스탄인 문니르 라나(M. Munir Rana)를 만났다. 그의 부모가 이들의 결혼을 적극 반대했지만 이들은 필리핀에 가서 단둘이 결혼을 하고 한국에 돌아와 두아들을 낳았다. 라나는 이태원에 알사바(ALSABA) 라는 인도, 파키스탄 아랍권음식을 전문으로 하는 이슬람 식당을 한국인과 동업하며 식당옆에는 카페트 갤러리도 운영하고 있다. 라나는 1993년 한국인으로 귀화하였고 방배 김씨라는 성을 얻어 한국에서 무슬림 가문[70]으로 뿌리를 내리고자 한다.

장ㄷㅎ은 자동차 부품 공장에서 일하였다. 그는 자동차 부품을 조립하던 산업연수생이던 인도네시아 여성 아리아나 따리(31)를 좋아하게 되었다. 두 사람의 결혼 계기로 장씨는 이슬람으로 개종하였다. 점심때가 되면 장씨는 공장 기숙사 좁은 방에서 메카가 있는 서북서 방향을 향해 기도한다.[71]

교육과 대학 캠퍼스 이슬람화

서울 서울 중앙 모스크와 부산 모스크는 부속 시설로 유치원등을 운영하고 있다. 이러한 유치원에는 무슬림 자녀들뿐만 아니라 한국 어린아이들도 입학이 가능하다. 한국부모들 중에는 국제화시대에 어려서부터 외국아이들과 같이 언어와 다양한 놀이를 배울 수 있다는 단순한 생각으로 모스크의 부속 유치원에 아이를 입학시키는 경우도 있다. 부산 모스크에서는 어린이들에게 무료로 영어를 가르치고 있다. 또한 대구 모스크 근처에서도 파키스탄 무슬림이 어린이들에게 무료로 영어를 가르치고 있다. 이러한 곳에서 부모들은 어린아이들이 어려서부터 이슬람을 자연스럽게 받아들이게 된다는 생각을 미처 심각하게 생각하지 못하고 있다.

한국에서 활동 중인 페툴라 귤렌회 (Fetullah Gülen Cemaati)[72] 계통의 대표적 단체는 1998년 서울 강남구 역삼동에 개관된 터키 이스탄불 문화원과 2007년 서울 용산에 설립한 레인보우 국제학교(Rainbow Internatioanl School)이다. 이들의 재정적인 후원을 위해 활동하는 이들로는 한국을 대상으로 사업을 하는 사업가 그룹과 이들과 연계하여 이슬람을 전파하는 유학생들이 있다. 페툴라 귤렌회의 이슬람 전파의 원리와 방법은 현지에서 교육과 사업을 하나로 묶어 교육사업에 필요한 재정을 현지에서 조달하고 현지에 뿌리를 내리고 정착하는 것이다. 이스탄불 문화원의 통계에 의하면 학교 방문을 통해 한해 평균 5만 명의 학생들에게 터키를 소개하고 있으며, 한국 학생들을 터키로 초청하기도 한다.[73] 레인보우 국제학교의 교과과정에는 이슬람을 소개하는 종교과목이 없다. 그 이유는 이슬람을 직접적으로 전파하면 발생할 수 있는 문제를 사전에 예방하고, 미래의 지도자들에게 이슬람의 본질을 전파하기 위한 것이다.[74] 학교의 위치가 한국의 상류층이 밀집해 있는 서초구에 있는 것도 한국의 상류층에게 이슬람 전파를 고려한 것으로 여겨진다.

국내 4개 대학[75]과 대학원에 아랍 관련학과들이 생기게 되어 더 활발하게 소개되었다. 캠퍼스를 향한 이슬람의 투자는 규모가 방대하다. 각 대학 아랍학과가 대학 이슬람화의 길을 선도하고 있다. 일부 아랍 관련학과의 교수와 학생들이 한국의 이슬람 화를 주도하며 이슬람권 국가의 재정 후원이 한국대학에서 이슬람 포교를 촉진시키고 있다. 아랍권 유학시 무슬림으로 개종하면 장학혜택을 주는 방식이나, 이슬람 동아리 결성 등 집단화를 통해 대학 캠퍼스를 공략하고 있다. 이슬람에 관련된 학교, 학회, 교육기관 등이 적극적으로 포교 활동을 하고 있다.

한국외대와 명지대 아랍학과 학생들을 중심으로 한국이슬람중앙회 산하에 1977년 한국이슬람교학생회가 조직되었다. 이들은 이슬람 연구와 더불어 이슬람 전파를 위한 통로가 되고 있다. 대학생 때 종교 관련 수업을 들은 것이 계기가 돼 무슬림이 됐다는 안ㅇㄱ(45)은 "아랍어를 몰라 이슬람을 깊이 공부 하지 못해 아쉽지만 마음만은 이슬람에 심취해 있다"고 말했다.[76] L 교수는 이슬람과의 인연은 그가 1975년 한국외대 터키어과에 입학하면서 시작되었다. 졸업 후 터키 이스탄불 대학에 터키 역사를 전공하기 위하여 유학을 가서 아랍어와 꾸란등 이슬람 교리 공부에 열중하였다.[77]고 자신을 소개한다.

한국외국어대 아랍어과 4학년 이ㄱㅅ는 지난 2000년 아랍어과에 입학한 후 터키 친구들을 만나 사귀면서 이슬람교를 접하게 되어 무슬림이 됐다. 처음 입교할 때 유교 전통을 중시하는 아버지, 절에 다니는 어머니는 반대했다. 이씨는 "공부하는 수단으로 생각해달라"고 설득했고, 부모는 딸의 고집을 꺾을 수 없었다. 그 후 2004년에는 1년간 시리아에 가서 아랍어를 공부하고 돌아왔으며 무슬림으로 당당히 자신을 밝혔다.[78] 2007년 4월 연세대에 사우디아라비아 정부가 선정한 사우디아라비아 국비유학생 10명이 입학했다. 사우디아라비아 정부가 한국에 파견하기로 확정한 국비유학생은 모두 84명이다. 사우디아라비아는 한국에 보내는 국비유학생의 규모를 500명 수준까지 확대할 계획이다.[79] 과거에는 대부분 무슬림 근로자들이 국내에 들어왔다면 오늘날은 무슬림 지식층인 대학생들이 들어오고 있다.

정부는 2008년 8월 유학정책을 통해 '2012년까지 외국인 유학생을 10만 명으로 늘리고 출신 국가도 다양화하겠다'라고 발표했다. 특히, 사우디아라비아, 카타르, 터키 등의 중동국가 유학생들을 유치하고, '정부장학생'을 2008년 837명, 2012년 3,000명까지 확대할 계획을 발표하였다.[80] 2012년 한국에 유학온 사우디아라비아 출신학생들이 200명이 넘는다.[81]

'연례적인 한-사우디 청소년 교류' 계획에 따라 한국청소년대표단 10명이 2010년 9월 28일부터 10월 7일까지 사우디아라비아를 방문, 사우디 주요 대학, 문화, 체육 시설 등을 견학하였다.[82] 사우디아라비아 메디나

이슬람대학교에서 공부하는 한국 학생들이 방학을 마치고 다시 학업을 위해 사우디아라비아로 돌아갔다.[83] 아랍에미리트(UAE)에 원전을 수출한 것을 계기로 UAE과학 영재들이 국내 기술 전문고교에 와 연수를 받고, 고교교사가 UAE현지로 가서 수업을 하는 것이다. 2010년 여름에 UAE 과학기술고(IAT · Institute of Applied Technology) 학생 50여명이 수도공고를 찾아와 4주 과정으로 전력 관련 기술을 배우게 된다. 과학기술고는 UAE 왕족이 운영하는 학교이다. 앞으로 매년 IAT 학생 50명이 수도공고에 올 예정이다.[84] 2011년에도 UAE학생들이 수도공고를 방문하였으며, 수도공고는 이슬람 학생들을 위해 기숙사에 기도실도 마련하였다.

한국에 유학 온 무슬림 그룹은 동남아 그룹과 아랍 그룹으로 크게 나뉜다. 파키스탄과 아랍 학생들은 주로 학교 기숙사에 머무르며, 말레이시아 학생들은 주로 홈스테이를 한다. 홈스테이 기간에는 한국인들을 초청해 이슬람을 소개하는 프로그램도 진행한다. 카이스트 문지캠퍼스 행정동 7층에는 사우디아라비아의 메카(Mecca) 방향을 향한 이슬람 기도실이 있다. 사우디아라비아, 인도네시아, 모로코 등에서 온 학생 40여 명이 매일 이곳을 찾아 기도와 종교의식을 치른다.[85] 2011년 카이스트의 무슬림 유학생은 150여 명이며, 전체 카이스트 유학생 가운데 30%이다. 학생회관 2층 219호 '이슬람회' 동아리방은 '무살라'(소 예배소)를 겸한다. 카이스트를 졸업한 여러 무슬림이 이미 한국에서 취직해 일하고 있다.[86]

사우디아라비아 출신 유학생이 국내 대학 중 가장 많은 이슬람 유학생의 '메카'로 여겨지는 국민대가 이슬람 유학생을 배려한 기도실을 학내에 마련했다. 2010년 9월말 국민대 본부건물 3층에는 100㎡ 규모의 '사우디 학생 클럽'이 들어섰다. 주한 사우디아라비아문화원장이 서울·경기권 대학에 중동권 유학생이 늘어나는데 이들을 위한 공간을 국민대에 제안한 데 따른 것이다. 국민대에는 사우디아라비아 국비 유학생 16명이 학부와 대학원에 재학 중이고 2명은 어학원에 다니고 있다. 사우디아라비아 문화원에 따르면 2010년 9월 기준으로 국내에 체류하는 사우디아라비아 출신 유학생이 80여 명이며, 이 중 1/4이 국민대에서 공부하고 있다고 한다. 이 공간에는 사우디아라비아 현지 방송 채널이 나오는 TV와 아랍어 자판이 있는 컴퓨터, 벽에는 사우디 전·현직 국왕 3명의 사진, 사우디 국기와 지도가 걸려 있다.[87]

2010년 10월 1일자 '주간 한양 뉴스 표지 이야기(Weekly Hanyang News Cover Story)' 1면 '다문화 캠퍼스 한양대 이슬람'은 한양대 안산 에리카(ERICA) 캠퍼스의 무슬림 학생들을 위한 자율식당을 소개하며, 2006년 이후 매년 파키스탄 정부장학생들을 한양대에 초청하고 있다고 밝혔다. 2010년 69명의 석박사과정의 파키스탄 학생들은 모든 학비를 면제 받는다. 파키스탄 정부가 절반, 한양대가 절반을 이공계장학금으로 제공한다. 홀몸인 학생들에게 생활관을 무료로 제공하며, 파키스탄 정부도 매월 700달러의 생활비를 후원한다. 제1생활관과 제5공학관에는 이슬람의 예배 장소가[88] 있다.

2011년 10월 6일 선문대 총장과 주한 사우디아라비아 문화원장은 양 기관의 학생·교수 교류 및 학술교류를 위한 학술교류협약을 체결했다. 선문대는 무슬림 학생들을 위해 기숙사에 기도실을 운영하고 있으며 향후 무슬림 학생들의 증가를 대비하여 이슬람 학술자료실도 개관할 예정이다. 선문대 국제학부 및 경영학부 재학생들은 2011년 여름방학 기간 중 말레이시아 소재 국립 이슬람대학에서 4주간 전공별 유학 연수 프로그램을 진행한 바 있다.[89]

이슬람의 포교(다와 dawa)[90]

앞에서 필자의 글 '우리안에 이슬람 어떻게 볼것인가'에서 볼 수 있듯이 L 교수의 제안이 지난 10년 동안 한국에서 실현되고 있음을 살펴볼 수 있다. 한국이슬람중앙회는 2000-2005년 사이 '한국에서의 세계 무슬림 청년협의회의 활동 사례'를[91] 다음과 같이 소개하고 있다. 활동 사례; 첫째 한국이슬람중앙회와 공동으로 10회의 선교사 양성 프로그램 실시, 둘째 한국무슬림학생회와 공동으로 15회에 걸친 청소년 캠프 실시, 꾸란 번역 지원, 한국이슬람중앙회와 협력으로 6회의 이슬람 소개 한국어 출판세미나 개최, 셋째, 라마단 기간 중 선교사와 이맘 파견, 넷째 한국 내 이슬람센터에서 강의 및 이슬람 행사실시, 다섯째 22명 한국 학생의 사우디 대학 입학 추천, 여섯째 한국무슬림학생회 활동 지원, 일곱째 사우디를 방문한 한국대표단 환영 및 지원, 여덟째 6명의 한국 학생에 대한 장학금 지원, 아홉째 라마단 기간 동안 이슬람 관련 책자 및 홍보자료 지원.

향후활동 계획;[92] 첫째기존 사업의 지속적인 시행: 이슬람 모스크 건립, 이슬람 대학 건립, 국제 이슬람 학교 설립, 둘째 한국어-아랍어 및 아랍어-한국어 번역지원 사업, 셋째 한-사우디 청소년 교류 활성화, 넷째 양국 간 문화교류를 위한 전시회 개최 등이다. 한국인 최초 이맘 윤두영의 부인 김규염은 다른 한국인들에게 이슬람을 적극적으로 소개하고 있다. 그녀는 인터뷰에서 "저는 많은 한국인 여성들이 이슬람을 받아들이도록 권유하였다. 저는 아주 많은 여성들을 진리의 길로 안내하는 데 성공하였다. 우리는 이슬람으로 개종한 여성들의 친목회를 마련하였다"라고 말하였다.[93]

현재 한국 1세대 무슬림들은 노년이 되어 활동이 약하다. 그러나 2세대 무슬림들은 무슬림 공동체의 양적 증가와 더불어 질적인 성장을 보여

주고 있다. 그들은 이슬람을 종교보다는 문화소개라는 명목으로 한국사회내로 진입시키며 저변확보를 적극적으로 하고 있다. 또한 이슬람국가의 지원으로 유학을 마치고 귀국하여 이슬람 중앙모스크를 중심으로 국내에서 활발하게 활동하고 있다.

2009년 12월 19일 서울 중앙모스크 내 대회의실에서 한국이슬람중앙회 주최로 전국 이맘, 지회장 연례회의가 개최되었다. 연례회의에는 전국 모스크 및 예배소에서 20명 이상의 이맘과 지회장들이 참석하여 각 모스크의 운영 및 2009년과 2010년 다와 계획에 대하여 발표하고 이에 대하여 토론하였다. 한국이슬람중앙회는 앞으로 1년에 두 번 이러한 회의를 가질 예정으로 계획[94]하고 있다.

이슬람국가에서 유학 경험이 있는 국내 이슬람 문화권 전문가는 30여명정도 이다. 이들 가운데 터키, 튀니지, 요르단, 이집트 등 대표적인 이슬람국가에 유학을 다녀온 12명은 2001년 '이슬람'을 출간하였다. 이들은 이슬람 세계에 대해 무지한 일반인의 시각을 바로잡고자 한 '학문적 성전(지하드)'의 결실이라고 설명한다. 이들의 유학시점은 다르지만 이들은 모두 이슬람 문화권에서 7-13년 유학생활을 하였다.[95] 귀국 후에 이들 중에는 이슬람 다와에 적극적인 사람들이 많다.

2010년 서울국제도서전(SIBF)이 5월 12-16일까지 서울 삼성동 코엑스 A홀과 B홀에서 있었다. 주한 이슬람 공관과 관심 있는 이슬람 국가에서 참가했으며, 주한 사우디아라비아 대사관 부스에는 아랍과 이슬람을 알릴 수 있는 다양한 종류의 서적들이 전시되었고, 무료로 주는 팸플릿도 있었다.

한국이슬람중앙회와 한국종교인평화회의(KCRP)는 2011년 6월 1-2일 서울 중구 프레스센터에서 '이슬람, 다가서다-이해와 공존을 위한 종교

간 세미나'라는 주제로 세미나를 개최했다. 이슬람과 한국의 주요 종단 및 이슬람 공관의 외교관 등 100여 명이 참석하였는데, 한국사회에서 다문화, 다종교에 대한 폭넓은 이해와 공존을 위한 모임이었지만 결국은 이슬람을 선전하기 위한 것이었다.

한국이슬람중앙회에서는 세계무슬림청년협의회의 후원으로 1983년 이후 매년 와미(WAMY))청소년 여름캠프를 무료로 개최하고 있다. 2010년 8월 와미 여름 캠프에는 70여 명의 무슬림과 비무슬림들이 참석하여 비무슬림들에게 이슬람을 알리는 기회가 되었다.[96] 2012년 7월 10-12일간 수원 청련 수련원에서 개최되어 약 70여명의 무슬림과 비무슬림들이 참석하였다. 이번 여름캠프를 위하여 와미에서 파견된 무바라크 안카르(Mubarak Askar)교수와 압둘라 알 우마이르(Abdullah Al-Umair)교수가 강의를 해주었다고[97] 보고하였다.

이슬람 전파활동을 하기 위하여 한국에 들어와 활동하고 있는 무슬림들이 있다. 이슬람을 알리기 위하여 온 주요 외국인 이맘들 중 모힙불 학 아리프(Mohibul Haq Arif)와 파키스탄인 파즈룰 까디르 씨디기(Fazrul Qadir Siddiq)는 1974년 7월 29일 한국에 입국했고, 무스타파 니파사마(Mustafa Nipasama)는 태국인으로 1981년 1월 한국에 입국했으나 2009년 사망하였다. 왜소호는 태국 출신의 리비아 선교사로 1982년 2월 한국에 왔다. 무슬림이 많은 태국 남부 질라 출신인 왜소호씨는 리비아 트리폴리의 이슬람 신학대에 유학한 후 리비아 종교성에 의해 한국에 파견됐다.[98] 압둘 라쉬드(Abdurrashid)는 태국인으로 1982년 2월에 한국에 입국하여 2012년 6월 30일까지 30년간 한국이슬람의 발전을 위하여 헌신적으로 포교활동을 하다가 7월 4일 출국하였다. 압둘 쌀람(Abdul Salam)은 싱가포르인으로 1985년 10월 18일 한국에 입국, 압둘와합 자히드(Abdul Wahab

Zahid)는 시리아 출신으로 1984년 11월 8일 한국에 입국하여 현재까지 국내에 있으며 20여권의 책을 출판하여 이슬람 포교에 매우 활발하게 활동하고 있다. 니자뭇딘 몰락(Nizamuddin Molak)은 인도인으로 1989년 한국에 입국했고, 파룩 준불(Faruk Zunbul)은 터키인이며 1997년 9월 17일 입국하여 2010년 6월 4일 가족과 함께 터키로 귀국하므로[99] 한국에서 13년을 이슬람포교활동을 하였다.

이슬람은 선교적인 종교이다. 이슬람의 다와는 유대인들과 그리스도인들을 선교대상에 포함하고 있다(꾸란 3:20). 이슬람의 선교적 사명은 꾸란이 모든 사람을 위한 하나님의 계시라는 것과(꾸란 25:1;38:87), 무함마드는 마지막 사도라는 것(꾸란33:40), 또한 무함마드는 아랍인들뿐만 아니라 모든 사람들에게 알라가 보낸 사도(꾸란 21:107)라는 주장에 기초하고 있다.

무슬림과의 결혼

한국인들 중에는 외국 유학시절이나 해외근무 중에 무슬림 배우자를 만나서 결혼을 계기로 무슬림으로 개종한 경우와 국내에 이주한 무슬림 배우자를 만나 결혼한 경우가 있다. 한국 여성들과 무슬림 남성과의 결혼 뿐만아니라 한국 남성들도 무슬림여성과 결혼하기 위하여 이슬람으로 개종하는 경우가 있다.

'무슬림 가족' 오ㅎㅅ(45)와 그의 아내 줄티나 모함마(34)가 만나게 된 것은 1993년이다. 오씨가 말레이시아에서 경영하던 무역회사에서 비서로 5년간 일한 것이 인연이 됐다. 오씨는 "무슬림 여자들은 이슬람교도가 아닌 사람과 결혼할 수 없어 두 달 동안 이슬람 문화와 역사를 새로 공부하고 무슬림으로 다시 태어났다"라고[100] 말하였다. 한국인 정ㅂㅅ는 인도

한국인 무슬림 여성들(저자촬영)

네시아에서 같은 직장을 다니면서 4년간 연애한 아데 아르냐니와 결혼하기 위하여 무슬림이 되었다. 한국에 온지 5년이 되었으며 남편은 일반직장에 다니며 딸 한명을 두고 있다. [101] 이ㅍㄱ은 1994년 한국에 산업연수생으로 온 인도네시아 여성을 만나 1년 교제후에 결혼하였다. 그는 무슬림 여성과 결혼하기 위하여 이슬람으로 개종하여 세명의 딸을 낳았으며 가족 모두가 무슬림이다. [102] 무슬림 부모의 자녀는 자동으로 무슬림이다.

무함마드 아심(36)씨와 신ㅁㅅ(29)씨는 2012년 3월6일 서울 이태원 한국 이슬람중앙성원에서 '알라의 이름으로' 결혼했다. 신씨는 무함마드씨의 두번째 부인이다. 1999년 한국에 온 무함마드씨는 한국인 여자와 결혼했다. 2남2녀의 자식을 낳았다. 아이들 모두 주민등록번호를 가진 한국인이다. 3년 전 아이들은 파키스탄으로 '무슬림 유학'을 떠났다. 첫 부인도 함께 갔다. 한국 학교에선 무슬림으로 키우기 어려웠다. 첫 부인과 4명의 자녀는 다시 한국에 돌아올 것이다. 모든 사실을 알고 있었지만, 신씨는 선택했다. 한국은 일부다처 금지라 혼인신고도 못했다. 그러나

이슬람 율법은 네 명의 부인까지 허락한다. 이슬람의 율법에서 두사람은 부부다.[103]

한국에서 국제결혼은 이주 무슬림이 국내에 정착하는 주요 경로이다. 최근 외국인 무슬림 근로자들과 결혼한 한국 여성들의 개종 또는 입교와 이들 사이에 태어나는 자녀들의 이슬람 입교가 늘고 있다.

2005년 통계에 따르면 외국 무슬림과 결혼하기 위해 신도가 되는 국내 여성들(연간 1,000~2,000명)과 자발적으로 이슬람에 입문해 당당하게 무슬림임을 밝히는 신세대들이 조금씩 늘고 있다.[104] 결혼 이주자는 그의 한국인 배우자가 무슬림으로 개종하므로 무슬림 인구 증가에 주요한 변수가 되며, 이들의 자녀 역시 무슬림이 된다.

2006년-2008년 현재까지 연평균 350쌍의 무슬림 남성과 한국인 여성 간의 결혼이 이뤄지고 있는데 결혼 이후 아내의 개종을 강요해 문제가 되고 있기도 하다.[105] 김ㅇㄴ은 국내 회사에서 일하면서 같은 직장에서 무슬림 알롬씨를 만나 결혼 후에 무슬림이 되었다.[106] 2009년 8월 현재 국내 외국인 주민은 110만6천884명(불법 체류자 제외)이다. 2008년 법무부 결혼이민자 통계에 의하면, 이슬람 국가에서 온 남성 결혼이민자 수는 파키스탄이 594명, 방글라데시 436명, 인도네시아 51명이다. 이들을 모두 합치면 중국 다음으로 전체 2위로, 적어도 한국에서 1,000명 이상이 무슬림과 결혼하였다. 2011년 3월 현재 한국인과 결혼해 국내에 머물고 있는 '국제결혼 비자 체류자'는 14만3천여 명이다. 이 가운데 인도네시아·파키스탄·우즈베키스탄 등 주요 11개 이슬람 국가 출신 무슬림만 4,150여명에 이른다고 명지대 중동문제연구소 안정국 교수는 분석한다.[107]

귀화 무슬림이 1,600여 명, 한국인 배우자와 결혼한 체류 무슬림이 4,000여 명이므로, 한국 무슬림 가운데 이들의 비중은 적지 않다.[108] 이러한 결혼 추세는 급증할 전망이다. 무슬림 남성과 결혼하여 무슬림으로 개종하는 한국 여성이 장래 한국 무슬림 세력의 중심이 될 것이다. 한국인과 무슬림 간의 결혼을 통한 한국 이슬람의 지속적인 성장을 한국 이슬람 측은 기대하고 있다.

이슬람 문화 홍보: 이슬람 문화원과 문화연구소의 활동

이슬람의 포교 전략 중에 하나는 문화 진출이다. 이슬람이 종교를 전파한다는 말 대신 문화를 소개한다고 하므로 사람들에게 거부감을 주지 않고 가까이 다가가는 것이다. 이슬람 문화소개는 이슬람을 한국사회에 소개하며 유포하는 데 큰 영향을 주고 있다. 한국이슬람문화연구소(KIIC: Korea Institute of Islamic Culture)는 이슬람 국가에서 수학하고 돌아온 한국인 무슬림 학자들에 의해 1997년 8월에 설립되었다. KIIC는 '이끄라 자선협회'의 재정 지원으로 국내 교과서 및 각종 문헌에 잘못 기재된 이슬람 관련 내용의 수정작업, '이슬람의 소개'라는 제목의 책 출간, '이슬람 국가 소개' 출간(1년에 2개국), 이슬람에 관한 소책자와 유용한 팸플릿 번역 및 출간, 사우디아라비아의 킹 파이살 센터에서 발간되는 이슬람 관련 아랍어 책자 번역 및 출판, 강연회 개최 및 정기세미나, 토요 이슬람 문화강좌, 아랍어 및 이슬람 교리강의를 진행하고 있다.

1998년 서울 개관한 터키 이스탄불 문화원은 터키의 앙카라 중동기술대학(METU:Meddle East Techncal University)을 졸업하고 한국에 유학생으로 와서 한국인과 결혼하여 정착한 엘한 아타이(Erhan Atay)가 중심이 되어 설립되었다. 이스탄불 문화원에서 활동 중인 터키인들은 모두 한국어를 유창하게 말한다. 이들은 직접적으로 이슬람을 전파하지는 않지만 터키 문화와 역사의 근간을 이루고 있는 이슬람을 소개하며 설명한다. 2002

년 한국에 유학 와서 서울대 대학원에 다니고 있는 차아르는 이슬람 수피즘의 수행자 수피스트이며 이스탄불 문화원 부원장을 맡고 있다.[109] 2010년 8월 27일에 설립된 루미 포럼(Rumi Forum)은 학술·문화 교류를 통한 한국과 터키 사이의 상호이해와 협력 증진 등을 위하여 설립되었다. 2010년 8월부터 매월 1회 특강을 개최하며, 한국인들에게 2011년부터 매년 1회에 터키 문화 유적 답사를 진행하고 있다.

사법연수원은 2007년 정식 외국법 과목으로 '이슬람법'을 개설하였다. '이슬람법과 문화' 과목은 수강인원 120명이 순식간에 마감될 정도로 인기가 높았다. 강사들은 대부분 무슬림들이다. 이 강좌를 수강한 40여 명의 연수생들은 자발적으로 '이슬람법학회'를 창립, 이슬람에 대하여 연구하게 되었다. 2009년에는 이란 사법부 수장이 사법연수원에서 특강도 하였다.

2008년 4월 25일에는 서울대학교 캠퍼스에서 '문화를 이해하는 학생들의 교류모임'이란 이름으로 이슬람권에서 유학 온 40여 명의 학생들이 집회를 했다. 이는 캠퍼스 내 이슬람 전파를 위한 목적으로 볼 수 있다. 10여 명의 무슬림 유학생들이 서울대학교 학생회관 옥상에서 하루 5번 기도하고 있다.[110]

국내 무슬림 유학생중 이슬람 선교사들도 있다. 이들은 캠퍼스에서, "문화를 알려준다"고 한국인에게 접근한다.[111] 서울 터키 이스탄불 문화원, 제주 이슬람문화센터는 한국인들이 이슬람에 쉽게 접촉할 수 있도록 다양하게 행사를 개최하며 이슬람 홍보에 매우 적극적이다.

2007년 10월 22일 인천에서 '중동문화원' 개원식에 축하하기 위해 중동 각국의 주요 인사 60여 명이 참석했다. 이라크 고등교육부 장관 등 중동권 인사들은 "적극적인 지원을 아끼지 않겠다"고 약속했다.[112] 2009년에 인천 중동문화원은 다문화전시관인 '인천 글로벌센터'로 개명되었다. 제주 이슬람문화센터는 제주한라대학 K교수에 의하여 운영되고 있다. 그는 대학원에 다니며 번역 아르바이트를 하던 1978년 우연한 기회에 이슬람에 입문했다. 1980년 그는 카타르로 건너가 카타르대학에서 이슬람법을 공부하고 졸업 후 고향인 제주도로 돌아와 한국이슬람중앙회 이사 등을 맡으며, 2002년부터 홈페이지를 운영하며 이슬람을 알리기 위한 활동을 적극적으로 하고 있다.

2011년 8월 12일~10월 10일, 경주에서 '2011 경주세계문화엑스포'가 개최되었다. 한국이슬람중앙회에서는 이슬람을 소개하는 책자와 팸플릿을 무료로 배포하여 이슬람을 소개하였다.

인터넷 채팅과 종교적 관심

SK㈜에 입사한 김ㅇㅅ(26)은 무슬림이다. 서울대 98학번인 김 씨는 대학 재학 중이던 2002년 11월 이란과 터키를 여행하면서 이슬람에 관심을 가지게 되었다. 귀국 후 김 씨는 본격적으로 이슬람을 공부해 입교했고, 그에게 아랍어를 가르쳐주던 모로코 여인 람미아(25)와 이슬람식으로 결혼도 했다. [113]

강은숙(가명, 37세)은 2004년 인터넷 채팅을 통하여 파키스탄 출신의 알리를 만나 결혼하였다. 그는 결혼 전에 자신의 종교에 대하여 언급하지 않았다. 그는 결혼 후 꾸란을 읽도록 강요하였고 꾸란을 공부하지 않는다고 언어적 신체적 폭력은 물론 아이에게 못이 든 연장통을 던지고 위협을 하였다. 그는 한국 국적을 취득한 후에 이혼하겠다고[114] 하였다.

대학생 문희섭(가명·23)은 펜팔 전문 사이트 '펜팔스나우닷컴'에서 말레이시아 친구를 만나 이슬람을 알게 됐다. 이슬람 학자들이 운영하는 영어

이태원 중앙모스크 근처에 있는 이슬람정보센터.
여행사에서는 하지 순례자를 모집하는 광고 간판도 보인다. (저자촬영)

사이트에서 정보를 얻어 공부했다. 그는 2008년 '신앙고백(샤하다)'을 하고 무슬림이 됐다.[115] 박ㄷㅅ(26)은 2009년 11월 이후, 한국인 무슬림을 위한 인터넷 카페를 만들었다. 회원 대다수는 20대. 2010년 4월에는 '한국인을 위한 이슬람'이라는 제목의 인터넷 누리집을 만들었는데, 하루 평균 200여 명이 방문한다. 박 씨는 이들 회원을 바탕으로 2011년 1월 1일 이태원 중앙모스크 근처에 '이슬람 정보센터'를 차렸는데 사무실에는 하루 평균 20여 명의 한국인 젊은이들이 방문한다. 그 가운데 40여 명의 한국인 젊은이가 '이슬람 정보센터'에서 지난 4개월 동안 신앙고백을 하고 무슬림이 됐다. 카페 회원만 1,000명이 넘는다.[116]

중학생 이승미(가명)는 2010년 여름 인도네시아 무슬림을 채팅으로 만났다. 15살 소녀는 채팅으로 신앙고백을 하고 무슬림이 됐다.[117] 조영희(가명·24)는 지난 2월 서울 모 대학 도서관에서 베일을 쓰고 대학도서관 아르바이트를 했다. 조 씨는 인터넷 이슬람 카페 회원들에게 궁금한 것을 묻고, 2011년 1월 회원 3명이 지켜보는 가운데 '신앙고백'을 했다. 카페 회원들은 오프라인 모임도 연다. 지난 4월에는 30여 명이 모였다.[118] 이와 같이 최근 무슬림으로 '커밍아웃'하는 한국인 청년 무슬림이 증가하고 있다.

사우디아라비아 소재 MWL (Muslim World League) 산하 WWAII (World Wide Association for Introducing Islam)에서는 채팅으로 만나는 이슬람 사이트를 개설하였다. 이 사이트의 접속자는 채팅을 통해 이슬람과 관련된 질문을 할 수 있다. 다국어를 지원하는 이 사이트는 한국어로도 질문 및 답변이 가능하여 한국인들도 이용하고 있다.

아랍어 공부

대학에서 아랍어과, 이란어과, 터키어과, 중앙아시아어과 등 이슬람 국가의 언어를 전공하는 수강생들은 그 나라의 사회와 문화를 지배하는 이슬람을 연구하게 되어 자연스럽게 꾸란을 읽게 된다. 이러한 계기를 통하여 이슬람에 대하여 호기심을 갖게 되어 이슬람에 입교하게 된 경우가 많다. 특히 이슬람 전파에 있어서 아랍어 교수들의 역할은 지대하다. 그들은 학생들에게 꾸란을 익히고, 이슬람의 초보를 가르치며, 이슬람을 받아들이도록 도왔다. 이슬람권 국가의 재정후원을 통한 대학의 이슬람화 촉진으로 아랍권 유학 시 무슬림으로 개종하면 이집트의 일부대학교에서는 장학금 혜택을 주는 곳도 있다. 이슬람동아리 및 집단화를 통해 대학 캠퍼스를 공략하며 이슬람관련 학회 및 연구소를 통한 이슬람을 직간접으로 전파하고 있다.

이슬람의 한국 포교는 아랍어 전공과 중동 경제를 전공하는 대학교들에서 다양하게 이루어지고 있다. 한양 대학교 이 교수는 한국인 무슬림들

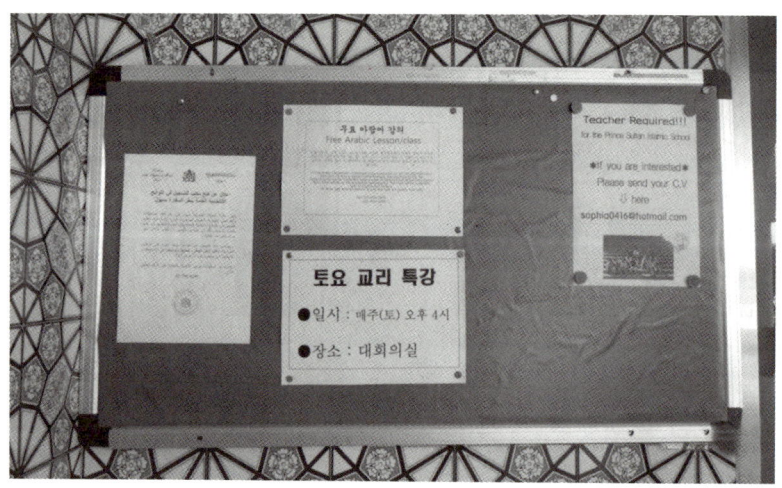

서울 중앙모스크 1층 게시판에 붙은 아랍어강습 안내문(저자촬영)

이 급증한 이유 중에 하나로 국내 대학에 아랍어과가 신설되어 기여한 것으로 보고 있다.[119)] LG전자 이란 지점 지ᄒᆞㅅ은 1997년 무슬림으로 개종하면서 '무스타파 지'(Mustafa Ji)라는 또 하나의 이름을 얻었다. 그는 대학에서 아랍어를 전공하면서 이슬람 세계와 인연을 맺었다. 아랍어를 공부하다 보니 아랍 세계를 이해하려면 이슬람이라는 종교를 알아야겠다 싶어 무슬림으로 개종했다.[120)] 아랍어와 터키어등을 전공하는 일부학생들 중에는 언어를 배우는 과정에서 이슬람에 친근감을 갖게되어 후에 이슬람으로 개종하게 되는 경우가 발생한다.

에너지의 90%를 이슬람 국가에 의존하고 있는 한국은 산유국 정치인들의 입김에 의해서 2002년부터 이미 한국의 중·고등학교에서 아랍어를 제2외국어로 채택할 수 있도록 하는 법이 채택되었다. 한국의 수능시험에서 제2외국어로 아랍어가 인기가 올라가므로 서울 중앙모스크에서도 아랍어를 가르치고 있다. 아랍어의 표준점수가 다른 언어에 비해 월등히 높게 나오면서 모스크의 강좌를 찾는 수험생이 늘고 있다. 한국이슬람교중앙회 사무총장은 "매주 화·목요일 진행되는 초급·중급 아랍어 강좌에 30여명이 참석한다...아랍어 전공자와 취업 준비생, 중동 파견을 앞둔 직장인이 대부분이지만 대입 수험생도 몇 명 있다"고 말했다.[121] 제2외국어 응시와 관련, 아랍어의 선호도와 교육 열기는 그 동기에 대한 주의 깊은 관찰을 요구하고 있다.

2011년부터 울산외국어고등학교는 25명 정원의 아랍어과 1개 학급을 신설해 아랍에미리트(UAE) 원전 수주를 비롯해 중동지역 특수에 대비한 인재를 양성하기로 했다. 전국 외고에서 아랍어과가 신설되는 것은 울산외고가 처음이다. 2011년 외무고시부터 아랍어와 러시아어, 스페인어 능통자는 별도로 선발된다.[122] 이러한 정부 방침은 청소년과 젊은이들이 자연스럽게 이슬람에 다가가는 계기가 될 것이다.

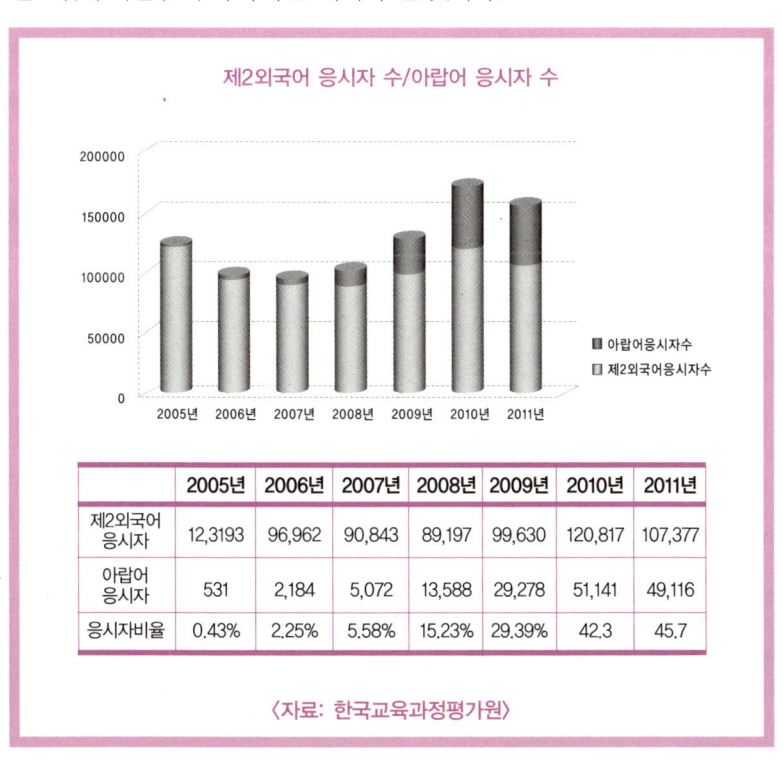

제2외국어 응시자 수/아랍어 응시자 수

	2005년	2006년	2007년	2008년	2009년	2010년	2011년
제2외국어 응시자	12,3193	96,962	90,843	89,197	99,630	120,817	107,377
아랍어 응시자	531	2,184	5,072	13,588	29,278	51,141	49,116
응시자비율	0.43%	2.25%	5.58%	15.23%	29.39%	42.3	45.7

〈자료: 한국교육과정평가원〉

아랍어 수능과목 채택으로 인한 문제점은 학생들이 이슬람에 대해 친밀감을 가지게 되어 이슬람에 대한 호기심을 갖게 할 뿐만 아니라 한국인 무슬림 수가 증가할 기회를 제공할 수 있다. 대구에 있는 외국어 학원에서는 영어강사로 무슬림이 이미 가르치고 있으며 전국 외국어 학원에서 원어민 무슬림들을 아랍어 교사로 초빙할 가능성이 있다.

세미나, 학술대회 및 학술교류

1990년대 초반부터 서울 중앙모스크 회의실에는 국내외 무슬림 학자들이 모인 가운데 이슬람 세미나 및 강연회가 수시로 개최되었다. 1997년 8월에 세미나에서는 외국 무슬림 학자 20여 명을 포함한 100여 명의 국내외 이슬람 학자들이 모여 '동아시아의 이슬람-역사와 문화적 조화'라는 주제로 열띤 토론을 벌였다. 특히 1998년 12월부터 사우디아라비아 '이끄라 재단'의 후원으로 매월 첫째 토요일에 서울 중앙모스크 소강의실에서 일반인들을 상대로 '토요 이슬람 문화강좌'를 개최하고 있다.[123]

한국이슬람선교50주년 기념식과 국제 학술 심포지엄외에 이슬람문화연구소와 인권연대 교육센터는 2005년 상반기 이슬람 강좌를 개최했다. 2005년 11월 한국 이슬람화를 위하여 '아시아에서의 이슬람과 타종교: 공존과 협력'이라는 주제로 세미나가 열렸다. 2006년 1월 이슬람의 역사, 문화, 종교, 사회, 정치, 경제 등의 문제를 집중적으로 파헤쳐보는 심화강좌를 마련했다. 이런 종류의 다양한 세미나는 계속 진행되고 있다. 한국이슬람중앙회, 국내 이슬람 관련 연구소 및 국내 아랍어 학과가 설치된 대학과 대학원에서는 친 이슬람 관련 세미나, 학술대회 및 학술교류를 지속적으로 활발하게 하고 있다.

출판 및 언론과 미디어

오늘날 한국 신문과 TV에서 보여지는 무슬림들의 다양한 모습이 낯설지 않다. 이슬람 관련 사건이나 이슈를 다룬 TV에서는 한국 무슬림학자들의 인터뷰 내용을 여과 없이 내보내고 있다. 그들의 증언은 이슬람을 옹호하며 아주 미화된 모습으로 나타내고 있다. 이러한 것들이 사람들에게 이슬람에 대한 좋은 인상을 갖게 하며 호기심을 유발시킨다.

2000년대에 공중파 방송에서의 이슬람 관련 프로그램중에 TV에서 방영된 것들이다; 2001년 MBC 창사 특집 4부작 '이슬람', TV, 책을 말하다 제108회 신년기획 이슬람 제 1 부 〈코란〉 방송일시 : 2004년 1월 8일 목요일 밤 10시 (1TV, 60분), 신년기획 이슬람(제2부 아라비안나이트) 방송일시: 2004년 1월 15일(목) 밤 10시(1TV, 60분), 2004년 교육방송(EBS)의 13부작 '이슬람 문화기행', 2005년 10월 10일 MBC 특별기획 '김영동 국제산사음악회' 중 이슬람 신비주의자들인 수피(Sufi) 춤 방송, 2008 6월 29일-7월 13일 SBS 대기획 '신의 길, 인간의 길' 4회, 2008년 10월 13일~15일 EBS '다큐프라임: 문명의 3대 교차로를 가다'가 방송되었다. 2009년 4월 2일 SBS '문명의 길, 인간의 땅 우즈베키스탄', 2009년 8월 14일 KBS 2TV 30분 다큐 '한국에서 무슬림으로 살아가기,' 2010년 4월 6일 KBS 1TV 시사기획 쌈 '무슬림: 우리 곁의 이방인'이 방송되었다. 2010년 9월 29일 KBS 1TV 수요기획 '한국 이슬람 라마단'은 국내 무슬림들의 신앙생활과 삶을 소개하였다. 2011년 4월 7일에는 KBS 1TV 일요스페셜 '프랑스의 선택-부르카를 벗기다'를 방송하였다. 2011년 8월 9일 KBS 2TV 생생정보통 '무슬림, 아직도 이방인인가?'에서는 국내 무슬림을 자연스럽게 소개하였다. 한국 이슬람은 미디어를 최대한으로 이용하여 이슬람에 대한 오해와 편견을 없애자고 하면서 또 다른 편견을 만들어내고 있다.

한국이슬람중앙회는 국내에 이슬람 전파를 위한 이슬람 관련 책을 출판하기 위하여 터키나 사우디아라비아등에서 기금을 적극 들여오고 있다. 한국이슬람중앙회의 이사장과 사무총장 등이 터키의 샤프카트 욜루(Sefkat Yolu) 초청으로 2009년 10. 18-10. 26일까지 터키를 방문하였다. 방문결과 아지즈 마흐무드 후다이 재단에서 출판한 서적 중 한국 실정에 맞는 책을 연간 3권 이상 번역하기로 합의. 한국에 선교사 1명을 파견, 한국이슬람중앙회에서 추진하는 모스크 건립등 프로젝트 설명하였다[124] 고 보고하였다.

이슬람 관련 많은 서적들이 무슬림들에 의해서 출판되고 있다. 국내 이슬람에서는 청소년까지 포교할 대상으로 삼아 『어린이 이슬,『람 바로 알기』(2001), 『초등학생이 꼭 알아야 할 이슬람의 모든 것』(만화, 2009); 이러한 책들은 이슬람을 평화의 종교로 소개하며 신문등에서 추천 및 권장 도서로 선정되어 보급 및 활용되고 있다.

꾸란의 의미의 한국어 번역이 출판되었다. 원본 '꾸란은 다른 언어로 번역될 수 없기 때문에 한국어 꾸란에 '꾸란 의미의 한국어 번역' 이라는 부제를 붙인다. 특히 한국 이슬람에서는 한국 포교를 위해 '꾸란'을 한국어로 여섯 차례나 번역했다. 또한 '알라'를 'GOD(하나님)'으로 번역했다. 꾸란 번역 용어에서 한국 기독교인이나 일반인들에게 익숙한 용어로 번역하였다. '꾸란'원문의 폭력성을 약화시켜 번역을 했으며, 이슬람 포교 책자 200여종을 출판해 무슬림이 평화와 관용의 종교이며, 문화 발전과 한국 경제에 도움이 되는 종교라는 인식을 심으려고 하고 있다. 이슬람 측이 '74년부터 발간해온 도서는 약 56종 이상이다 .

이슬람 교육기관으로는, 중앙모스크 내에 위치해 외국인 무슬림 자녀와 한국인 비무슬림 자녀를 교육하고 있는 이슬람 유치원과 사우디 대사

서울 중앙모스크 근처의 이슬람 서점 사진.
2008년 사진에는 서점 옆이 교회 였으나 현재는 이슬람 도서관이 되어 있다.(저자촬영).

가 50만 달러를 후원해 2011년에 개원한 이슬람 초등학교가 있다. 이슬람대학 건립을 추진하기 위해 1979년 용인에 이슬람대학용 부지 13만평을 확보하였다. 이 부지를 2007년 용인시가 휴양림용으로 140억 원에 수용하여 현재 이슬람대학은 무산되었다.

국내 이슬람문화센터들은 센터 내에 상설 아랍어 교실, 이슬람 관련 전시회 등을 열어 이슬람을 제공하고 있다. 이슬람 관련 출판물을 적극적으로 활용하는 전략도 이슬람 전파를 위해 한 몫을 하고 있다. 국내 최초의 이슬람 서적 센터(Islamic Book Center)가 2007년 2월 2일 서울 한남동 이태원 서울 중앙 모스크 인근에 개점했다. 이슬람 서적과 자료들을 판매 및 보급하고 있으며 아랍어 강의도 하고 있다. 같은 건물에는 이슬람 센터와 이슬람 도서관도 있다. 이슬람 서점에 방문했을 때 책을 팔기도 하지만 책 가격표가 있는 책들을 무료로 주는 경우도 많다. 이들은 문서나 문헌, 영상, 유튜브 등을 통해 이슬람을 적극적으로 알리고 있다.

식품 인증제도

'할랄(Halal)'이란 아랍어로 '허용된 것'이라는 의미로, 이슬람 율법에 따라 도축한 동물의 고기를 뜻한다. 이슬람 규정에 따르면 돼지고기, 피, 맞아 죽은 짐승의 고기 등은 먹어서는 안 된다. 허용된 고기라 해도 이슬람 율법 규정에 따라 도살된 것이어야 '할랄 푸드'로 인정될 수 있다.

오늘날 한국인들이 건강식을 매우 선호하므로 이러한 경향을 틈새 작전으로 이용해 이슬람은 우리 곁에 가까이 다가오고 있다. 국내업체들이 판로 개척 모색으로 식품 인증제도 '할랄'을 따내고자 열을 올리고 있다. 인증기관은 나라마다 다양하다. 특히 할랄 인증은 전 세계 150여개 기관에서 이뤄지고 있으며, 국내에도 인증기관이 있다. 2009년 2월 한국관광공사가 외래 관광객 전문식당 153개소 중, 11곳을 할랄 식당으로 지정했다. 2009년 3월 13일 한국이슬람중앙회 발표에 의하면, 과

수입산 할랄과자와 할랄음식으로 팔리는 국내 라면(저자촬영)

부산모스크 옆 이슬람 음식점(저자촬영)

자 51종, 음료 25종으로 총 76종이 할랄 식품으로 지정되었다. 할랄 두유 리스트에는 삼육식품과 베지밀의 두유를 소개하고 있다. 2009년 9월 농심은 '채식주의 순'이라는 상품을 개발·판매해 할랄 인증을 추진하였다. 2009년부터 대한항공 기내식 메뉴에 무슬림들이 선택할 수 있는 할랄 메뉴 '무슬림 메뉴'를 제공하고 있다. 2010년 4월 종갓집 김치가 할랄 인증을 받았고, 2011년 4월 7일부터 수출용 농심 할랄 신라면 생산을 시작하였다. 국내 첫 '이슬람' 병원급식도 나온다. CJ프레시웨이·삼성에버랜드는 외국인 환자식단을 공동 개발하여 2011년 말까지 이슬람식 병원급식을 개발할 예정이었다.[125] 이렇게 만들어진 음식은 한국식품에 대해 이슬람 율법을 최초로 적용한 실례들이다.

아랍권의 점진적 개방과 함께 전 세계 16억 명에 이르는 이슬람 인구가 먹는 '할랄 식품'에 대한 관심이 높아지고 있다. 2011년 10월 18일과 21일 서울과 전주에서 각각 열린 설명회에는 수백여 개의 식품업체들이 참여했다.[126]

경제

역사적으로 전 세계에 이슬람 전파에 있어서 이슬람 국가와의 무역이나 경제교류는 중요한 역할을 하였다. 한국과 이슬람 국가 간의 경제적 관계들은 한국인들에게 이슬람을 소개하고 이해시키는 데 큰 기여를 하고 있다. 1998년 10월 사우디아라비아 황태자(2011년 국왕: 압둘라 이븐 압둘 아지즈)는 이슬람 발전을 위해 50만 불을 헌금하였다. 2000년 11월 사우디 국방장관이 이슬람 학교 건축을 위하여 30만 불을 헌금하였다. 2004년 7월 카타르 정부의 지원으로 충주시 진달래공원 묘원 내에 무슬림 공동묘지를 설치하였다.

국내 채권금리의 하락으로 달러캐리 자금 유출 조짐이 나타나면서 이슬람 돈이 대안으로 급부상하고 있다. 2007년 10월 이후 국내 주식시장에서는 이슬람 돈이 대규모로 들어오고 있다. 2007년 10-12월까지 3개월간 국내에 유입된 이슬람 자금은 1,289억 원, 2008년에는 3조 239억 원으로 대폭 늘었고, 2009년에도 3조 1,903억 원이나 들어왔다. 2010년 1월에도 1,227억 원 가량이 유입됐다.[127] 아랍에미리트의 석유·에너지 정책을 주무르는 영향력 1·2위의 '석유거물' 2명인 알 하릴리 에너지 장관·유세프 회장이 한국을 방문했다.[128]

　2008년 6월 3일 포스코 건설과 인천청라지구 개발 사업을 위한 사우디아라비아 개발회사인 다르 알 살람(Dar Al Salam) 홀딩그룹이 양해각서(MOU)를 체결한 데에 이어, 말레이시아 버자야 그룹은 버자야 제주리조트에 2015년까지 약 18억 달러(약 1조 8,000억 원)를 투자할 예정이다.[129] 우리투자증권은 2010년 3월 10일 카타르 최대 은행인 카타르이슬람은행(QIB)과 기업금융 및 투자업무 분야에서 양해각서를 체결하였다. 1982년 설립된 카타르이슬람은행은 세계 4위의 이슬람 금융 전담 은행으로 현재 카타르 국부펀드인 카타르투자청이 최대주주이다.[130] 우리 사회에 이슬람의 재력이 다방면으로 활발히 들어오고 있다.

　"글로벌 금융 전문 인력을 양성하는 사관학교로 탈바꿈시키기 위하여" 금융연수원장은 2010년 하반기부터 이슬람금융 연수 프로그램을 실시할 예정이라고 설명했다. 그는 "한국이 지난해 아랍에미리트(UAE)에서 대규모 원자력 발전소를 수주한 것을 계기로 이슬람금융의 수요가 폭발적으로 증가할 것"이라고 전망했다. 그는 하반기부터 이슬람금융 전문가들을 배출해 국내 금융회사의 중동 진출을 돕고, 이슬람금융 관련 서적을 교과서로 새로 펴내기로 하였다[131]는 계획을 발표하였다.

2011년 4월 25일 사우디아라비아의 석유 실력자들이 대거 한국을 찾았다. 알리알 나이미 사우디아라비아 석유광물지원장관, 이브라힘 알 아사프 재무장관, 칼리드 알 술탄 킹파드 석유광물대 총장 등 사우디 왕족과 정부 고위 관료들이 동시에 전세기편으로 방문했다. 세계 최대 석유업체 아람코(Aramco)는 한국에서 이사회를 개최하여 재력을 과시하였다.[132]

　원자력발전소 건설을 포함한 해외 플랜트 사업이 '제2 중동 건설 붐'을 일으키면서 고용창출의 새로운 동력원으로 급부상하고 있다. 국토해양부는 '제2의 중동 붐'이 일면서 해외건설 현장에 2012년에만 2200명의 추가 인력이 필요하며, 2015년까지 1만 4000명의 해외건설 인력이 더 공급될 것으로 추산했다. 아랍에미리트 원전 설계와 건설, 운전 등에 필요한 인력은 2020년까지 연간 1000-4000명에 이른다.[133] 한국정부관계자는 중동 등 해외에는 아직도 기회가 많은데 요즘 젊은이들은 국내안정적인 일자리만 찾는것 같다며 중동 등에 취업할 것을 권장하고 있다.[134] 현재 취업문제로 고민하는 젊은이들이 그 해결책으로 중동 진출에 관심을 갖게 될 것이다.

정치

　1950년대 한국전쟁에 유엔군으로 참전한 터키 군인들이 이슬람을 전파했다. 한국정부가 모스크 건립 부지를 제공하고 사우디아라비아와 이슬람 국가에서 건립비용 전액을 제공하여 서울 중앙모스크가 1976년 5월 21일 개원하였다. 한국 이슬람측은 말레이시아에 본부를 두고 있는 아시아 태평양 지역 이슬람 평의회를 한국에서 여러 차례 개최하도록 하였다. 이들은 한국의 이슬람화를 위한 전략을 세우기 위하여 세미나와 각종 워크숍을 열었으며, 한국에 상주하는 이슬람권 국가의 대사관들이 적극 협력해 오고 있다. 주한 오만 대사는 2008년 4월 15일 한국-아랍소사이어티(Korea-Arab Society: KAS) 사무총장에게 오만 정부의 기여금 100만 불을 전달하였다. 오만 정부의 한국-아랍소사이어티에 대한 100만 불 기여는 아랍에미리트(UAE) 정부의 100만 불 기여와 더불어 아랍지역 정부로서는 가장 많은 액수이다. 2008년 5월 26일 '한·아랍 소사이어티' 창설 국제회의에 아랍권 22개국의 정부, 왕실, 재계 인사 200여 명이 동시에 한국을 방문하였다. 아랍과 이같은 네트워크를 구축하는 것은 전 세계적으로 프랑스에 이어 두 번째다.[135]

친 이슬람계 사람들은 매년 아랍문화축전, 한-아랍 우호친선 카라반 등을 한국과 아랍세계와의 상호이해를 증진한다는 명목으로 개최하여 이슬람을 직·간접적으로 한국에 소개하고 있다. 이들은 이슬람권이 57개국에 약 16억의 인구를 가진 거대한 세력이기 때문에 한국정부의 정책도 국익 차원에서 이슬람에 대해 호의적이고 협조적일 수밖에 없다고 은근히 압력을 넣는다. '이슬람권 외교관 자문위원 연례회동'을 위하여 한국이슬람중앙회에서는 2010년 2월 18일 이슬람권 외교관 자문위원을 초청하여 중앙회의 주요 활동사항과 2010년도 업무내용 및 중장기 선교방안에 대해 대화와 토론을 가졌다. 이 모임은 7개국 대사 및 외교관들이 참석하였다. 앞으로 그들은 국내 이슬람의 발전을 위해 서로 대화하는 정기적인 모임을 가질 예정이다.[136]

미잔 자이날 아비딘(Mizan Zainal Abidin) 말레이시아 국왕이 2011년 7월 19일-20일 국빈으로 한국을 방문하였다. 그는 방문 중 숙소에서 한국 방문을 축하하기 위하여 예방한 이슬람 관계자들을 격려하고 한국 이슬람의 발전을 위하여 금일봉을 희사하는 한편, 영문 꾸란을 한국 이슬람에 기증하였다.[137] 사우디아라비아 정부가 2012년 2월 8일에 '제2의 사우디 부흥'프로젝트의 하나인 667억 달러(약 74조원) 주택건설 사업에 한국의 적극 참여를 요청했다. 전날 7일 알리 이브라힘 알나이미 석유광물장관은 국영석유회사인 아람코가 주택 건설등 140억 달러 규모의 투자프로젝트를 준비하고 있다며 한국의 젊은이들이 일자리를 찾는 기회가 될 것이라고 말하였다. 138) 이것은 실업문제로 한국의 젊은이들을 이슬람국가로 불러들이는 것이다.

의료

1970년 중반부터 이슬람권 국가에 한국인 간호사들이 진출하였으나 이슬람으로 입교한 기록은 아직 발견하지 않았다. 앞으로 이슬람권 국가에 한국인 간호사, 의사등 의료 인력들이 계속 진출할 가능성이 있으며, 최근에 한국내 병원에서 중동 국가의 환자들을 적극적으로 유입하므로 생기는 변화에 대하여 무엇을 염두에 두어야 하는지를 고려하는 차원에서 의료부분을 서술하고자 한다.

한국간호사들은 1976년이후 이란, 바레인, 아랍에미리트, 쿠웨이트에 진출하였으며, 1977년부터는 사우디로 진출하였다. 당시 전 의료 인력의 80%를 외국으로부터 의존하던 사우디에는 1977년부터 1994년까지 3천 7백여 명의 한국 간호사가 취업을 하였다. 139) 당시 한국 간호사들은 중동지역 도처에서 외화획득을 하여 한국 경제성장에 기여하였다. 1970년대 사우디아라비아에 리야드 센트럴 병원에 한국 간호사 253명이 근무하였다. 언어문제로 환자 진료에 어려움이 있어 한국인인 수간호사가 이슬람문화원장에게 아랍어와 이슬람을 배울 수 있는 기회를 요청하여 한국인 C가 이들을 교육했다. 140) 1998년 11월 23일 한국의사와 간호사·의료기사등이 대규모로 사우디아라비아에 진출하게 되었다고 산업자원부가 밝혔다. 당시 오사마 쇼북시 사우디아라비아의 보건부장관은 간호사만 2000-4000명선, 의사와 의료기사, 물리치료사등을 합하여 최대 5000명까지 취업이 가능할 것으로 보았다. 의료인력의 사우디아라비아 진출은 1999년부터 이루어질 것으로 보았다.[141] 1999-2004년 기준으로 여성들이 남성 앞에 얼굴을 드러내지 못하는 이슬람 전통 때문에 늘 간호사 부족에 골머리를 앓아 온 사우디아라비아는 그간 206명의 한국 간호사를 수입했다.[142]

이슬람에서 국내에 환자로 들어보내는 조건으로 국내 병원에 이슬람 기도실(무살라)등의 설치를 요구하고 있다. 최근 국내 병원들이 의료한류를 기대하며 여러 병원에서 외국인환자 유치를 적극적으로 하고 있다. 그러나 이슬람 측에서는 한국 병원들의 이러한 의도를 역으로 이용하고 있다. 메디칼 코리아(Medical Korea, 외국인 환자유치사업) '정보웹진' 제3호(2012년)의 KHIDI 칼럼에 보면 "한국, 의료관광 주요 목적지로서의 전방이 밝다."라는 제목하에 아래의 내용이 있다. 아래의 내용에 의하면 국내에서 아랍인 환자를 유치하고자 하는 병원은 의무적으로 이슬람 기도실을 구비하여야 한다.

◎ 병원에서는 필수적으로 아랍어를 구사하는 직원을 채용해야 한다. 특히 아랍 현지 문화와 배경을 잘 아는 '아랍인' 통역사가 필요하다.
◎ 중동 식단을 개발해야 한다. 특히 할랄(이슬람교 계율에 따라 도축된) 음식을 제공해야 한다.
◎ 이슬람 기도실을 구비해야 한다. 아랍환자가 많아질 경우에는 남녀기도실을 별도로 설치해야 한다.
◎ 아랍환자들이 입원실, 호텔 또는 숙소에서 아랍방송을 시청할 수 있도록 배려하는 것이 필요하다.
◎ 보호자를 위한 별도의 숙소와 편의시설 등이 잘 구비되어야 한다.
◎ 관광과 연계된 의료관광 패키지를 개발하여야 한다.
◎ 예상 진료기간을 반드시 책정하여 환자와 보호자에게 사전에 알려주어야 한다.

삼성서울 · 서울대 · 서울성모 · 서울아산등 국내 대형병원 4곳이 중동의 아랍에미리트(UAE) 아부다비 보건청과 2011년 11월 25일 환자 유치 협약을 했다. '오일 머니(oil money)' 부호가 많은 아부다비 정부가 한국의 의료서비스에 신뢰를 보인 것이다. 외국 정부 차원에서 국내 병원에 환자를 보내기로 약정한 것은 이번이 처음이다. 이번 협약은 중동에 의료 한류 바람을 일으키는 계기를 기대하도록 했다.[143] 이화의료원은 교직원들의 아랍문화 이해를 돕기 위해 (재)한국-아랍소사이어티 사무총장을 초청해 특강을 열었다. 이날 특강에는 100여명의 교직원이 참석해 아랍문화에 대해 큰 관심을 보였다. 이화의료원은 여성 의료진을 선호하는 아랍문화권 나라의 여성 환자 유치를 위해 아랍어 홍보물 제작과 아랍식 식단, 기도실 등 치료 환경 개선 작업을 마치고 아랍문화권 환자 유치에 본격적으로 나서고 있다.

2011년 6월에는 아랍에미리트 보건국 관계자들이 이대여성암전문병원과 레이디병동등 여성친화적인 병원 시설을 둘러본 적이 있다. 2012년 3월 20일 주한 아랍대사관 부인들이 병원을 방문해 차별화된 여성 친화적 진료활동 및 의료 시스템을 둘러봤다. 이대병원의 주요 경영진이 참석한 가운데 개최된 이번 초청 행사에는 마날 알수라이(Manal Al-Soraikh) 주한 쿠웨이트 대사 부인과 아자 알하르티(Azza Alharthy) 주한 오만 대사 부인이 참여했다.[144] 우리들 병원에 따르면, 2012년 4월 17-19일 서울 코엑스에서 열린 '메디컬 코리아 2012(Medical Korea 2012)'에 참석한 아부다비 보건청 관계자와 현지 척추환자를 국내에서 수술하는 내용을 담은 양해각서를 진행하고 있다고 밝혔다.

한국 내에서 병원들이 외화벌이로 무슬림 환자를 위치하지만, 다른 한편으로는 이슬람은 한국에 다양한 방법으로 다가오게 될 것이다.

3. 한국 이주 무슬림 현황

한국은 오랜 역사동안 단일문화사회였다. 한국의 시대적 상황과 경제적 발전과 더불어 많은 이슬람 국가 출신의 외국인 근로자들이 1980년 후반에 비무슬림 국가인 한국에 유입되었다. 이주 무슬림 노동자들의 점차적인 증가는 한국의 다문화사회로의 변화에 핵심 요인이 되고 있다. 이주 무슬림과 한국 무슬림의 증가는 국내 이주 무슬림 공동체의 성장에 영향을 주었다. 이로 인하여 한국인들은 이슬람의 종교뿐만 아니라 사회·문화에도 관심을 갖게되어 TV이나 신문, 그리고 책들에서 이슬람이란 단어가 더이상 낯설지 않다.

한국 이슬람은 현재 규모가 작지만 중동 산유국들의 막강한 외교력을 힘입어 혜택을 누리고 있다. 에너지의 80-90%를 이슬람 국가에 의존하는 한국은 이슬람국가를 무시할 수 없는 입장이다. 한국 이주 무슬림 중 가장 높은 비율은 방글라데시, 파키스탄과 인도네시아 사람들이며, 이들은 이슬람을 중심으로 네트워크를 결성한다.

매주 금요일 모스크 정기예배 모임 외에 주말이나 언제든지 필요한 때에 모스크에 모여서 토론과 교제를 나눈다. 이러한 모임은 정보교환이나 취업알선, 법률상담, 임금체불이나 가혹행위등과 같은 불이익을 당하였을 때에 찾아가 의지할 수 있는 쉼터와 같은 역할을 한다. 이들은 국내 여러 모스크를 중심으로 집단 거주지를 형성하여 한국 문화에 크게 동화되지 않고 자신들의 고유문화와 종교적 생활 방식을 유지하고 있다.

무슬림들은 꾸란의 명령에 따라 이주하고 정착하여 공동체를 이룬다. "믿음으로 이주하여 그들의 재산과 그들 스스로를 바쳐 알라를 위해 싸운 이들과 그들을 보호하여 주고 도와준 이들은 서로가 서로를 위한 보호자들이라"(꾸란 8: 72). 이주 무슬림들이 공동체를 이루어 네트워크를 형성하여 힘이 커지면, 어느 특정 지역에서 집단을 이루어 더 크게 활동할 가능성이 있다.

예를 들어 한국 이주 무슬림 중 가장 높은 비율을 보이는 사람들은 인도네시아, 파키스탄, 방글라데시 출신 노동자들이다. 이들은 종교생활을 중심으로 공동체를 형성하여 생활하고 있다. 2010년 2월 경기도 시흥시 체육관에 대규모의 행사가 열려 800여명의 무슬림들이 전국 각지에서 와서 모였다. 무함마드의 출생을 축하하며 자신들의 결속을 다짐하기 위해서 였다. 외국에서 무슬림 단체 지도자를 초대하기도 하였다. 이는 자신들이 속한 단체들의 공동체의 힘을 과시하는[145] 의미도 있다.

이주 무슬림 유형

현대 한국 무슬림의 유형은 크게 둘로 나누어 볼 수 있다. 1950년대 이후 본격적으로 뿌리내리기 시작한 한국 무슬림 공동체와, 이주 무슬림들이 한국으로 유입되어 형성된 이주 무슬림 공동체로 크게 둘로 나누어 볼 수 있다. 한국 무슬림들에 대하여서는 이미 앞에서 서술하였으므로, 이주 무슬림에 구체적으로 묘사하고자 한다.

한국내 무슬림 이주자는 2006년 114,427명으로 전체 100만 외국인 이주자가운데 10%를 차지하고 있는 것을 출입국 통계연보 분석에서 볼 수 있다. 이러한 통계는 2012년 현재에도 거의 비슷하게 계속되고 있다. 2006년 통계에 따르면 국내 거주 무슬림들은 동남아아시계, 남아시아계, 그리고 중앙아시아계 무슬림들로서 이들이 한국 무슬림의 92%를 차지하고 있다. 남아시아계 무슬림은 국내 전체 무슬림의 40%를 차지하고 있고, 동남아시아계는 31%이며, 중앙아시아계 무슬림은 전체 무슬림의

서울 이태원 중앙모스크 근처 거리 풍경(저자촬영)

20%를 차지하여 세 번째 규모의 무슬림 집단을 형성하고 있다. 비아랍 중동계와 아랍계 무슬림들은 다른 세 무슬림 집단과 큰 대조를 보여 약 3천여 명 정도의 이주민이 국내에 거주하고[146] 있다. 한국과 지리적으로 가까운 중앙아시아, 동남아시아, 남아시아 출신의 이주민들이 지리적으로 먼 터키나 이란, 아랍국가들 보다 더 많이 한국에서 공동체를 형성하고 있다. 그들을 한국문화 안에서 무슬림들을 하나의 공동체로 묶어주고, 그들의 정체성을 형성하는데 있어 가장 강력한 원동력은 이슬람이라

는 종교이다. 이슬람이라는 큰 지붕 안에서 무슬림들은 한국문화를 새롭게 해석하고 적응해나가고 있다. 한국 내 무슬림들의 80%이상은 외국에서 유입된 다양한 이주 무슬림들이다.

한국 무슬림 공동체 중 가장 낮은 비율의 아랍계 이주 무슬림 공동체는 최근 유학생의 증가로 그 수가 점차 증가하고 있는 추세이다. 한국의 대학들이 외국인 학생 유치에 적극적인 것도 요인이 된다. 오일머니(oil money)로 높은 경제수준을 가진 이란, 쿠웨이트, 사우디아라비아, 바레인, 카타르, 아랍에미리트 등의 출신 무슬림 유학생 들이 공동체를 이루고 있다. 이들 중에 자국의 지원을 받은 유학생들은 대체로 안정된 형태로 국내에 거주하고 있다. 그러나 그 외 중동지역, 이집트, 수단의 경우 대부분은 단순 노동직 종사자들이 많으며 약간의 유학생 및 자영업자들도 국내에 거주하고 있다.

국내 거주 비 아랍계 무슬림 공동체는 대부분이 터키와 이란 출신이다. 특별히 터키 사람들은 2002년 월드컵 이후 상당수의 유학생과 경제인들이 본격적으로 한국에 들어와서 주류사회에서 활동하고 있다. 터키 유학생들로 국내 대학 및 대학원을 졸업한 후 국내 직장에서 근무하거나 한국인과 결혼하여 국내에 거주하며 개인 사업등 경제활동에 참여하고있다. 이란인 무슬림은 의정부 일대에 집단 거주촌을 형성하고 있으며, 대부분 단순노동자들인 것이 특징이다. 중앙아시아계 무슬림 여성의 이주가 증가하는 주요 원인과 특징 중에 하나는 한국 내 농촌 총각들과의 결혼으로 인한 것이다.

한국 무슬림들과 이주 무슬림들은 이슬람이라는 공통분모를 가지고 한국의 사회, 정치, 경제 등의 다양한 부분에서 동화와 갈등을 거치며 한국사회에서 여러 모양으로 뿌리를 내리고 있다. 국내 이주 무슬림이 이슬람이라는 종교적 정체성을 가지고 한국문화에 적응하며 언어를 배우고, 이슬람의 문화적 양식인 베일착용, 음식문화를 실천하며, 문화적 정체성을 지키고 있다. 이주 무슬림들의 한국문화 적응에서 가장 어려운 부분은 음식문화와 이주 노동자들의 예배시간을 인정하지 않는 고용주들이다. 무슬림 유학생 학생들은 학교측서 하루 5번 기도할 수 있는 기도실이 없는 것과 금요일에 수업이 있어 모스크의 금요예배에 참석하지 못하는 것을 어려움으로 여기고 있다. 포천이슬람센터에서는 직장에서 일하므로 금요예배에 참석할 수 없는 이주 무슬림 노동자들이 일요일에 모여 집단예배를 드리기도 한다.

한국의 이주 무슬림들은 한국사회에 적응하는 과정 중에 교육과 친목, 정보 교환 등의 목적으로 무슬림 커뮤니티를 만들어가며 국적별, 직업별로 사회적 네트워크와 거주지를 형성하고 있다.

4. 한국 거주 무슬림남성과 한국여성의 결혼실태

이슬람에서는 이교도 여성과의 결혼을 금한다(꾸란 2:221). [147] 이슬람 율법에 따라 결혼하는 부부중에 한명이 무슬림이 아니라면 무슬림으로 입교하거나 개종하여야 한다. 2000년대 이후에는 결혼으로 인한 이주 무슬림여성의 수가 증가하는 양상이 나타났다. 한국남성과 결혼한 무슬림 여성들 중에는 아랍계 여성 결혼이주자들은 매우 드물다. 한국남성과 결혼한 무슬림 여성들의 대부분은 남편이 해외에 있을 때에 만나게된 경우로 대부분이 본국의 문화를 잘 알고 있는 한국인 남성들과 결혼하여 남편을 따라 이주해 온 경우이다. 이들은 주로 인도네시아, 말레이시아등

모스크에서 노는 코슬림 어린이들(저자촬영)

아시아계 무슬림여성들이다.

국내에 거주하는 무슬림 남성과 결혼한 한국여성들 중에서 이슬람에 대한 이해가 없이 결혼하여 많은 문제점을 양산하고 있다. 취업 목적으로 입국한 대부분의 무슬림 남성들은 한국국적을 취득하고 정착의 수단으로 한국 여성과의 결혼을 발판으로 삼는다. 무슬림 남성들 중에서는 같은 회사 여성 근로자, 장애인, 다방 여성, 년상의 미혼 한국 여성등을 만나 감언이설로 속여서 결혼한 후에 국적취득을 하는 경우가 많다. 특히 그들 중에는 본국에 부인이나 자녀들이 있는 경우가 있더라도 이슬람의 일부사처제에 따라 죄의식이나 사랑도 없이 한국 국적 취득을 위한 목적으로 결혼을 하는 경우가 있다.

외국인중 결혼이나 귀화를 통해 한국에 정착한 외국인 무슬림의 숫자는 약 1만 명이다.[148] 무슬림 남성들 중에 관광비자로 입국하여 한국인 여성과 결혼한 경우도 있다. 대한민국 전체 국제결혼에서 무슬림과 한국인과의 결혼은 많게는 전체 체류자의 9-10%, 적게는 2-3% 정도의 무슬림 이주자들이 한국 남성, 혹은 한국 여성과 결혼하여 다문화 가정을 이루고 있다. 남아시아계의 경우에는 주로 이주 노동자 남성과 한국 여성과의 결혼이 대부분이고, 동남아시아계나 중앙아시아계의 경우는 한국 남성과 무슬림 이주 여성과의 결혼이 대부분을 차지하고 있다. 무슬림과 한국인과의 결혼은 무슬림 2세, 즉 코슬림(Koslim)을 생산함으로써 한국 무슬림 공동체의 기초를 형성한다는[149] 점에서 심각한 의미를 지닌다. 앞으로 한국사회는 이주 무슬림 1.5세대와 2세대에 주목해야 한다.

2009년 말 국내 무슬림 결혼 이주자의 자녀가 4000명 정도인 것으로 추산된다.[150] 현재 정확한 숫자 파악은 어려우나 2012년에는 4000명을 웃돌 것이다. 대부분 미취학 아동이다. 무슬림 이주·귀화자가 늘어나고 있으므로 무슬림 2세의 증가도 피할 수 없는 현실이다. 코슬림들이 증가하므로 이들이 열악한 환경에서 제대로 교육을 받지 못하고 장차 사회에서 주변화될 경우 우리사회에도 무슬림을 둘러싼 사회문제가 발생할 가능성이 있다. 어머니이든 아버지이든 부모 가운데 한 명이 무슬림일 경우 그 자녀들은 부모로부터 이슬람적 정체성을 주입받으며 코슬림으로 성장하기 때문이다.[151] 코슬림들은 한국에 살면서도 종교적 정체성이 강하므로 한국 사회·문화에 온전히 동화하지 않을 것이다. 이들이 성장하여 군대를 하게 된다면 군대 내에 무슬림들의 기도처를 요구할 수도 있다.

이슬람에서는 남편의 요구를 거절하거나 순종하지 않으면 남편은 부인을 때릴 수 있다. 한국 국적 취득, 돈과 성적쾌락등을 위하여 무슬림들이 한국인과 결혼하는 비윤리적인 사례가 더 이상 나오지 않도록 사전 교육의 필요가 절실하다.

강은숙(가명, 37세)은 2004년 인테넷 채팅을 통하여 알리를 알게 되었다. 알리는 처음에는 이란에서 왔다고 했으나 결혼하여 보니 파키스탄사람 이었다. 결혼하여 딸을 낳았다. 그후에 남편알리는 은숙에게 꾸란을 읽으라고 권하며 이슬람으로의 개종을 강요하였다. "네가 이슬람 공부를 안하면 나중에 애한테 무슬림 교육을 안시킬거 아니냐, 애를 그냥둘수 없다. 딸을 파키스탄으로 데려가 무슬림으로 키우겠다"고 협박하기도 하였다. 은숙이 딸을 데리고 나와서 이혼을 요구했지만 불법체류자인 남편은 한국국적을 취득하게 해주면 이혼에 합의하여 주겠다고 다시 협박하였다. 2007년 이혼을 소송하여 2008년 4월에 이혼판결을 받았다.[152]

2010년 국내에 결혼 악용 '나쁜 외국인' 주의보가 내려졌다. 국내 외국인 중에는 정착을 위하여 본국에 버젓이 처자식을 두고도 이중결혼을 하는 사람들이 있기 때문이었다. 파키스탄인 A씨는 고국에 부인과 자녀 5명이 있는데도 한국 여성을 유혹해 결혼과 국적취득을 하였다. 방글라데시 출신인 B씨는 불법체류가 적발되어 본국으로 쫓겨나게 되자 알고 지내던 한국 여성에게 결혼을 제의했다. 이 여성은 청혼을 받아들여 방글라데시를 여러 차례 방문, B씨가 한국대사관에 결혼비자 신청하는 것을 도와줬지만 심사 과정에서 B씨가 본국에 부인이 있다는 것을 알게 되었다. 불법체류자 방글라데시인 C씨는 가출한 국내 여성 D씨에게 햄버거와 신발을 사주며 자신의 집으로 데려가 동거에 들어갔다. 이들은 3개월 만에 결혼에 골인했으나 법무부 실태조사에서 C씨가 국내 체류를 위해 다소 정신지체 증상을 보이는 D씨를 이용한 것이라는 사실이 밝혀졌다. 불법체류자들 사이에서는 이처럼 한국인과 혼인신고만 하면 걱정 없이 국내에서 살 수 있다며 '나이가 많거나 혼자 사는 여자 또는 정신지체자를 집중 공략하라', '임신시키는 것이 가장 확실한 방법'이라는 등의 정보를 공

유하는 것으로 법무부는 파악하고 있다. 153)

한국인들은 무슬림 사회가 남녀평등을 보장하지 않는다고 보면서도, 이슬람교도와의 결혼은 반대하지 않는 것으로 나타났다. 이슬람교도와 한국인의 결혼에 대해서는 결혼해도 된다(58.3%)가 안 된다(23.3%)보다 높게 나왔다. 기독교인은 하면 안 된다(44.0%)가 해도 된다(40.6%)보다 조금 더 높았다. 결혼을 반대한 이유로 종교가 달라서 안 된다는 답변이 35.8%로 가장 높았다. 그 다음은 문화적 차이 때문(17.4%)이다. 154) 이처럼 모순된 결과가 나온 것은 한국인들이 이슬람의 여성관과 결혼관에 대해 정확히 모르고 있음을 반영하는 것이다.

비무슬림이 무슬림과 결혼한다는 것은 무슬림으로의 개종을 전제조건으로 한다. 그러나 대부분 한국 여성들은 이러한 사실을 모르거나 무시하고 사랑을 결혼의 전제조건으로 생각하여 결혼한다. 결혼전에 무슬림 남성은 개종을 이야기 하거나 강요하지 않고 결혼한 이후에 무슬림으로 개종을 제안한다. 결혼한 여성은 결혼 후에 순수하게 개종하든지 강제적으로 개종하든지의 선택을 해야 한다. 개종을 하지 않으면 많은 괴롭힘을 당하거나 이혼소송이 발생하기도 한다. 무슬림 남편들은 자녀가 있는 경우에는 부인이 자녀를 원할 경우 자녀를 볼모로 부인을 괴롭히어 이슬람으로 개종을 강요한다.

2장
한국의 다문화 사회

1. 한국 이주민 현황

국내 노동력의 필요, 인구 감소와 이혼율 증가, 결혼 기피 현상 등의 한국의 사회적 상황은 불가피하게 외국인 이주민 유입을 가져오게 되었다.

2012년 현재 국내 외국인 140만명이 넘어섰다. 행정안전부는 2012년 1월 1일 기준 지방자치단체 외국인주민 현황을 조사한 결과, 우리나라에 거주하는 외국인 주민수는 모두 140만9천577명으로, 작년보다 11.4% 증가했다고 밝혔다. 외국인 주민수는 전체 주민등록인구(5천73만4천284명)의 2.8%에 달한다.

한국 국적을 갖지 않은 외국인 주민 중 외국인근로자는 58만8천944명(41.8%), 결혼이민자는 14만4천214명(10.2%), 유학생은 8만7천221명(6.2%), 외국국적동포는 13만5천20명(9.6%)이었다. 국적별로는 한국계 중국인을 포함한 중국 국적자가 78만1천616명(55.4%)으로 가장 비중이 컸고, 베트남 16만2천254명(11.5%), 미국 6만8천648명(4.9%), 남부아시아 6만2천862명(4.5%), 필리핀 5만9천735명(4.2%) 순이었다.[1]

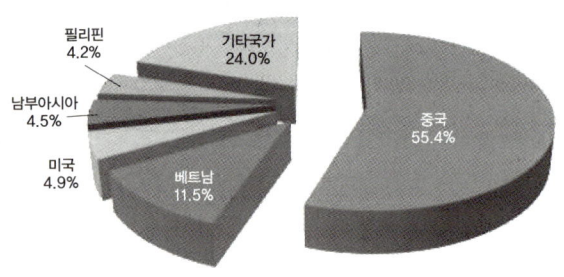

〈자료 행정안전부〉

시·도별로는 경기도가 42만4천946명(30.1%)으로 가장 많았고, 서울특별시가 40만6천293명(28.8%), 경상남도는 8만7천395명(6.2%), 인천광역시는 7만3천588명(5.2%), 충청남도는 6만7천157명(4.8%)으로 조사됐다.[2]

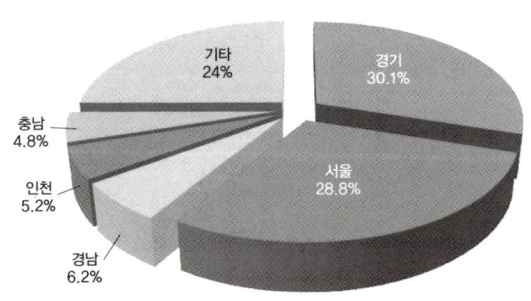

〈자료 행정안전부〉

시·군·구별로는 경기도 안산시(6만583명), 서울시 영등포구(5만7천180명), 서울시 구로구(4만3천239명), 경기도 수원시(4만537명) 순이었다. 1만명

이상 외국인 주민 밀집거주지역은 42개 자치단체로 작년보다 4개 늘었으며, 주민등록인구 대비 5%이상 거주지역은 22개 자치단체로 작년보다 6개 증가했다. 행안부 지방행정국장은 "외국인 주민이 수도권 및 지방공단지역을 중심으로 매년 10% 이상 지속적으로 증가하고 있으며, 1만명 이상 밀집거주지역이 42개 지자체에 이르는 만큼 이들의 안정적 정착에 지자체의 역할이 중요하다"고 말했다. 3)

경기도 안산시 원곡동은 다문화특수구이며 가장 많은 2만 3700여 명의 외국인이 산다. 주말이면 5만 명의 외국인이 몰리는 곳이다. 경남 김해시 동상동은 구도심 상가 주말이면 1500명 이상의 외국인 근로자가들이 모이며 베트

안산 모스크 거리(저자촬영)

남·인도·파키스탄 음식점 등 외국인 음식점만 50여 개다. 서울시 광진구 건대입구역의 양꼬치거리에는 60여개4) 있어 이색적인 분위기를 나타낸다. 중국인이 많이 사는 서울 구로구 가리봉동은 전체 주민 1만5382명 중 8403명이 외국인이다. 시흥 정왕본동도 전체 3만3400명 중 9295명이 외국인이다. 5)

전남 영암군자료에 의하면, 4144명중에는 인도네시아 118명, 카르기스스탄 29명, 방글라데시 23명이다. 전남 용앙리 일대는 삼호읍 인구 2만6474명의 16%(4144명·등록 기준)가량이 외국인이다. 불법체류자까지 합치면 외국인은 5000명을 넘는 것으로 추정된다. 6) 국내에서 이주 무슬

림들이 원주민들과 문화·종교적 갈등을 겪은 것은 포천시 소흘읍 송우리에 있는 모스크이다. 이 모스크는 특유의 양파 모양 지붕이 없어 외형만 보면 일반 건물과 다를 바 없게 된 것은 모스크가 있으면 임대가 어려울 수 있다는 주민들의 반발로 평범한 건물이 된 것이다. 처음에는 2003년 포천시 소흘읍 이가팔리에 건립이 추진됐지만 모스크 개원과정에서 주민들의 반발로 2005년 현재 위치에 자리를 잡아야 했다.

행정안전부 자료에 의하면 2006년 53만 6627명, 2007년 72만 2686명, 2008년 89만 1341명, 2009년 110만 6884명, 2010년 113만 9283명, 2011년 126만 5006명, 2012년 1409677명이다.

한국에 사는 외국인 주민 수가 2011년말 126만5000명을 넘어섰다. 불법 체류자 제외하고 3개월 이상 살며 외국인등록을 통해 주민이 된 사람 기준이다. 행정안전부가 처음 조사한 2006년 53만 명의 2.3배 수준이다. 2011년말 주민등록 인구는 5073만 명이며, 2.5%이다. 2012년 7월 9일 행안부에 따르면 공단 근처, 대도시 집값 싼 곳에 300명 이상 외국인이 사는

외국인 빌리지 수는 전국에 103곳이 있다. 외국인들이 집단촌을 만들고 더불어 사는 공동체를 형성하고 있다. 지역별로는 서울 29곳을 포함해 수도권에만 44곳이며, 지방은 충남(18)·부산(12)·경남(10) 등 59곳이다.[7]

정부는 2006년 처음으로 국내에 3개월 이상 거주하는 외국인 수 불법체류자를 제외하고 53만6627명이었다. 행정안전부 자료에 의하면 2011년 말 현재는 126만5006명으로 73만 명이 늘었다. 외국인이 밀집촌 103곳은 첫째 가까이 공단 주변(48곳)이며, 경기도나 충남 등 대규모 공단이 있는 곳에 많다. 둘째 저렴한 주택지(39곳)에 들어선 외국인 마을은 서울·부산 같은 대도시에 많다. 셋째 외국인 유학생과 화이트칼라가 늘면서 대학 주변(9곳)이다. 넷째 외국인 시설 주변(5곳)이며, 마지막으로 전문인력 주거지(2곳) 등으로 분류할 수 있다.[8]

행정 안정부의 자료에 의하면, 2011년 기준 전국적으로 외국인 126만 명 시·도별 거주인수 경기 38만 606명, 서울 36만 6279명, 경남 7만 4517명, 인천 6만 9350명, 충남 5만 7869명, 경북 5만 808명, 부산 4만 4726명, 전남 3만 5077명, 충북 3만 4083명, 전북 3만 1515명, 대구 2만 8153명, 강원 2만 1940명, 울산 2만 1400명, 대전 2만 1360명, 광주 1만

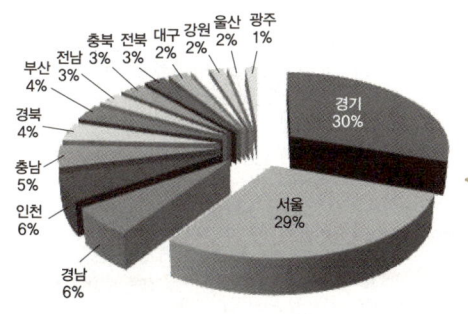

2011년 기준 전국적으로 외국인 126만명 시·도별 거주인 수

〈자료 행정안전부〉

8824명, 제주 8499명이다.[9]

서울시 거주 외국인 수는 서대문고 연희동 2338명,; 마포구 연남동 76명, 동대문구 회기동 + 이문1동 3638명,; 용산구 용산2가동(해방촌) 371명, 이태원1동 349명, 이태원 2동 2544명, 이촌동 1406명, 한남동 452명,; 광진구 자양동 3771명, 송파두 잠실본동 1460명, 송파1동 766명, 석촌동 905명, 가락본동 759명, ;구로구 구로동 1만 8552명, 개봉1동 1126명, 오류동 1028명, 가리봉동 8417명, ;금천구 가산동 579명, 독산 3동 2689명, 독산 1동 660명, 시흥1동 2339명,; 관악구 조원동 1943명, 신사동 2289명, 청룡동 1183명, 서초구 반포4동+방배본동(서래마을) 634명, 강남구 역삼1동 1711명 이다.[10]

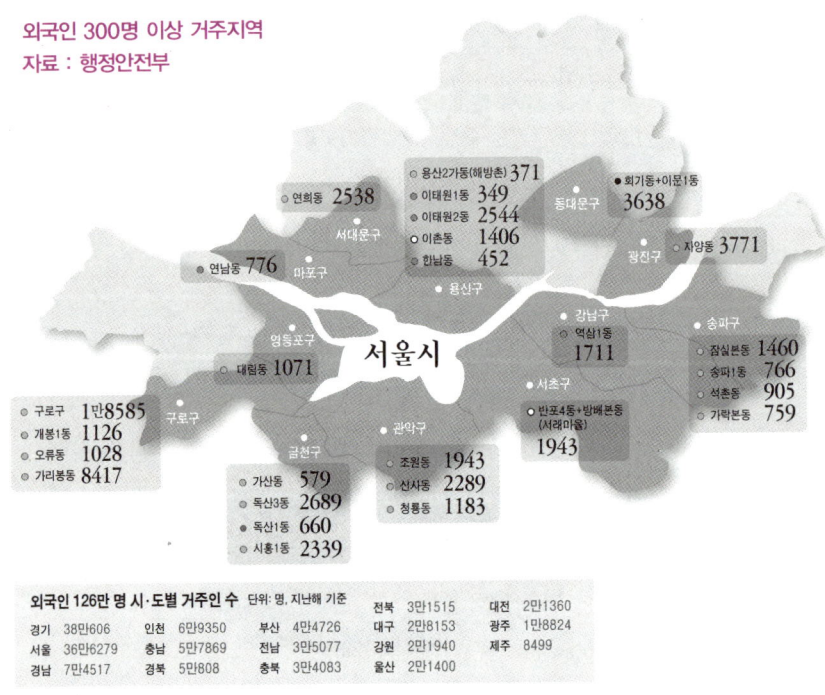

외국인 300명 이상 거주지역
자료 : 행정안전부

전국 서울시 외 외국인 300명 이상 거주인 지역은 인천시 남동 논현·고잔동 7021명, 서구 가좌1동 2275명, 중구 선진동 648명이다.

• 경기도 포천시 구내·산북면 2150명, 소흘·가산면 7130명, 남양주 화도읍 725명, 성남시 수정구 수진 1동 3169명, 안산시 단원 원곡동 2만 3736명, 단원 초지동 7661명, 수원시 건선구 세류1동 402명, 팔달구 고등동 325명, 오산시 남촌동 1142명, 평택시 포승읍 1050명, 시흥시 정왕동 1만 6179명, 화성시 향남면 1만 3533명이다. [11]

• 충북 음성시 대소면 1488명, 진천시 덕산면 503명, 이월면 1025명이다. 충남대전시 동구 자양2동 1066명, 서구 도마2동 1101명, 유성구 온천 2동 1942명이다. 천안시 백석·부성동 1666명, 서산시 대산읍 426명, 서산시 해미면 765명이다. 공주시 신관동 785명, 논산시 은진면 390명, 아산시 염치읍 331명, 배방읍 902명, 탕정면 843명, 음봉면 1100명, 둔포면 1364명, 영인면 953명, 인주면 677명, 선장면 363명, 신창면 1877명, 온양1동 421명, 온양3동 362명, 온양 4동 586명, 온양6동 312명이다. [12]

• 전남 영암군 삼호읍 4210명, 경북 구미시 신평2동 636명, 대구시 달서구 이곡동 802명, 달서구 놀리동 735명, 달서구 신당동 2652명이다. 경산시 진량읍 2005명, 울산시 남구 야음장생포동 1082명, 동구 남목 2동 1167명, 울주군 온산읍 2245명, 울주군 웅촌면 530명, 동구 방어동 1636명이며, 여수시 삼일동 470명이며, 창원시 성산구 웅남동 2202명, 의창구 팔룡동 1712명이다. 경남 김해시 주촌면 1707명, 김해시 진례면 1982명, 김해시 한림면 2744명, 김해시 생림면 949명, 김해시 상동면 1066명, 거제시 아주동 1687명, 거제시 목포1동 1554명, 거제시 장평동 2095명이다. [13]

• 부산시 사하구 신평1동 696명, 강서구 녹산동 3613명, 사상구 삼락동 323명, 사하구 장림 1동 879명, 동구 초량 1동 890명, 동구 초량 2동 990명, 해운대구 우1동 542명, 해운대구 중 1동 361명, 사상구 감전동 398명, 사상구 학장동 749명, 사상구 괘법동 729명, 사상구 주례2동 537명이다. 14)

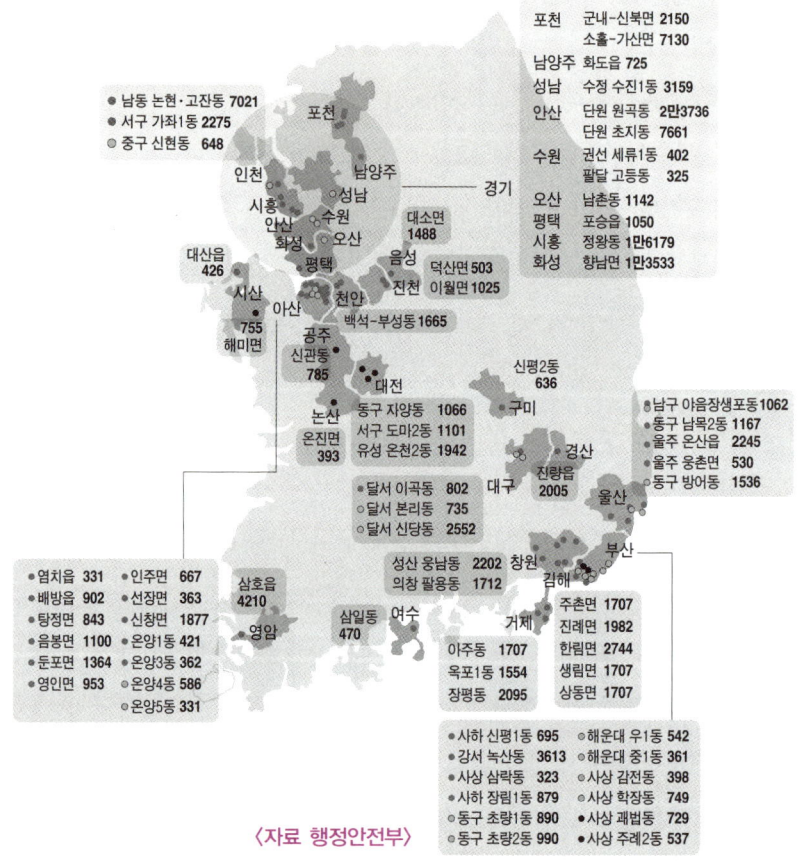

〈자료 행정안전부〉

카이스트(KAIST)와 충남대가 있는 대전 유성구는 '대전의 이태원'으로 불린다. 충남대(940명)와 카이스트(530명) 유학생, 외국인 직장인들을 곳곳에서 볼 수 있다. 15) 서울에선 주로 이태원 주변에 살던 외국인 상사 주재원과 학원 강사는 강남역·삼성동·홍대·분당의 레지던스(호텔형 주거시설)로, 일본인들은 최근 일본인 학교가 옮겨온 마포구 상암동 일대로 이사하고 있어 분산되어 있다.

2011년 말로 안산시 원곡동에 사는 외국인은 2만3736명, 수도권에 전체 외국인(126만 명)의 65%가 몰려 있다. 1만 명이 넘는 대형 촌도 안산시 원곡동, 서울 구로동, 화성시 향남동, 시흥시 정왕동 등 네 곳이다. 시흥시 정왕동은 외국인이 1만6,179명으로 주민 3명 중 1명꼴이다. 16) 공단 근처에 외국인촌이 대규모로 조성되는 것이 특징이다.

비수도권 지역의 외국인촌은 주로 공단이나 대형 공장 주변에 조성되고 있다. 비수도권으로 300명 이상 외국인이 몰려 있는 지역은 59곳이나 된다. 김해공단이 있는 경남 김해시에는 1만6,000명, 전남 영암군 대불국가산업단지에 4,210명이다. 경남 거제시 옥포동 일대는 대우조선해양과 삼성중공업의 조선소에서 일하는 노르웨이·덴마크 직원 가족과 이주 노동자까지 합하면 9,000명이 넘는다. 거제 전체 인구의 3.5%다. 유럽 스타일의 클럽 펍(Pub)이나 바(Bar)가 50여개 골목마다 있다. 17)

대구시 서구 비산7동 북부시외버스정류장 인근 건물 2층에 있는 모스크는 한국 국적을 취득한 한 파키스탄인 사업가가 2009년에 만든 곳이다. 북부시외버스정류장 인근 주변의 이주 무슬림 100명이 매일 기도하기 위해 방문한다. 비산7동에만 494명의 파키스탄·스리랑카·중국인 등 외국인 900여 명이 거주하고 있다. 휴일이면 외국인 1000여 명이 몰려 북적거리는 대구 외국인 만남의 거리가 있다. 2012년 6월말 기준 이 거리에 외국인 대상 점포가 30곳이 있다. 18)

2012년 7월 6일 서울시 발표에 의하면 서울에 사는 외국인 수는 지난해 기준으로 시 전체 인구의 3.6%인 36만여 명에 달한다. 이들이 서울에 살면서 겪는 가장 큰 어려움은 급여 임금 체불, 외국인 근로자 보험 등의 노무 분야이며, 어려움 가운데 60.1%를 차지했다. 의료, 산업재해 등 보건·복지 분야가 30%, 출입국, 교육, 문화관광 등 기타 의견이 9.9%로 나타났다.[19]

국내에 거주하는 이주민들은 크게 둘로 나눌 수 있다. 첫 번째는 선진국 출신의 이주민들로 국내 대학 교수, 사업이나 직장관계로 거주하며 중상위계층의 생활을 하고 있는 경제, 종교, 문화적으로 대체로 안정적인 삶을 살아가고 있는 부류이고, 두번째로는 이주노동자, 국제결혼이주민, 새터민들로, 이들은 한국사회에서의 생활과 사회적응 그리고 정체성 확립 등에 여러 가지로 어려움을 겪고 있는 이들이다. 과거에는 이주민들이 느끼는 한국 정착 및 적응의 어려움이 노동의 현장이었지만, 현재 이주민 노동자와 이주 가정의 어려움은 한국사회 생활, 문화적 적응, 언어, 외로움, 안전사고, 월급문제와 본국 가족들에게 생긴 문제이다.

2. 다문화사회 양상

2012년 한국사회가 단일 문화에서 다문화사회로 진입하였다. 이것은 세계적인 추세이다. 21세기 세계가 국경 없는 이주민의 시대로 전환되고 있는 추세에 따라 다인종, 다문화 사회로 진입하고 있다. 전 세계의 항공 운송의 발달과 IT의 발달, 경제의 세계화로 인하여 국경이 사라진 시대에 우리는 살고 있다. 한국의 다문화 사회화는 한국 이슬람 발전과 깊은 연관이 있으며, 이주 무슬림 인구의 꾸준한 증가세를 보이고 있다. 따라서

다문화 거리(저자촬영)

다문화 사회에 대한 이해가 필요한 때이다.

다문화 사회는 동일한 혈통과 문화를 이루던 단일문화사회에 두 개 이상의 문화공동체가 있는 사회를 의미한다. 다문화 사회에서 한국의 이주 무슬림은 교육, 친목과 정보 교환 등의 목적으로 무슬림 커뮤니티를 만들어가며 국적별, 직업별로 사회적 네트워크를 형성하고 있다. 21세기에 들어 한국에는 남아시아, 동남아시아, 중앙아시아, 중동 등지에서 많은 노동자들이 대규모로 유입되고 있다. 그 결과로 경기도 안산시 원곡동의 '국경 없는 마을,' 구로구의 가리봉동, 금천구의 가산동등에는 다국적, 다문화적 지역이 생겨나게 되었다.

오랫동안 한국은 해외에서 들어오는 인구보다 이민과 해외 취업 등으로 외국으로 나가는 인구가 더 많았다. 하지만 2006년부터 역전현상이 발생했다. 농촌 총각들과의 국제결혼이 활성화되고 외국인 노동자들이 급속히 유입된 것이다.[20] 2000년 통계청 조사에선 성씨가 728개로 3배가량 늘었다. 이 중 기존에 존재했던 성씨가 286개이고, 외국인의 귀화로 새로 생긴 것은 이보다 1.5배 많은 442개였으며[21] 현재에도 비슷한 수준이다. 경기도의 경우 2010년 다섯 가구 가운데 한 가구가 다문화 가정이 되었다.[22]

2007년에 한국에 거주하고 있는 외국인은 106만 명으로 전체 인구의 2%를 넘어섰고, 2020년이 되면 외국인 숫자가 5%에 이른다고 한다.[23] 국내에 유입된 이주 노동자들 중에 인도네시아, 파키스탄등 이슬람 국가 출신들이 전체의 50% 정도를 차지하고 있다.[24]

인구이동으로 인한 한국의 다문화사회로의 변화에는 몇 가지 배경이 있다. 첫째, 전 세계 인구 이동의 가속화이다. 오늘날은 교통과 통신의 발달로 인하여 전 세계 어느 곳이든지 비행시간 24시간 안에 도착할 수가 있다.

둘째, 경제적으로 낮은 곳에서 경제적으로 높은 곳으로 이주한다. 1988년 서울 올림픽 이후 이주 노동자들이 한국의 3D(Diety, Difficult, Dangerous)업종에 종사할 목적으로 입국하였다. 한국에 이주 노동자 증가는 경제 성장과 관계가 밀접하다.

셋째, 한국의 젊은이들이 3D업종에 종사하는 것을 기피하므로 부족한 인력을 보충하기 위하여 이주 노동자들이 유입되었다. 이는 국내 노동자들의 교육 수준 향상, 고임금 문제, 삶의 질의 변화 의식등 복합적인 요인을 포함한다. 한국 정부는 1987년부터 국내에서 외국인노동자들이 일하는 것을 합법화하였다.

넷째, 농촌 인구의 결혼, 저 출산과 고령화에 따른 국제결혼의 증가이다. 한국 농촌을 중심으로 자연스럽게 다문화가족을 형성하게 되었고, 2006년 농촌 결혼의 약 40%가 국제결혼을 이루고 있다. 2006년에 한국의 다문화가족은 10만 가구 이상이 되었고 점차 증가하여 2020년에는 신생아 3명 중 1명이 혼혈아동이 될 것이라고 예측하고 있다.[25]

다섯째 결혼이민자이다. 2008년 한국 농촌 총각 4명 가운데 1명은 외국인 부인을 둔 상태이고, 2010년에는 5쌍 가운데 1 쌍은 국제결혼자이다. 2006~2007년 한해 사이 학교에 다니는 이주여성 가정 자녀는 70% 가까이 급증했다. 도시·농촌 총각과 동남아 여성들의 국제결혼이 급증한 2000년 이후 태어난 아이들이 줄줄이 입학하고 있는 것이다. 이들 중 적지 않은 아이들이 가난과 언어장벽, 소외의 3중고를 겪고 있다.[26]

여섯째 새터민들이다. 2012년 6월 입국자 기준으로 2만 3천 846명이다. 남성은 7383명이며 비율은 31%, 여성은 16463명으로 69%이다.[27]

다문화 가정 자녀

한국사회에서 한국인들과 아시아계 여성들과의 국제결혼이 증가하면서 이주 2세대에 대한 관심이 증대되고 있다. 다문화 가정의 자녀들이 매년 2만 5000명씩 증가하고 있다. 2011년 국가인권위원회가 다문화 가정 자녀 186명을 대상으로 설문조사한 결과, 학교에서 집단 따돌림을 당한 학생이 37%에 달했다. 발음이 이상하다는 이유로 놀림을 당하거나(41.9%) "너희 나라로 돌아가라"는 말을 듣는(21%) 등 단지 외국인 부모를 뒀다는 이유만으로 다문화 가정 자녀들이 배척당하고 있다.[28]

2012년 외국인과 한국인 부모 혹은 외국인 부모 사이에서 태어난 미성년 자녀는 16만 8583명으로, 작년보다 1만7천429명 늘었다. 이는 5년전인 2007년 4만4천258명보다는 무려 3.8배나 늘어난 것이다.[30]

다문화 가정 중에 이주 무슬림외에는 일반적으로 한국남성과 결혼한

이주 여성들이 많다. 다문화 가정의 가장 큰 어려움은 2세 교육이다. 한국말을 못하는 엄마와 지내다 보니 아이들의 언어발달이 늦어져 학교생활에 적응하지 못하는 경우가 많다. 2008년 교육과학기술부에 따르면 초. 중. 고 취학연령의 다문화 가정 아이들 2만 5000여 명 중 24%는 학교에 다니지 않는 것으로 조사됐고, 특히 고교 진학률은 30%에 불과했다.[31] 2010년 한국정보화진흥원의 조사에 따르면 다문화 자녀들의 인터넷 게임 중독률은 33.6%로 일반 가정 12.3%의 세 배 이상이었다. 다문화 가정 어린이 10명 중 두 명 이상이 게임 중독인 셈이다. 다문화 가정은 일반적으로 맞벌이가 많고, 경제적으로도 어려운 저소득층이 대다수라 아이들이 방치되기 쉽다[32]는 문제점이 노출되고 있다.

다문화 가정 출신 군

한국 군이 다문화 가정 출신 군(軍)간부를 배출하는 등 2012년 올해 징

병검사 대상자인 다문화 가정 출신 만 19세 남성 수는 1165명이다. 2019년엔 3045명으로 증가하고 2028년엔 1만 2000명을 넘어설 것으로 추정된다.[33] 다문화 군구(軍國)시대에 저출산으로 다문화 병사가 없으면 국방에 차질을 가져오는 상황이다. 군역시 다문화 시대가 불가피하게 되었다.

성경 속의 다문화 사회

성경은 다문화 사회에 사는 사람들이 어떤 자세로 살아야 되는가를 알려주고 있다. 구약은 다문화사회의 축소판이다. 예를 들어 고대 이스라엘 백성들이 출애굽 할 당시 자기들끼리만 출애굽을 한 것이 아니라 외국인들과 함께 하였다. 출애굽기 20장 10절의 말씀이 이를 뒷받침하고 있다. "일곱째 날은 네 하나님 여호와의 안식일인즉 너나 네 아들이나 네 딸이나 네 남종이나 네 여종이나 네 가축이나 네 문안에 머무는 객이라도 아무 일도 하지 말라." 또한 이들이 가나안에 들어갔을 때에도 여러 민족들이 섞여 살면서 다문화를 형성하므로 외국인의 문제가 늘 심각하였다. 에스라의 개혁때에는 민족적인 자세로 사는 길을 택하여 이스라엘 남자들 중에 이방 여인과 결혼한 자를 밝혀내어 이들과 강제적으로 이혼하게 만든 것을 볼 수도 있다(에스라 10장 10절).[34]

이스라엘 백성들과 함께 다문화를 구성했던 외국인들에게 차별 대우를 받지 않고 동일하게 법적용을 하였다. "본토인에게나 너희 중에 거류하는 이방인에게 이 법이 동일하니라"(출애굽기 12:49). 또한 이방인들도 이스라엘 백성들처럼 동일하게 하나님 말씀을 배울 수도 있었다. "곧 백성의 남녀와 어린이와 네 성읍 안에 거류하는 타국인을 모으고 그들에게 듣고 배우고 네 하나님 여호와를 경외하며 이 율법의 모든 말씀을 지켜 행하게 하고 너희가 요단을 건너가서 차지할 땅에 거주할 동안에 이 말씀을 알지 못하는 그들의 자녀에게 듣고 네 하나님 여호와 경외하기를 배우게 할 지니라"(신명기 31:12-13). 이와 같이 한국에 사는 다문화 가정도 하나님에 대하여 듣고 그분을 믿을 수 들을 수 있는 기회가 주워진 것이기도 하다.

이방인도 본국인처럼 땅도 소유할 수 있었다(에스겔 47:22).[35] 이스라엘 백성들이 자신들도 과거에 포로로 끌려가서 외국인으로 살았던 경험이 있기에 이스라엘에서 다문화 형성을 만드는 타국인을 홀대하지 않고 가족처럼 대하였다. "너는 이방 나그네를 압제하지 말라 너희가 애굽 땅에서 나그네 되었었은즉 나그네의 사정을 아느니라"(출애굽기 23:9). 신명기 10장 18~19절에 "고아와 과부를 위하여 신원하시며 나그네를 사랑하사 그에게 식물과 의복을 주시나니 너희는 나그네를 사랑하라 전에 너희도 애굽 땅에서 나그네 되었었음이니라"고 하는 성경 말씀은 국내에 있는 이방인들을 돌봐야 함을 명령하고 있다.

예수 그리스도의 다문화사회에서의 사역은 신약에서 유대인의 선교로 처음 출발하였다: "예수님께서 이 열둘을 보내시며 명하여 이르시되 이방인의 길로도 가지 말고 사마리아인의 고을에도 들어가지 말고 오히려 이스라엘 집의 잃어버린 양에게로 가라"(마태복음 10:5-6). 또한 유대인의 선교에서 이방인의 선교로 확대하여 '가서 전하는' 선교를 강조하였다 (마태복음 28:19-20). 바울은 '이방인의 사도였지만 유대인들이나 헬라인들이나 누구에게든지 복음의 빚진 자로 살아갔다(사도행전 9:15; 갈라디아서 2:9).

과거의 선교는 북에서 남으로, 서에서 동으로 흘러갔지만, 21세기는 제2/3세계 교회가 성장하고 선교가 활발하면서 오늘날 선교는 '세계의 모든 곳에서 모든 곳으로(from everywhere to everywhere)' 전 세계가 선교사를 보내는 나라와 받는 나라의 구별이 없어진 다방향적이다. 이러한 시점에서 우리의 관심의 대상은 한국에 와 있는 외국인들을 사랑하는 것이다(요한일서 4장 21절). 이주 인구의 문화적, 종교적 전통으로 인하여 많은 본토인들이 위협을 느끼는 것을 우리는 영국과 프랑스등 서 유럽의 여러 나라에서 발생하는 문제들에서 볼 수 있다. 그러나 그리스도인들은 이주 이주자들의 종교적 측면에 대해 차별정책을 지지하기 보다는 국내에 들어와 있는 그들에게 하나님의 사랑을 나누는 기회를 가져야 한다.

성경속의 나그네들

첫째, 계시된 진리를 굳게 붙들 것과, 둘째, 우리와 동일한 신앙이나 인종적 배경을 갖고 있지 않은 자들을 조건 없이 환영하라[36]고 성경이 그리스도인들에게 명령하고 있는 것을 늘 기억해야 한다.

솔로몬왕 시대에, 이스라엘의 나그네들의 수는 대략 15만 3천 600명 정도였는데(역대하2:17), 이스라엘 전체 인구에 비할 때 꽤 많은 숫자였다. 그들은 성전을 짓는데 필요한 대부분의 노동력을 제공했다(역대상22:2; 역대하:7-8). 하나님은 오히려 그들을 돌보시고, 가장 기초적인 것에서부터 그들의 필요에 관심을 두신다. "너희의 하나님 여호와는......(신명기10:17-19,)." 하나님은 이스라엘 백성들에게, 매 삼년마다 그 해의 십일조를 나그네와 레위인, 고아, 과부와 나누라고 명하셨다(신명기 14:29). 이웃을 사랑하라는 일반 명령안에(레위기 19:18)는 특별히 나그네를 사랑하라는 명령이 포함된다(레위기 19:33-34, 출애굽기 22:21;23:9). 나그네를 사랑한다는 것은 그들의 기본 권리를 존중하는 것을 의미한다. 모세오경은 나그네의 권리를 보호할 뿐만 아니라 이스라엘 백성들이 그들을 돌봐 주는 것을 의무로 정하고 있다.

이스라엘에서 가장 큰 공동체는 사마리아인들이 였다(누가복음 9:51-56;

10:25-37; 17: 11 -18). 당시 유대인들은 사마리아 인들과 상종치 아니하였지만(요한복음 4:9)[37] 예수님은 사마리아인들을 적대시 하지 않았고 호의적이셨다. 또한 예수님은 "내가 주릴 때에 너희가 먹을 것을 주었고 목마를 때에 마시게 하였고 나그네 되었을 때에 영접하였고"(마태복음25:35)하며 자신을 나그네와 동일시하였다.

한국도 전체인구의 약2.5%가 외국인으로 구성되어지면서 많은 변화가 발생할 것으로 예상된다. 다문화사회가 될 때 발생할 수 있는 다양한 문제들을 예방하고 문화적 다양성의 강점과 문제점을 현실화하여 문제해결점을 도출 해나갈 필요가 있다. 한국은 우리보다 먼저 경험한 다문화 사회인 유럽과 북미가 겪는 인종, 종교 및 사회적 갈등의 현실 상황을 직시하여 그들의 경험을 통한 지혜를 배울 수 있다. 한국사회와 한국 교회는 다문화 사회의 문화적 특수성과 유사성을 파악하여 그들과 사회적 거리감을 줄이며 공존할 수 있도록 의식의 변화를 가져야 한다.

성경은 이주민들에게 사랑을 베풀라고 한다. 하나님의 사랑은 그리스도인의 삶에서 기초이며 기독교 윤리의 동력이 된다. 그리스도인에게 이웃을 사랑하는 것은 선택사항이 아니라 명령인 것이다. 모든 사람은 인종, 종교, 사회적 혹은 문화적 배경에 관계없이 이웃으로 여겨진다(누가복음 10:25-37). 기독교 윤리는 이슬람처럼 율법이나 규정에 기초한 것이 아니라 하나님의 사랑과 구원에 기초하고 있다.

특히 한국교회는 이주 여성들의 부부간의 갈등인 경제, 사회적 지지, 건강, 자존감, 부부역할태도, 가사분담, 배우자와의 의사소통 부재, 언어, 문화적응스트레스, 문화정체감 등에 관심을 가져야 한다. 특히 이들 중에서는 불법 체류자로서 합법적이지 못한 신분상태, 한국 사회의 선입견, 낮은 경제적 지위등에 있는 다문화 가정에 관심을 가져야 한다.

제 2 부

이슬람의 배경과 신학

Islam in Korea in the
21st Century;
The Past and Present

1장
이슬람의 발생과 확장 배경

1. 무함마드의 생애

이슬람의 창설자 무함마드(Muhammad, 찬양받을 자라는 의미)는 마호메트, 모함메드(Mohammed, Mahomet)라고도 부른다. 그는 사우디아라비아의 중부골짜기에 위치한 도시 메카에서 태어났다. 당시 메카에는 에베소 공의회(431년)와 칼케돈 공의회(451년)에서 이단으로 몰린 경교같은 기독교 소수 교파의 교회들과 로마교회의 탄압을 피해 이주 하여 온 디아스포라 유대인들이 살고 있었다. 메카는 카바 신전을 중심으로 아라비아 반도의 종교적 중심지였으며 해마다 많은 대상과 순례자들이 찾아드는 곳이었다. 메카의 지배 계급은 쿠라이시 부족이었다. 그 중의 하심 씨족은 대부분은 낙타를 타고 긴 여행을 하면서 시리아, 예멘등지로 무역을 하는 사람들이었다. 하심 씨족의 아브드 알 무탈리브라는 10명의 아들을 낳았는데 그 중에 막내아들은 압드 알라(Abd Allah)였다. 그는 아미나(Amina)와 결혼하여 570년에 무함마드가 태어났다.

제2부 · 이슬람의 배경과 신학   **109**

무함마드의 아버지는 그가 태어나기 전에 죽었고, 그의 어머니는 그가 6살 때 사망했다. 그는 할아버지 압드 알 무탈립(Abd Al Muttalib)에 의하여 성장했다. 그의 할아버지는 메카의 카바 책임자이었으나 2년 후 사망하였다. 그 후 대상인 삼촌 아부 탈립(Abu Talib)이 무함마드를 돌보아 주었으며, 그는 12세에 삼촌을 따라 시리아를 방문하였다.

무함마드는 대상여행 중에 유대인과 그리스도인을 만남으로써 유대교와 기독교에 대한 지식을 갖게 되었다. 무함마드는 그들의 종교의식과 용어들을 배웠으며 후에 이슬람에 적용하였다. 그 증거로는 금식이나 하루 5번의 규칙적인 기도등을 들 수 있다. 무함마드가 어렸을 때 카바는 여러 신과 여신들의 신상으로 가득 차 있었다. 그중 가장 강한 신을 알라(Allah)라고 불렀으며,1) 이 호칭은 후에 매우 중요하게 사용되며 이슬람의 핵심 용어가 되었다.

히라(Hira)산

610년 무함마드는 그가 40세 때에 현재 사우디아라비아에 있는 히라(Hira)산 동굴에서 명상을 하던 중 천사 지브리엘(Gibriil)에게서 첫 계시를 받았다고 주장하였다. 그후 무함마드는 자신을 '알라의 선지자'라고 자신의 친구와 친족을 모아놓고 주장하였지만 그들은 무함마드를 비난하고 모욕하며 무시했다. 그러자 무함마드는 메카로 오는 순례자들에게 유일신 사상을 전하기 시작하며 여러 신을 배격하였다. 그는 메카 사람들이 자신을 반대하는 이유를 정치적이며 경제적인 면이라고 생각하였다.

622년 무함마드는 메카를 떠나 메디나로 갔으며, 이를 '헤즈라' 또는 '히즈라'라고 한다. 그 해를 이슬람의 기원, 즉 이슬람 달력의 원년으로 삼는다. 630년 무함마드는 메카에 다시 입성하여 카바 신전의 우상을 모두 파괴하였다. 그는 이슬람 신앙을 전파하기 위해서는 나라의 힘이 강해야 한다고 생각하여, 정복 전쟁을 계속해 아라비아 반도 대부분을 통일하

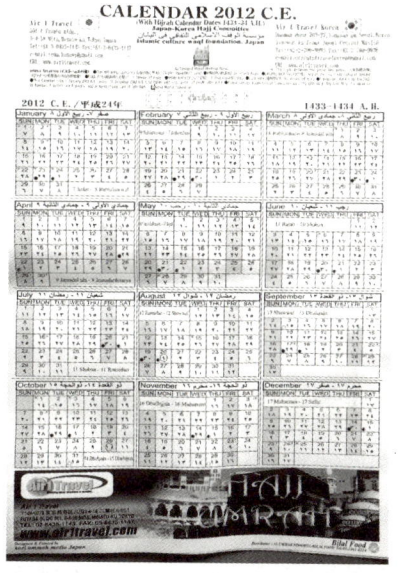

이슬람 달력(저자촬영)

였다. 624년에 있었던 바드르(Badr) 전투에서는 300명의 무슬림들이 1,000명의 메카 사람들을 공격하였다. 무슬림들은 전쟁의 승리가 알라의 전쟁에 기여한 것이라고 주장한다. 그 전쟁의 결과로 메디나 사람들이 무슬림으로 개종하였다.[2] 이후로 무함마드는 만일 다른 방법이 효과가 없을 때엔 무력을 사용해서라도 자기의 종교를 전파하겠다는 결심을 했다고 역사는 기록하고 있다.[3] 632년 무함마드는 갑자기 사망하였다.

제2부 • 이슬람의 배경과 신학 **111**

무함마드의 첫 결혼

무함마드는 삼촌 아부 탈리브의 소개로 부자였던 과부 카디자(Khadija)의 상점에 점원으로 들어갔다. 그는 카디자를 대신해 시리아 지방으로 대상 무역을 떠나게 되었다. 무함마드의 이 무역은 큰 성공을 거두고 메카로 돌아왔다. 카디자는 무함마드에게 깊은 감명을 받고 15년 연상이었지만 그에게 적극적으로 청혼하였다. 무함마드는 정치적으로 야망이 큰 사람이었으므로 그녀의 청혼을 흔쾌히 받아들였다. 무함마드 25세, 카디자 40세에 둘은 결혼을 하였다. 두 명의 전 남편으로부터 재산을 물려받았던 부잣집 과부였던 카디자와의 결혼은 무함마드에게 부와 명예를 주었다. 무함마드는 조카 알리를 입양하였다.

이슬람의 생성배경과 최초의 무슬림

무함마드는 결혼 때문에 출세한 사람이다. 그 부인 카디자가 부자였기 때문에 먹고 살 걱정을 하지 않아도 될 만한 여유를 주어, 메카에 인접한 히라 산(山)에 올라가 사색하기 시작하였다. 610년 무함마드가 히라 산에서 계시를 받은 후에 집으로 돌아와 부인 카디자에게 자기가 계시를 받았다고 말했다. 그 때 카디자는 무함마드의 말을 믿고 최초의 무슬림이 되었다. 카디자는 자기의 재산을 그 교리를 전파하는데 사용하였다. 그때부터 무함마드는 알라의 선지자로 자신을 불렀다.

무함마드의 부인들

카디자는 무함마드와 결혼하여 아들은 카심(al-Qasim)과 타이브(al-Tayyib, 타히르 Tahir), 딸로는 자이납(Zainab), 루까이야(Ruqayya), 움무 칼숨(Umm Kalthum), 파티마(Fatima)를 낳았다. 두 아들은 유아기에 죽었으며 네 딸만 성장하였다.4) 당시 사회는 건장한 남자가 대상무역을 떠나 성공하는 것이 영웅시 되던 때였기에 건강한 사내아이를 선호하였다. 아들이 곧 인생의 전부인 상황에서 무함마드의 두 아들들의 죽음은 그에게 큰 상처가 되었다. 무함마드의 부와 명예로 인해 사람들은 그와 좋은 관계를 가지고 있었지만 아들이 없다는 것은 그 당시 큰 수치였기에 그의 고민은 점점 더 심해졌다. 무함마드는 첫 부인 카디자가 사망한 후에 여러 명의 부인과 결혼하였다.

무함마드의 부인들에 대한 숫자는 학자들에 따라 다소 차이가 있지만 적어도 12명이상 22명5)의 여성들과 결혼한 것으로 본다. 하디스(Hadith)6)는 무함마드가 결혼한 여성들의 숫자에 대하여 만장일치로 동의하지는 않는다. 구전의 대다수는 무함마드가 죽었을 때에 살아있었던 9명을 포함하여 14명으로 전하고 있다.7)

무함마드의 부인들은 과부였지만 젊고 예쁜 여자들이었다. 과부라 하면 나이가 많은 늙은 여성으로 생각하기 쉽지만, 무함마드의 부인들은 평균 20-30대의 과부들이었다. 무함마드는 12명 이상의 부인들 중에 카디자와 마리아 외에 자녀를 얻지 못했다. 무함마드가 많은 부인들은 얻은 이유는 자녀를 얻고자하는 이유였을 것이다. 무함마드는 꾸란에서 4명의 부인들을 공평하게 대하여야 한다고 했지만 그 자신이 아이샤와 자이납을 가장 편애했다. 그는 정치적 목적을 위해 정략결혼을 했으며 때로는 아름다움에 매료되어 개인적인 욕망 때문에 결혼했다.8) 꾸란 4:24는 무함마드 자신이 일시적으로 부인들을 거느렸다고 말하므로 '22명'의 부인을 가졌다는 것을 암시하여준다. 무함마드의 부인들은 어린소녀 아이샤를 제외하고 젊은 과부들이다. 그는 그와 비슷한 나이의 여성이 아니라 젊고 예쁜 과부들과 결혼을 하였다. 무함마드가 죽으면서 자기의 부인들은 '믿는 자들의 어머니'라고 칭호를 붙이고 다른 남자와 재혼을 하지 못하도록 통제하였다.

무함마드는 개인의 욕망과 함께 종교·정치적 야망에 이끌려 많은 부인들과 결혼을 했다. 무함마드의 많은 부인들과의 결혼은 어린 소녀들과의 결혼도 허용하는 무슬림의 윤리를 양상하였으며, 모든 무슬림 남자들이 꼭 지켜야할 의무는 아니지만 조건적으로 일부사처를 부양할 수 있다는 이슬람의 세계관에 영향을 주었다.

2. 이슬람의 확장과 현황

현재 전 세계에서 가장 빠르게 성장하는 종교는 이슬람이다. 왜 이렇게 이슬람이 빠르게 성장하는지를 이해하고 미래를 전망하여 우리가 무엇을 어떻게 해야할지를 생각할 수 있는 지혜와 방안을 얻어야겠다. 북아프리카 교회의 모습, 중국, 유럽과 북미의 이슬람 활동을 통하여 오늘날 한국 교회가 교훈을 얻게 될 것이다. 역사는 과거에 죽은 것이 아니다. 역사는 현재 어떻게 해야 하는 가를 가르치는 것이 아니고 해서는 안 되는 것이 무엇인가를 가르쳐주는 것이다.

한 번 이슬람 국가가 된 나라는 다시는 다른 종교로 거의 바뀌지 않는다. 그 이유를 이슬람에서는 이슬람의 칼 때문이 아니라 이슬람의 우수한 윤리와 이성 때문이라고 한다. 그러나 이슬람의 이러한 주장은 사실이 아니다. 역사적으로 살펴보면 무함마드의 계승자들은 급속히 영역을 확장해나가며 전사이자 노련한 정치가임을 보여주었다. 이슬람은 아라비아반도에서 610년 무함마드에 의하여 발생한 하였다. 당시에 주변국 사산

제국과 동로마제국은 229년부터 642년까지 약 413년간 싸웠다. 장기간에 걸친 전쟁으로 인해 사산 왕조의 세력은 쇠퇴했고, 그들 사이에 이슬람은 틈새전략을 이용하여 아랍족들에게 새로운 도전을 하였으나 조로아스터교에 관용을 베풀었던 것으로 보인다. 이후 사람들은 이슬람에 쉽게 동화되었다. 이슬람은 이렇게 때로는 강제로, 때로는 교묘한 두 얼굴로 세계를 장악하여 나갔다.

이슬람이 7세계 중엽부터 이슬람제국의 지중해 세계로 세차게 진출함으로 인해 이슬람과 기독교의 충돌은 본격적으로 시작했다. 이슬람 측의 선공 이후 기독교측의 반격, 이슬람 측의 제공격과 기독교 측의 재반격의 형태로 공격과 반격이 되풀이 되었다. 632년 무함마드 사망이후 639년에 예루살렘을 손에 넣은 이슬람제국은 639년과 640년에 이집트의 알렉산드리아를 공격하여 비잔틴 제국의 중요한 해군기지가 있던 이집트를 병합했고, 641년에 이라크를 점령했다. 698년에는 북아프리카의 카르타고를 장악했다. 페르시아와 투르키스탄을 장학하고 724년에 인더스강과 중국의 서부지역까지 진출했다.[9] 아랍측의 공격이 있는 이후 유럽의 기독교세계는 십자군운동으로 응수했고 이슬람측은 다시 비잔틴 제국과 발칸반도를 공격해 대성공을 거두었다. 그리고 다시 카톨릭의 신성동맹이 오스만 투르크를 제압했다. 21세기 이슬람과 기독교의 공격과 반격의 유형은 달라졌지만 충돌은 약화되지 않았다.

북아프리카 교회 쇠퇴이유

오늘날 북아프리카는 한때 기독교 역사상 가장 기독교화된 지역이었다. 서방교회 4대 교부 가운데 한사람인 어거스틴이 태어나고 사역한 곳이 오늘날 북아프리카의 알제리와 튜니지이다. 그러나 현재 북아프리카의 모로코, 알제리, 튜니지, 리비아는 99%이상, 이집트의 90%가 무슬림들이다.

1950-1960년대에 인도, 북아프리카와 이스라엘에서 선교 사역을 했던 미남침례교회 선교사인 드와이트 베이커 박사(Dr. Dwight Baker 1923-20110)는 한때 성황했던 초기의 북아프리카 교회의 상황을 연구하였다. 그의 연구 결과, 북아프리카 기독교 쇠퇴의 진정한 이유는 단순한 외적인 박해보다 훨씬 더 깊은 것으로 5-6세기에 걸쳐서 기독교인들의 완전한 영적 파산이 있었다는 점을 지적하고 있다. 베이커 박사는 북아프리카 교회의 소멸에 대하여 5가지의 근본적인 이유를 다음과 같이 제시하고 있다.10)

첫째, 교회 내에서 성서에 대한 가르침이 부족하였다. 결과적으로 기독교인들 사이에 성서에 대한 문맹 상태가 존재했던 셈이다. 아프리카 교회들은 성경을 라틴어로 번역한 최초의 민족이다. 그러나 이것은 오직 그들 자신의 소용을 위해서였다. 다수 베르베르 토착민 언어나 페니키아에서 온 카르타고인들의 언어로 성경을 번역하기 위한 어떤 시도도 전혀 없었다. 오늘날 에티오피아와 이집트에 콥트 교회가 남아 있는것에 대한 주요 이유 중의 하나로서 많은 학자들이 지적하는 것은 성경을 콥트 언어로 번역했다는 점이다.

둘째, 기독교인들은 그리스도 복음의 핵심적인 의미를 잃어 버렸다. 왜냐하면 많은 사람들이 금욕적인 생활, 선행, 그리고 다른 인간적인 노력에 의해서 구원을 얻으려고 노력할 뿐, 그리스도의 남겨진 과업, 즉 복음 전파에 대해서는 망각하였기 때문이다.

셋째, 그들은 AD 313년의 콘스탄틴 황제의 밀라노 칙령에 의해서 종교의 자유를 얻은 후, 그들의 영적인 생명력을 잃어 버렸다.

넷째, 5-6세기 교회의 지도자들은 그들의 형식적인 종교의식과 예배의식에 대한 문제에 집착하면서, 교회 내에서의 그들의 지위들을 유지하려는 노력으로 부패하고 서로 분열된 상태에 있었다.

다섯째, 그들은 선교의 비전을 상실하였다. 첫 세기에 바울과 안디옥의 그리스도인들에게 있었던 선교적인 사랑의 마음이 북아프리카의 기독교인들로 부터 자취를 감추어 버린 것이다. 성 어거스틴의 시대에, 북 아프리카에는 대략 700여명 가량의 교구가 있었다. 그러나 북아프리카에 대한 이슬람 정복기인 7세기경까지는 이 숫자의 1/3만이 겨우 남았고, 8세기 말까지는 대부분의 교회들이 사라져 버렸다. 이것이 바로 북아프리카와 중동지역에서 한때 번창했던 교회들이 그 후 곧 쇠퇴했음에 대한 이유이다. 즉 교회 역사가 우리에게 가르쳐 준것은 그리스도인들이 그들의 선교적인 비전을 잃어버릴 때에 그것이 곧 교회 쇠퇴의 시초라는 점이다.

중국 이슬람

21세기 중국은 이슬람권 국가들에게 가장 환영받는 나라이다. 중국 사람들은 많은 이슬람권 국가에 비자 없이 들어갈 수 있으며, 그들 나라에서 활발하게 사업과 건설업등에 종사하고 있다. 중국의 무슬림 인구는 4200만명으로 세계 9위의 이슬람 대국이다.[11] 중국은 56개 민족이 합쳐져 하나의 거대한 집단으로 구성된 나라이다. 그 집단 속에 이슬람을 신봉하는 소수민족이 10개[12]이며, 이들 중에 가장 큰 무슬림 종족은 후이족이다. 중국과 중동의 접촉은 이슬람이 발생한 610년보다 앞선다. 한왕조(B.C. 206- A.D. 220)시대에 중국제국의 원정들은 아랍세계에 도달했다. 인도양의 해운업은 4세기와 6세기 사이에 이란 반도를 지나 아랍 강국들이 출현하는 중국과 인도 선박들과 함께 확장되었다.[13] 당왕조(618-907년)시기에 중동으로부터 온 상인들은 광저우, 항저우, 양저우 등의 공동체의

북경의 한 모스크(저자촬영)

중국의 무슬림 여성들(저자촬영)

일부가 되었다.[14] 그들 중의 많은 사람들이 중국 여성들과 결혼하여 정착하였다. 13세기 몽고족이 중앙아시아 정복기 동안 군대를 파견했다. 이들은 전쟁을 준비하는 동안 농작을 하며 중국 전체에 흩어졌으며 장인, 학자, 관원과 종교지도자로서 중국 전역에 거주했다. 이들이 오늘날 후이족들의 조상들이다.[15] 당왕조 중국인들은 어떤 종교에서든 깊은 신앙을 취하지 않았다. 당왕조 초기 정부는 모든 종교에 대해 불간섭주의의 태도를 취했고, 사람들의 종교적 신앙에 간섭하지 않았다. 따라서 외국인들과 결혼한 중국인 여성들은 당연히 그들의 남편들에게 동화되어 그들 자신을 이슬람에 귀속하였다. 중국인의 이슬람화는 이런 관계와 함께 시작했다.[16] 무슬림과 결혼한 중국인 여성들은 그들의 남편들의 생활 방식에 익숙해졌으며 가부장적인 이슬람 문화가 중국 여성들에 영향을 주었다. 아랍과 중국과의 무역 및 아랍 무슬림들과 중국 여성과의 결혼으로 뿌리를 내리기 시작한 이슬람은 오랜 세월을 거쳐 오늘날 중국은 세계 9위의 이슬람 국가가 되었다.

유럽 이슬람 성장요인

지난 몇 십년 만에 기독교 다음으로 이슬람이 유럽에서 제2의 종교가 되었다. 유럽 이슬람 성장요인은 매우 다양하다. 미국의 저명한 유럽 역사학자 월터 래쿼(Walter Laqueur) 박사는 '유럽이 몰락하고 있다'고 주장하여 온 학자로서, 그의 저서 '몰락 이후(After the Fall)'에서 유럽의 몰락이유를 3가지로 들었다. 첫째, 과도한 복지로 인한 유럽 경제 하락과 그것을 개혁할 의지의 부재, 둘째, 유럽인의 인구 감소, 셋째, 너무 많은 무슬림 이주민으로 보았다.[17] 무슬림들은 산아 제한이 없어 여러 명의 자녀를 낳아 발생하는 자연 증가이다. 반면에 비무슬림은 자녀를 덜 낳으므로 자연스럽게 비무슬림 인구가 줄어들고 있는 것이다. 2차 세계대전 이후 폐허로 물든 도시를 복구하기 위해 유럽에 아시아의 파키스탄, 방글라데시, 터키 및 그 외 북아프리카 이슬람 국가들로부터 많은 근로자들이 모여들어 무슬림수가 급격히 증가했다. 유럽인의 저 출산과 고령화에 따른 노동력 감퇴로 해외로부터 값싼 노동력을 많이 받아들여 무슬림의 이주가 확대되었는데 이는 한국 무슬림이 유입된 것과 흡사하다. 유럽으로 이주한 무슬림들은 다양성을 인정받는 땅에서 자유롭게 포교활동을 할 수 있게 되었고 '비전(VISION) 2025'를 내세워 유럽을 이슬람화하기 위한 작업에 착수하였다. 넷째, 오늘날 유럽교회에 점점 만연해지고 있는 물질주의, 세속주의와 인본주의가 교회에 스며들어 많은 기독교인들의 영적 생활을 약화시킨 점에서도 유럽의 몰락 이유를 찾을 수 있다. 유럽에서 기독교는 이제 더 이상 하나님에 대한 경배와 개인적인 헌신의 의미를 갖고 있지 않는 것처럼 보인다. 사람들은 하나님을 경외하기 보다는 정직, 예의, 인내 그리고 다른 사람들에 대한 존중 등을 가장 중요한 가치로 보고 있다. 다섯째, 무슬림과의 결혼으로 인한 증가이다. 여섯째 개인 신앙의 결단, 이슬람의 낭만적 이미지 등이다. 일곱째, 유럽인들의 탈교회화와 새로운 신앙의 추구이다. 여덟째, 무슬림들의 이슬람에 대한 열성과 그들의 실천적인 신앙 때문이다. 아홉째 세속화에 실망한 사람들이 무슬림들의 경건한 실천적 신앙과 모스크 방문시에 경험한 친절 등이 유럽인들에게 큰 매력과 호기심을 주고 있다.

유럽 이슬람 성장속도

현재 유럽의 무슬림 교세는 7억 4천만 명으로 전체 7%를 차지하고 있다. 모스크가 6000개이며, 2025년까지 인구 급증을 이루어 정치적 압력을 가할 계획을 지니고 있다. 2005년에는 비무슬림과 무슬림이 18:1 이었지만, 2025년에는 2:1로 무슬림의 숫자가 급상승 할 것이다.[18] 무슬림의 '인구 폭탄(population bomb)'이 유럽에서 폭발 직전에 있는 셈이다. 이슬람의 성장은 특히 유럽의 대도시에서 두드러진다. 무슬림 인구가 많은 곳을 보면 프랑스 마르세유와 네덜란드 로테르담이 25%를 차지하고 있는 것을 비롯해 스웨덴 말뫼 20%, 벨기에 브뤼셀과 영국 버밍엄 15%, 영국 런던과 프랑스 파리 및 덴마크 코펜하겐이 10%를 각각 기록하고 있다. 네덜란드 신생아의 절반이 무슬림이고, 15년 내에 무슬림이 네덜란드 인구의 50%가 될 전망이다. 스페인의 경우, 무슬림은 1998년 전체 인구의 3.2%에 불과했지만 2007년 13.4%로[19] 급속히 확장하고 있다.

오늘날 유럽을 유라비아(Eurabia=Europe+Arabia)라고 부르기도 한다. 유라비아는 유럽과 아라비아를 합친 말이 생겼다. 이슬람포비아는 쉽게 또는 빨리 제거되는 문제가 아니다. 지난 30년 동안 유럽의 무슬림 인구 성장은 무려 300%에 달한다. 미국의 퓨 연구 센터(Pew Research Center)에 의하면 2010년 유럽에는 3천8백만의 무슬림이 있으며 이는 유럽 인구의 5%에 달하는 것이다. 이 중 43%에 해당하는 1천6백50만은 러시아에 살고 있다. 프랑스에서는 이미 무슬림이 전체 인구의 10%에 육박하며, 네델

란드 6%, 오스트리아 5%, 독일 4.9%, 스위스 4.3%, 벨기에 4%, 영국 3%로 모두 성장 추세에 있다.

유럽의 무슬림 인구는 지난 30년간 두 배 이상 증가했으며 2015년까지 다시 두 배가 증가할 것이다. 유럽의 낮은 백인들의 출생률과 급속도로 증가하는 이민자들은 유럽의 문화와 사회를 완전히 바꾸어 놓으므로 교육, 주거, 복지, 노동, 예술 등 유럽 사회의 전 분야와 외교 정책에도 결정적인 영향을 끼칠 수 있다. 유럽연합 국가들은 오랫동안 이민자들을 환영했지만 최근 두드러진 두 가지 경향은 비(非)선진국에서 오는 이민자 증가와 그 규모가 급속도로 증가하는 것이다. 유럽 국가들의 인구 상황이 급변하고 있다. 유럽의 특정 도시의 특정 지역에서 무슬림들의 증가 속도가 빨라지고 있다. 최근 유럽연합 보고서에 따르면 2002년부터 유럽연합 국가들로 유입되는 이주민의 수가 세 배로 증가하여 매년 약 160만 명에서 200만 명 사이에 이른다.[20]

퓨 연구 센터 보고서는 2030년에는 560만 명으로 늘어나리라 전망한다. 스페인과 이탈리아의 무슬림은 저소득층 이민자 가족들로 급격한 증가세를 보이고 있다. 반면에 프랑스와 독일의 무슬림은 중산층이며 비교적 완만한 증가세를 보인다. 러시아에서는 무슬림 비율이 현재 11.7%에서 14.4%로 늘어나 1,860만 명으로 증가할 것이다.[21]

영국 이슬람

영국은 현대선교의 아버지 윌리엄 캐리(William Carrey1761-1834)를 1793년 인도로 파송했으며, 데이비드 리빙스턴(David Livingstone, 1813년-1873년)를 1840년 아프리카로, 허드슨 테일러(Hudson Taylor, 1832-1905)를 1853년 중국으로 파송하여 현대선교 운동의 모체의 역할을 훌륭하게 하였다.

그러나 오늘날 영국에서는 그러한 흔적을 찾아 보기가 힘들다. 거리의 시내버스에 "하나님은 없다 인생을 즐겨라"(There is no God; enjoy your life)는 문구가 적힌 광고판을 쉽게 볼 수 있다.

영국에서는 무슬림 인구가 50만 명에서 240만 명으로 늘어나는 데 4년밖에 걸리지 않았다.[22] 2030년에는 유럽의 무슬림 비율이 6%에서 8%로 증가할 것이다. 그중에서 영국이 가장 큰 증가세를 보일 것이다. 영국 내 무슬림은 240만 명으로 추산된다. 퓨 연구 센터 보고서는 2030년에는 560만 명으로 늘어나리라 전망한다.[23] 런던은 전체 인구의 17%가 무슬림이다. 미국의 언론인 크리스토퍼 캘드웰(Christopher Caldwell)은, 영국의 버밍엄의 경우 2026년이 되면 백인이 소수인종이 될 것이며, 레스터에서는 그러한 현상이 더 빨리 일어날 것으로 예측했다.[24] 영국은 한 해 1만~2만 명이 이슬람교로 개종하는 것으로 전해졌다.[25]

영국에서 1980년에서 2009년까지 30년 동안 9천 개의 교회가 문을 닫

런던 센추럴 모스크(저자촬영)

이슬람 결혼센터를 겸하고 있는 런던의 이슬람 서점(저자촬영)

았다. 2000년대에 들어와서도 매주 평균 4개 교회가 문을 닫고 있어 매년 220개의 영국 교회들이 폐쇄되고 있는 것이 현실이다. 문단은 교회들은 팔려서 술집, 디스코장, 식당, 주택, 공장, 사무실, 창고, 심지어 모스크로 변했다. 문화재 보호법에 따라 오래된 건물의 외양을 그대로 두어야 하기에 다른 용도로 쓰이는 옛 예배당의 모습이 우리를 안타깝게 한다. 미국의 이주정책연구소에 따르면 2007년 영국과 웨일즈(Wales)에서 태어난 어린이의 28%는 최소한 부모 한 명이 외국인이었으며, 런던에서 이 비율은 54%에 이른다고 한다. 2008년 영국 전체 초등학교 어린이의 14.4%는 영어가 모국어가 아니다. [26]

'국가안보를 걱정하는 영국 의원들과 지식인들의 모임'의 모임 회원인 존 라이드(John Reid) 전 내무장관은 "영국 대학에 침투한 이슬람 극단주의가 영국은 물론 세계 안보를 위협할 만큼 성장했다"고 텔레그래프에 말했다. 폭로전문 웹사이트 위키리크스(Wiki Leaks)가 2011년 3월 25일 공개한 미군의 보고서에 따르면, 현재 쿠바 관타나모 수용소에 수감된 테러리스트 중 최소 35명은 영국에서 대학교육을 받았으며 수감자 중 20% 이상이다. 영국의 대학들이 이슬람 극단주의의 온상이 돼가고 있는데도 대학들은 극단주의 위협보다는 학생들의 인권(표현의 자유)이 더 중요하기 때문에 어쩔 수 없다고 말한다. 아랍 국가들로부터 연구기금을 지원받는 현실도 문제다. 버킹엄대학의 앤서니 글리스 교수는 "우리 대학이 이슬람 학생 공부를 위해 지난 10년간 아랍국가들로부터 2400만 파운드(약 430억원)의 보조금을 받은 것은 잘못"이라고 말했다.27) 이슬람 국가들은 오닐 머니로 젊은 지식인들을 이슬람으로 끌어들이기 위하여 장학금이나 연구기금으로 미끼를 던지고 있다.

2009년 11월 <더 타임즈(The Times)>가 입수한 영국 성공회 내부 문건은 향후 5년 안에 10퍼센트, 2013년까지는 약 25퍼센트의 성직자가 줄어 7,700명이 될 것으로 예측하고 있다. 2000년 이래 22.5퍼센트의 성직자가 감소했다. 앞으로 향후 5년 간 20퍼센트가 은퇴하게 된다. 이런 추세가 50년 간 계속된다면 사례 받는 전임 사역자가 한 명도 남지 않게 될 것이라는 전망이다. 이러한 현상의 주요 원인 중 하나는 재정 상황이다. 성공회는 2002년 한 해에만 헌금수입의 70퍼센트를 은퇴한 성직자 연금으로 지출했다.28) 이런 상황에서는 신임 목회자를 양성한다는 것도 매우 힘들다.

프랑스 이슬람

프랑스 이슬람은 이제 프랑스의 두 번째 종교이다. 대다수 무슬림은 도시인이다. 프랑스에는 현재 600만 명의 무슬림이 있다. 전체 인구의 10%를 차지해 유럽에서 단연 1위이다. 앞으로 25년 후에는 프랑스에서 4명 중 1명이 무슬림이 될 것이라 예상한다. 무슬림이자 인류학자로 이슬람 베일에 대한 국회 조사위원회를 이끈 두니아 부자르(Dounia Bouzar) 박사는 프랑스에서 무슬림 여성의 베일을 착용한 대다수가 매우 젊은 여성이라고 밝혔다. 프랑스 정보국의 자료에 의하면, 베일을 착용한 여성의 90%가 40세 이하이며, 이들 중 2/3는 프랑스 국적을 갖고 있는 이주민들이고, 절반은 이민 2~3세대이며, 1/4 정도는 이슬람으로 개종한 여성들이다. 프랑스에서 베일을 착용한 여성들은 아랍에미리트, 사우디아라비아, 카타르, 바레인, 쿠웨이트, 이란, 이라크, 오만 출신이 아닌 프랑스인 젊은 무슬림 여성들이라는 것이 중요한 의미를 갖는다. 프랑스의 무슬림 지도자들은 이런 현상의 배경에는 현재 이슬람에서 가장 급성장하며 극도로 엄격한 이슬람 종파인 살라피즘(Salafism)이 침투해 있다는 사실을 보여준다고 보았다. [29]

그 외 프랑스는 학교에서 십자가와 유대교에서 정통파 남자가 기도할 때 머리에 쓰는 모자, 야물커(yarmulke)의 착용도 금지하여 무슬림에만 차별적으로 적용된다는 반발을 누그러뜨렸다. 유럽연합 위원회의 제롬 비그논은 무슬림 이주민 문제 해결을 위한 사회 통합 없는 양극화와 빈민촌이 발생할 수 있으며, 이는 다시 적대심으로 이어질 것으로 보았다. [30] 이것은 사회에서 가난한 사람들끼리 서로 적대시하거나 교육수준이 낮은 사람들이 위협을 발생할 수 있기 때문이다. 21세기 중반에 프랑스와 서부 유럽 국가들의 무슬림 인구가 비(非)무슬림 인구의 수를 넘어설 전망이다.

독일 이슬람

독일 무슬림은 40개국 이상에서 온 이민자를 포함해서 무슬림이 4백만 명이며, 이중 에는 무슬림과 결혼한 백인 독일인이 12,000명이다. 2,200개 모스크와 기도처있다. 독일에서 이슬람은 젊은이들의 종교가 되었으며 85만 명의 무슬림들이 미성년자이다. 40년 후인 2050년에는 무슬림이 국민의 다수가 되고 70년 후에 독일이 이슬람 국가가 된다는 예상도 있다. 독일은 10년 전 선거법을 개정하여 다수의 터키 이주민들에게 참정권을 부여했다. 미국 공군을 위한 연구 보고서를 작성한 리온 퍼코스키는 자신의 보고서에서 유럽의 국가들에서 선거권을 부여 받고 점차 정치적인 힘을 얻고 있는 무슬림 인구가 급속히 증가하게 되면 미국의 대(對) 중동 정책은 현재보다 더 강력한 도전을 받을 수 있다[31]고 전망하였다.

기타 유럽 이슬람

무슬림 이주민의 증가로 인한 인구변화는 실제로 유럽 사회에서 여러 가지로 불안을 일으키고 있다.

보스니아는 이슬람교가 주요 종교이다. 유고슬라비아의 코소보, 러시아 연방의 타타르스탄, 바슈코르토스탄, 체첸, 다게스탄 등도 무슬림 국가가 될 잠재력을 가지고 있다. 이슬람교는 알바니아에서도 가장 큰 종교 집단이다. 오늘날 서유럽의 무슬림인구는 적어도 1500만으로 이슬람 세계와의 문화적 동질성과 제휴를 가깝게 가지고 있다.[32] 현재 스위스 전체 인구 750여만명 가운데 이슬람을 믿는 무슬림은 4.2%이다. 스위스 국민들의 종교를 보면 가톨릭이 41.8%, 개신교가 35.3%로 기독교를 믿는 인구가 절대 다수이다. 네덜란드, 스위스 등은 한 때 기독교의 중심이었지만 점차 이슬람화 되어가고 있다.

20세기 오스트리아 인구의 90%가 천주교

체코 무슬림 부부 (저자촬영)

인이었으나, 2050년이 되면 15세 이하 오스트리아 국민들의 최대 종교는 이슬람이 될 것[33]이라고 전망했다. 오스트리아는 2009년 40만 명으로, 전체 인구의 5%를 차지하였다. 오스트리아의 경우

체코 무슬림 여성들 (저자촬영)

에는 이슬람은 합스부르크 왕가 시절부터 100년 이상 존속했지만, 무슬림 인구가 많지는 않아서 1979년 수도 빈에 모스크가 처음 건설되었다. 이후 무슬림 인구가 급증해 2009년 40만 명, 전체 인구의 5%를 차지하였다.[34]

유럽인들이 정작 두려워하는 것은 무슬림 여인들의 베일이나 자살폭탄 테러가 아니라 무슬림 '인구폭탄'이다. 2008년 말 유럽의 무슬림 인구는 5,146만 명으로, 유럽 인구의 7%에 달했다. 2015년에는 14%, 2025년에는 20%에 이를 것이라는 전망이 나왔다.[35] 네덜란드의 암스테르담 · 로테르담 · 헤이그 · 우트레히트 등 주요 4개 도시에서는 '무함마드'가 남자아이의 첫 번째 선호 이름이 되었다. 벨기에의 브뤼셀도 거주하는 남아의 가장 흔한 이름 7개가 무하마드, 아담, 라이얀, 아유브, 메흐디, 아흐민, 함자 등 이슬람계로 조사됐다. 유럽 사회의 주류인 백인의 출산율은 점점 낮아지고 있는 반면 무슬림은 이민 인구가 크게 늘어나고 있는 데다 출산율도 높기 때문에 보여지는 무슬림화의 한 단면이라 할 수 있겠다. 20세기 후반 EU 27개 회원국의 이민자 수는 연 50만 명이었지만 2002년 이후에는 160만-200만 명으로 3배 이상 늘었다. 이에 따라 '유럽의 이슬람

화'는 시간이 흐를수록 더욱 빠른 속도로 진행될 것으로 보인다.[36)] 무슬림들은 유럽에 살면서도 유럽 문화와 가치에 동화되지 않고 그들의 전통적 문화와 가치에 중점을 둔 이슬람 공동체를 유지하고 있다.

보스턴 대학(Boston College)의 이슬람 전문가 조나단 로렌스(Jonathan Laurence) 교수는 유럽의 민주주의는 조만간 도전에 직면할 것이며 유럽은 이 도전에 성공적으로 대처하기가 쉽지 않을 것이라고 말했다. 2030년 유럽의 무슬림 공동체는 자신들의 목소리를 내는 큰 정치적 세력이 될 것이지만, 그들 특유의 토착주의(nativism)로 인해 다른 지역의 무슬림들과는 동질성을 잘 느끼는 반면[37)] 비무슬림들인 유럽인들과는 그렇지 못할 가능성이 크다고 전망했다.

미국 이슬람

미국에서 이슬람은 세계에서 가장 다양한 커뮤니티와 광범위한 신자의 영역을 가지고 있다. 미국 무슬림들은 아프리카미국인과 68개의 다른 나라에서 온 다양한 소수 민족들을 포함하여한다. 2009년 '국가 초상화'라는 미국 무슬림에 대한 갈렙(Gallup) 조사보고서에 의하면, 미국 무슬림들

보스톤의 이슬람협회 회관(저자촬영)

보스톤의 모스크(저자촬영)

의 28%가 백인이며, 18%가 이시안계이고, 히스페닉계 무슬림은 1%, 아프리카계 미국무슬림 35%, 나머지 다양한 종족으로 나타나고 있다. [38] 2012년 미국인구 조사에 의하면 무슬림이 3백만이다. 앨리드 미디어 주식회사(Allied Media Corp.)에 따르면 미국 이슬람 가족의 크기는 미국가족 3.2명보다 25%가 더 크다. 아랍미국연구소는 미국의 아랍인은 1990년 이후 50% 성장하여 150,000이라고 발표하였다. [39] 2000년 당시 미국에 정규이슬람 학교는 200개가 있는데 미국이민 무슬림들의 약 사분지 일이 선호하고 있는 것으로 나타나고 있다. 이학교들은 젊은 무슬림들이 무슬림으로서 자신감을 증진시키는데 도구의 역할을 하고 있다. [40] 이러한 학교는 현재 정확한 숫자가 발표되지 않았지만 더 증가하였으리라 짐작된다.

다른 종교에서 이슬람교로 바꾼 사람이 미국 이슬람 신자의 25%에 달한다고 종교 전문지 '엑세스트'가 2008년 1월 밝혔다. [41] 퓨 연구 센터는 2010년 미국의 무슬림이 약 260만 명이지만 2030년에는 620만 명으로 미국 인구의 1.7%로 증가할 것으로 예측하고 있다. 이 규모는 미국의 유대인교인이나 성공회 한 분파인 감독교회와 비슷하다. 캐나다 무슬림의 비율이 2.8%에서 2030년 6.6%로 증가할 전망이다. [42] 무슬림과 결혼하는 백인여성이 결혼식을 전후로 해서 이슬람으로 개종하는 일이 북아메리카에서 이런 형태의 개종자수는 약 20만 정도로 추산된다. [43] 현재 캐나다와 미국, 멕시코 곳곳에는 2000개 이상의 모스크가 있다. [44]

이슬람은 신앙을 강요하지 않는다고 원론적인 강조를 한다. 그들의 교리나 겉모양은 평화를 사랑하고 종교 간의 갈등을 원치 않는다고 주장한다. 그러나 파키스탄을 제외한 이슬람 국가는 선교사들에게 입국비자를 발급하지 않는다. 오늘날 터키, 파키스탄과 아프카니스탄등 이슬람 국가에서 수많은 기독교 순교자가 발생하고 있다. 반대로 오늘날 이슬람 선교사들은 한국을 포함하여 유럽, 미국등의 전 세계 많은 국가에서 아무런 제한 없이 포교하며 이슬람을 전파하고 있다.

이슬람에서는 상인, 여행객, 공공기관 근무자나 정부 관리까지 이슬람 전파를 적극적으로 돕는다. 특히 근본주의 이슬람 국가들은 정부, 경제, 문화, 종교적 조직등 총체적으로 이슬람 전파 전략을 다양하게 활용해 포교하고 있다. 한국 사회는 프랑스, 독일, 영국의 상황을 신중하게 살펴보아야 한다. 유럽에서 발생하는 있는 여성의 베일착용, 하람 음식, 비자 문제등과 모스크 건축과 그에 따른 여러 이슈들과 더불어, 이슬람을 통한 종교의 자유, 언론의 자유, 여인들의 인권, 성등 많은 문제들이 한국에서도 동일하게 일어 날 수 있다. 전 세계 모든 무슬림이 테러주의자나 집단은 아니다. 그렇다고 이슬람이 다른 지역을 이슬람화 하려고 하는 전략에 온화한 대응만을 하게 되면 복음이 전달되기보다는 그들의 공략에 말려들어갈 가능성이 더 크다.

한국 사회와 한국교회는 다른 나라의 이슬람국가와 무슬림들을 향한 정책 결정을 신중하게 참고할 필요가 있다. 싱가포르는 이슬람국가인 말레이시아와 국경을 이웃으로 하지만 이슬람의 정착에 대해 표면적으로 거부반응 보다는 동반자 관계를 구축하면서 국가적 정체성을 강하게 구축하고 있다. 그러나 오늘날 서유럽에서 발생하는 많은 문제들을 통하여 우리는 무슬림들이 증가할 때에 발생가능한 일을 미리 예측하고 예방해야 한다. 서유럽은 무슬림의 증가로 전 지역이 몸살을 앓고 있다.

3. 이슬람 분파와 그 발생 배경-순니(Sunni)와 쉬아(Shia)

이슬람은 기독교보다 더 많은 분파가 있는데 약 150개 정도이다.[45] 이슬람은 여러 가지 이유로 다양한 분파가 존재하고 있지만 크게 두 개의 종파로 순니(Sunni)파와 쉬아(Shia)파로 나뉜다. 순니파는 전체 이슬람 신자의 약 85%이며 쉬아파는 약 15%를 차지한다. 1980-1988년의 이란과 이라크 전쟁은 순니파와 쉬아파의 차이를 분명하게 드러내 주었다. 이란이 민족적으로 페르시안이고 쉬아파 국가인 반면, 이라크는 아랍인이다. 이라크 국민들 중에 다수는 쉬아파였지만 지도부는 대부분 순니 무슬림들이었다. 이슬람 안

초록색 터번을 쓴 이란 쉬아파 남성과 그의 가족(저자촬영)

에서 서로 다른 교리를 갖고 있는 순니파 무슬림이 쉬아파 무슬림들을 죽이기도 하고 그 반대 현상도 일어난다.

레바논 내에서 쉬아파와 순니파의 갈등은 매우 심각하다. 레바논에서 쉬아파 인구는 약 15%이다. 헤즈볼라(Hezbulra)와 다른 쉬아파 정당 및 마론파 기독교 정당 일부 등 연대세력을 합하면 약 30%이다. 2006년 발생한 레바논의 헤즈블라와 이스라엘 간의 전쟁은 7월 12일부터 33일간 전투가 지속되었다. 이 전쟁기간 1000여 명이 사망했으며, 이중 대부분은 레바논 민간이었다. 당시 헤즈블라는 지리적으로 가까운 이스라엘의 팔레스타인지역에 본거지를 둔 하마스((Hamas)에 도움을 구하지 않고 더 멀

리 떨어져있는 이란의 도움을 받았다.[46] 왜냐하면 같은 쉬아파이기 때문이다. 이스라엘의 하마스는 순니파 이슬람의 저항 단체겸 정당이다. 따라서 대부분의 순니 무슬림 국가들은 이 전쟁에서 이라크를 지지했었다.

순니와 쉬아 이슬람은 역사적, 종교적, 이념적으로 차이점과 공통점을 갖고 있다. 순니와 쉬아의 갈등은 정치적인 성격이 강하지만, 실제적인면에서 두 종파 간의 이질감은 지역에 따라서 심각하지 않다. 우리가 이슬람을 올바로 알기 위하여서는 이슬람의 각 분파를 구분할 줄 알아야하며 분파에 대한 충분한 이해가 필요하다.

순니와 쉬아의 분리

쉬아의 발생 배경

순니와 쉬아 이슬람의 차이는 무함마드 계승을 둘러싼 역사적 정치적 분쟁에서 기원한다. 632년 무함마드가 갑자기 사망하자, 구성된 지도위원회는 무슬림들의 첫 번째 칼리프(Caliph: 계승자 또는 지도자)로 아부 바크르(Abu Bakr)를 선출했다. 아부 바크르는 무함마드의 절친한 친구중의 한 명이었으며, 무함마드의 부인 아시야의 아버지였다.

대부분의 무슬림들은 첫 번째의 합법적인 칼리프로서 제1대 아부바크르 선출을 인정했다. 그 다음으로 제2대 오마르, 제3대 우스만, 제4대 알리가 칼리프가 되었다.

알리를 추종하는 자들은 쉬아(Shiites)라고 불렸다. 아랍어로 'Shiite'로 '돕는 자들, 지지자'들을 의미한다. 쉬아에서는 후계자를 칼리프라 부르지 않고 이맘이라 부른다.

쉬아파의 기원은 첫 번째 칼리프(또는 칼리파)로서 아부바크르가 선출된

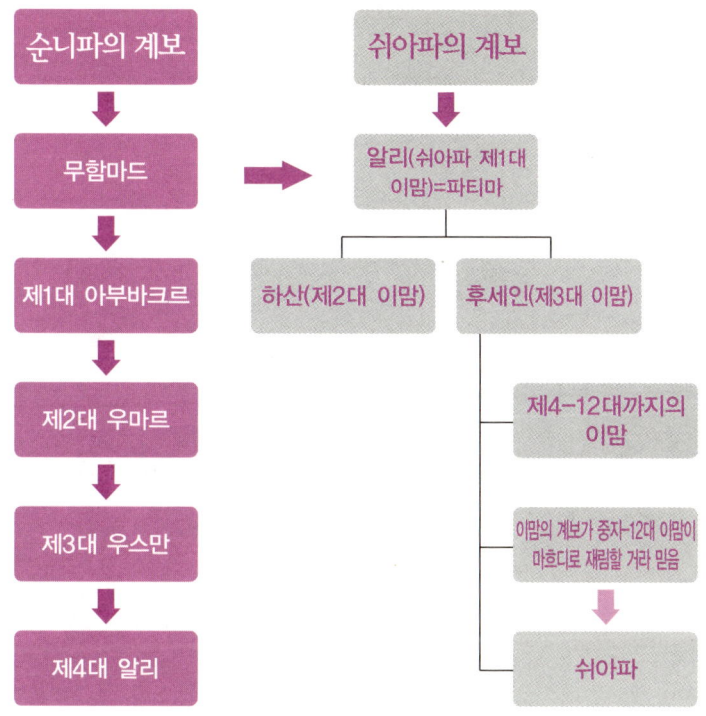

것에 반대한 무슬림들로부터 출발하였다. 반대파 무슬림들은 무함마드의 딸 파티마와 결혼한 조카이며 사위 알리를 중심으로 뭉쳤다. 그들은 무함마드의 혈통이어야 합법적인 계승이라고 주장하며, 아부바크르의 선출은 무함마드를 계승하고 종교적, 정치적 지도자로서 이맘이 될 수 있는 알리의 권리를 부인하는 것으로 간주했다. 그러나 알리가 칼리프에 오르자 제3대 칼리프 우스만이 속한 우마이야 가문이 격렬하게 반대하여 반란을 일으켰다. 661년 알리는 예배를 드리러 가다가 암살을 당하였다.

알리의 두 아들 장남 하산(Hasan 쉬아파 제 2대 이맘)과 차남 후세인(Hussein 쉬아파 제 3대 이맘) 중에 장남 하산이 칼리프에 지위에 올랐지만 투쟁이 강

시리아 다마스커스의 우마야드 모스크(저자촬영)

하게 발생되었다. 시리아의 우마이야 가문의 무아위야가 칼리프를 자칭하며 '우마이야 왕조'를 열었다. 그에 대항하여 차남 후센인이 우마이야 군대를 타도하기 위하여 일어났으나 현재의 이라크의 카르빌라에서 우마이군에 포위되어 그와 가족 · 그의 추종자들은 모두 사망하였다. 이를 아슈라(Ashura 680년 10월 10일)[47]라고 부른다. 아슈라날은 1400년 동안의 쉬아 이슬람의 '슬픈날'로 선포하고 현재까지 매년 이날을 공식애도일로 기념하며 결혼식도 하지 않는다. 쉬아파 남성들은 자신의 몸을 쇠사슬과 칼날로 때리며 거리를 이동하는 등 대대적인 행사를 갖는다.

쉬아파의 독특성은 열두 번째 이맘인 무함마드 알-마흐디(Muhammad al-Mahdi)가 최후의 심판을 알리는 정의의 통치를 시작하는 날에 재등장할 것이라고 믿는 것이다.

순니와 쉬아의 공통점들

이슬람법 안에는 여러 가지 다른 법학파가 있다. 정통 '순니'파는 안에는 4개의 법학파(school)[48]인 하나피파(Hganfi), 한발리파(Hanbali), 말리키파(Maliki)와 샤피파(Shafi)가 있다. 순니 무슬림들은 무함마드의 사위인 알리를 높이 평가하지만 무함마드의 계승에 대한 쉬아의 개념은 부인한다.

순니파와 쉬아파 이슬람 간의 실제적인 공통점은 알라가 무함마드를 이슬람의 선지자로 선택했다고 믿는 것이다. 모든 무슬림들은 꾸란을 알라가 계시한 경전으로 믿으며, 일상생활에서 선을 위해 노력하는 것이 인간의 최고의 가치들이라고 믿는다. 또한 이슬람의 다섯 가지 의무사항도 동일하게 인정한다.

순니와 쉬아의 교리적 차이점

순니파와 쉬아파의 가장 큰 차이점은 이맘직의 문제와 관련되어있다. 순니에서 칼리프는 무함마드의 계승자란 의미가 강하며 무함마드를 대신하여 이슬람을 보호하며 무슬림들의 일상생활을 지도한다. 순니파에서 이맘은 종교 지도자란 의미가 있다. 그러나 쉬아파에서 칼리프는 이맘으로 호칭한다.

쉬아의 특징은 알리와 그의 부인을 중심으로 한것이다. 무함마드의 딸인 파티마를 통해 거룩한 기름부음을 받은 무함마드의 열두 직계 후손들이 무함마드를 계승했다고 믿는다. 그들은 열 두 이맘 중 어느 누구에게든 불복종하거나 거절하는 것은 무함마드를 거절하는 것과 같다고 주장한다.

이맘직의 개념

쉬아들은 칼리프 제도를 격렬히 반대하면서 대신에 '이맘직'의 개념을 주창했다. 오늘날 이맘은 무함마드를 추종했던 12이맘을 지칭하며 그들의 이념을 따르는 일반 무슬림을 의미한다. 쉬아의 관점에서 열두 이맘은 무함마드의 계승자이며 알라에게 가까이 갈 수 있는 특권을 가진 자이다. 즉 열두 이맘은 인류의 중보자이며 영적 안내자로서 오직 위로부터 그의 권위를 받는다.

순니 무슬림은 열 두 이맘들에 대한 합법성부여를 반대한다. 순니들은 무함마드의 자손일지라도 그들이 알라의 명령들을 실천하지 않으면 알라에게 가까이 갈 수 있는 특권이나 그의 복을 받을 수 없다고 한다(꾸란 2: 124). 순니들은 열두 이맘들이 무함마드 사후 무슬림들을 이끌도록 신성한 임무를 맡았다는 기록이 꾸란에 전혀 없다고 주장한다. 따라서 순니 무슬림들은 아무도 알라와 인간 사이를 중재할 수 없다고 믿는다.

오늘날 이맘의 역할과 지위

순니파들은 열두 이맘과 오늘날의 쉬아 이맘들은 어떤 신적 권능이 없는 단지 인간일 뿐 이라고 생각한다. 이맘들을 꾸란과 하디스를 해석하고 기도를 인도하는 기본적인 일을 하는 봉사자로 간주한다. 그러나 쉬아파들은 현재의 이맘들이 날마다 지상의 신자들과 알라와의 접촉하는 계속 중재자 역할을 하고 있다고 생각한다.

종교제도의 차이점

순니와 쉬아는 분명하게 다른 공동체들을 형성하고 있다. 쉬아파에서 순니로 개종하거나 혹은 그 반대의 현상이 일어나는 경우는 매우 드물다. 순니와 쉬아는 그들 공동체의 사람들과 결혼을 해야 한다. 쉬아의 성직자들은 순니 국가들의 종교 지도자들보다도 정부와의 관계에서 더 독립적인 위치에 있다.

쉬아파는 무엇보다도 이맘을 강조한다. 쉬아 종교지도자들은 종교 기부금인 자카트를 관장하기 때문에 그들의 활동 재정을 위해서 정부에 의존할 필요가 없다. 예를 들어 이란은 이슬람 공화국이며 대표적 쉬아파 국가이다. 이란에서 종교지도자 즉 이맘은 최고 지도자이다. 대통령도 이맘의 말을 따라야 한다. 그러나 순니 성직자들은 정부가 많은 종교 기부금을 정부 부처를 통해서 할당하는 권리를 갖고 있어 정부에 의존하고 있다.

꾸란은 무함마드에게 내려왔지만 쉬아파들은 꾸란을 해석하는 것은 절대 무오한 쉬아파 이맘의 몫이라고 생각한다. 쉬아파는 메카와 메디나의 성지순례에 못지않게 이맘들의 무덤 또는 그 친척과 심지어 그 옹호자의 무덤에까지 순례한다. 특별히 신성시하는 곳은 이라크 카르발라에 있는 알리의 차남 후세인의 무덤인데 수많은 쉬아파 무슬림들은 죽은 후에 이곳에 묻혀지기를 원한다.

대부분의 쉬아 무슬림은 열두 이맘의 존재를 인정하고 있다. 즉 알리, 후세인 및 계승된 자손들로 12번째 이맘에 까지 이른다. 제12대 이맘 마흐디 알 문타자르(al-Mahdi al-Muntazar)는 어린 나이에 압바시야조의 당시 수도인 이라크의 사마라시에 볼모로 잡혀가 그곳에서 873년에 사라졌다. 그는 지상에서 보이지 않게 되었지만 결코 죽은 것은 아니며, 숨은 이맘으로써 오랜 은둔생활을 하고 있을 뿐이라고 한다. 그는 언젠가 지상에 마흐디(mahdi 구세주 또는 메시아)로 나타난다고 믿으므로 쉬아파는 은폐된 12번째 이맘이 구세주로 재림하여 이 세상의 고난으로부터 무슬림들을 구원해줄 것이라는 희망을 가지고 있다.

쉬아파는 순니파의 박해에 짓눌려 살아왔기 때문에 자신의 신분 즉 쉬아파임이 드러날 경우 자신과 가족의 생명 또는 재산에

쉬아파에서 가장 존경 받는 이맘 후세인 초상화가 이란의 가정집 벽에 걸려 있다.(저자촬영)

손실을 입을 부득이한 처지에 놓일 때 순니파 또는 다른 파의 소속으로 자신을 위장할 수 있다. 이것을 타끼야(taqiyah)라 부른다. 대부분의 쉬아파는 이것을 교리로 삼고 있다. 이처럼 쉬아파의 특징은 이맘의 무결점성, 이맘의 부활, 믿음의 가장을 의미하는 타끼야와 메시아를 의미하는 마흐디 사상이라 할 수 있다. 그러나 쉬아 무슬림 모두가 열두 이맘파에 속하는 것은 아니다.

자이드(Zayd)파

자이드파는 열두 이맘 가운데 알리의 차남 후세인의 아들로 끝나는 제4대 이맘까지만 인정한다. 그 이름은 후세인의 손자 자이드(Zayd)에서 유래했다. 즉 자이드를 포함한 다섯 이맘에게만 마술적 능력을 인정한다하여 다섯 이맘파라고도 부른다. 자이드파는 예멘에 많이 있으며 이들은 자기들만의 율법 책을 따로 가지고 있다.

이스마일(Ismailis)파

이스마일파는 자이드파와는 대칭을 이루는 파이며 일곱 이맘파이다. 그들은 열두 이맘파가 제6대 이맘 자아르 알 싸디끄(765년 죽음)의 장남인 이스마일이 술을 마신다고 비난하여 그의 동생 무사(799년 죽음)를 제7대 이맘으로 여기는 것을 반대하고 이스마일을 옹립한데서 비롯한다. 이스마일파는 이스마일의 자손만이 숨은 이맘 이 될 수 있다고 선언하고 이스마일의 계승권을 옹호하기 위해 끈질긴 투쟁을 하였다.

이스마일파의 활동으로 다른 유사한 종파가 많이 생겨났다. 그 가운데 가장 두드러진 것이 알라위파와 드루즈파이다. 이러한 종파는 비이슬람적 요소를 너무 많이 받아들였기 때문에 종종 다른 종교로까지 분류된다.

시리아 알라위(Alawis), 터키 알레비(Alevi)파)

오늘날 알라위파의 주된 주거지는 시리아와 터키이다. 알라위파는 쉬아파의 알리 숭배를 극단화시켜 신격화하였으며, 창시자인 무함마드 이븐 누사리르(Muhammad ibn Nusayr)의 이름을 따 "누사리르파" 라 불리기도 한다. 터키에서는 알레비(Alevi)파, 시리아에서는 알라위(Alawis)파라고도 한다. 터키 알레비파는 꾸란에 거의 관심을 가지지 않으며 이슬람의 5가지 기본 의무도 받아들이지 않는다. 모스크에서 행해지는 종교의식에도 참여하지 않는다. 알레비들은 일반적으로 복음에 별다른 거부감 없이 귀를 기울이며 형식적인 종교적 규율보다 사랑을 강조한다. 자신들도 알라(Allah)를 믿는다고 말한다. 레바논과 시리아에 많은 성스런 나무숲을 숭배할 뿐 아니라 기독교 의례까지 받아들여 부활절과 크리스마스까지 축하하곤 한다. 그들은 영혼의 전생을 믿어서 영혼이 지상의 굴레를 벗어

시리아 다마스커스의 교회(저자촬영)

시리아의 마룰라(Maalula)는 예수님 당시 일상어(語)로 사용한 아람어를 현재에도 사용. 세계에서 아람어를 유일하게 사용하는 3개 마을 중에 하나이며, 성녀 테클라 기념교회가 있다.(저자촬영)

시리아 하마(Hama)의 길거리에서. 알아사드 대통령의 초상화가 보인다.(저자촬영)

나려면 일곱 번의 화신을 해야 한다고 본다.

    시리아는 종족과 종파가 매우 복잡한 나라이다. 순니파가 다수인 시리아에서 소수 쉬아파의 분파인 알라위파는 전체인구의 12%를[49] 차지하지만 행정과 국방, 정보기관을 장악하고 있다. 1971년에 하피즈 알 아사드가 첫 알라위파로 비순니무슬림 가운데서는 시리아 역사상 처음으로 대통령이 되었다. 그의 갑작스런 사망으로 그 아들로 세습정권을 이어가고 있는 바사르 알아사드 대통령이 알라위파 덕에 권력층이 되었다. 순니파 무슬림이 인구의 75%, 기독교도가 10%, 그 외 나머지를 드루즈파와 쿠르드족이 차지하고 있다.

드루즈(Druzes)파

드루즈파는 레바논, 시리아, 이스라엘등에 주로 퍼져있다. 드루즈파의 기원은 11세기의 이스마일파의 포교자였던 다라지(Darazi)에게로 거슬러 올라간다. 그의 추종자는 파띠마조의 칼리파 하킴(Hakim)을 숨은 이맘이라고 주장했다. 그들은 그들의 숨은 이맘과 절대신 사이의 일치성보다 이스마일파의 이스마일이나 쉬아파의 알리와의 일치성이 더 완벽하다고 주장한다. 드루즈파에서는 일부다처제가 금지되어 있고 여성들의 지위는 남성들과 대등하게 취급되고 영혼이 전생한다는 믿음이 널리 보급되어 있다. 드루즈파는 순례시기에 축제를 열고 있지만 금식이나 메카순례는 하지 않는다. 그들의 집단예배는 금요일 정오에 열리지 않고 목요일 저녁에 작은 모스크에서 연다.

와하비(Wahhabi)파

순니파의 한발리의 일종인 와하비파는 사우디아라비아가 총산이며, 카타르에도 퍼져있다. 와하비즘(Wahhabism)은 이슬람 원리주의를 이어받은 보수주의 운동으로, 18세기 이슬람 사회의 병폐를 직접 경험한 무함마드 이븐 압둘 와하브(Muhammad ibn Abdul Wahab)가 1745년 창시하였다. 와하브는 당시 이슬람 사회가 낙후한 원인은 전통 이슬람에서 벗어났기 때문이며, 이를 바로잡기 위해서는 이슬람교의 근본 교리와 꾸란으로 돌아

사우디아라비아의 신문기사에 실린 무슬림 여성들의 모습

가야 한다며 엄격한 율법을 강조하는 이슬람 원리주의 혹은 이슬람 청교도주의를 말한다. 어떤 형태의 신비주의, 성물·성자 숭배도 배격하고, 비이슬람적인 음주, 도박, 춤, 흡연이나 화려한 치장 등을 철저히 금하였다. 사우디아라비아는 엄격한 남녀차별을 근간으로 여성의 운전 등을 금지하고 있다.

2장
이슬람의 의무와 교리 및 신학

1. 이슬람 의무-무슬림의 5가지 의무와 6가지 신앙

이슬람에서는 반드시 지켜야할 5가지 의무사항으로 신앙고백, 기도, 금식, 순례, 자카트가 있으며, 여기에서 지하드를 포함하여 6가지를 의무 사항을 지켜야하는 것으로 여기는 무슬림들도 있다. 무슬림은 6가지 신앙으로 알라, 천사들, 선지자들, 책들, 최후의 날, 운명론을 핵심 교리로 인정하고 있다.

이슬람의 의무사항 5가지 기둥

첫째, 신앙고백(shahada 샤하다)이다. "하나님은 한분뿐이시고 무함마드는 하나님의 사도이다(La ilaha illa Allah, wa Muhammad rasul Allah 라 일라하 일 알라, 와 무함마드 라술 알라)"라는 내용의 아랍어 문장을 고백하는 것이다. 이 신앙 고백을 암송하는 것 외에는 이슬람에 입문하는 공식적 방법이 규정되어 있지 않다. 이 문장은 이슬람에서 모든 감정을 표현하는 만능열쇠

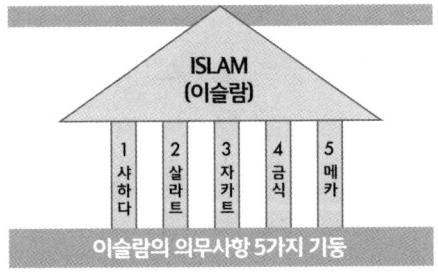

1. 샤하다 : 신앙고백이다.
2. 살라트 : 1일 5회 기도이다.
3. 자카트 : 구제이다. 수입의 1/40을 바친다.
4. 금식 : 이슬람 달력으로 9월에 있는 라마단(금식기도)이다.
5. 메카 순례 : 일생에 한 번은 사우디아라비아 메카를 순례한다.
※ 지하드 : 지하드에 대한 이슬람학파들 간에 그 해석이 다르다.
(이슬람 종파 중에서도 지하드를 의무사항으로 보지 않는 데도 있다.)

처럼 사용한다. 무슬림들은 기도할 때에 이 문장을 수없이 많이 사용한다. 이 문장은 아기가 태어났을 때 기쁨의 표현으로, 할머니 혹은 엄마가 아기를 재울 때나, 장례식 때 끊임없이 부르는 애도가로도 사용한다.

둘째, 1일 5회 기도(salat 살라트)이다. 무슬림 기도의 특징은 치밀한 스케줄에 따라 이루어진다는 것이다. 무슬림들은 하루에 다섯 번씩 의례적인 기도를 새벽(fajr 파즈르), 정오 직후(zuhr 주흐르), 해지기 두 시간 전(asr 아스르), 해진 직후(magrib 마그립), 해진 후 두 시간 뒤(isa 이샤)에 한다. 무슬림들은 기도전에 반드시 간단히 세정(Wudu 우두)을 한다. 그들은 신을 벗고 손발을 씻고 얼굴의 일부를 씻은 후 메카의 카바 신전을 향해 기도한다. 만일 모스크에 가서 기도할 수 없는 경우에는 작업 중이거나, 여행 중이거나, 임무수행중이거나 어디서나 있는 곳에서 기도한다. 기도를 위해 무슬림들은 물을 한 병씩 가지고 다니는데 만일 물이 없으면 흙이나 모래로 상징적으로 씻는다. 금요일에는 기도의 일환으로 모스크에서 설교가 행해진다.

셋째, 구제(자카트 zakat)이다. 자카트는 '자라다' 혹은 '순결하다'는 뜻에서 나온 말이다. 그것은 구제가 영혼을 순결하게 하는 수단이라는 의미가 내포되어 있다. 구제 의무는 이슬람의 기둥 중 가장 소중히 여겨지는 것 가운데 하나이다. 무슬림들의 구제의 근거는 꾸란 2:43 "예배를 드리고 이슬람세를 받칠 것이며 다 같이 고개숙여 알라를 경배하라"에 있다. 가난한 자를 위한 헌금으로 자기 수입에 1/40을 납부해야 한다. 모든 무슬림들은 정신이 온전한 사람이며 그가 이슬람 율법에 묘사된 만큼의 재산이 있다면 구제를 해야 한다. 구제 혹은 세금은 가난한 자들을 돕기 위해서 고안된 것이며 수집자가 정식으로 임명되어 있다. 각 개인은 자기가 원하는 사람에게 구제할 수 있다. 재산은 낙타, 황소, 암소, 양, 염소, 물소, 말, 금, 은, 상품등을 포함하며 구제금은 정한 세금 규정에 따른다. 자기 재산만큼의 빚이 있는 사람은 구제의 의무가 없다. 재산이 세금을 낼 정도의 수준 이하인자, 전혀 재산이 없는자, 구제금을 거두는 수집자, 노예, 빚진 자, 알라를 섬기는 일에 종사하는 자, 여행자들은 공식적으로 수집된 구제금을 받을 수 있다.[1]

넷째, 금식(라마단 Ramadhan)이다. 무슬림의 금식(saum)에는 몇 가지가 있다. 그 중 가장 중요한 것이 이슬람달력으로 9월에 있는 라마단이다. 9월에 30일 동안 낮에만 금식하는 것으로 10살이나 12살 이상의 무슬림들에게 의무적이다. 해질 때부터 새벽까지는 무슬림들은 원하는 대로 음식을 먹을 수 있다. 이슬람에서는 라마단을 '무함마드가 꾸란 계시를 시작한 달'이라고 믿는다. 꾸란 2:185 "…라마단 달에 꾸란이 계시되었나니 그달에 임하는 너희 모두는 단식을 하라.."고 명령하고 있다. 무슬림들은 라마단 금식월에는 천국문이 열리고 지옥문은 닫히며, 누구든지 금식에 참여하는 자들은 과거의 모든 용서받을 만한 죄는 모든 용서받는다고 믿는다. 금식에서 면제 대상자는 환자나 허약한자, 3일 이상 여행하는 자이지만 이러한 이유로 빠뜨린 금식일 수를 가능한 한 빨리 채워야 한다.[2]

다섯째, 메카 순례(하지 Hajj)이다. 메카는 무함마드가 출생한 곳이며 어린 시절을 보낸 곳으로 꾸란의 계시가 시작된 곳이다. 메카는 이미 이슬람 시대 이전에도 유명하고 흑석 및 그 돌이 있는 카바 신전이 있는 곳이었다. 순례는 이슬람력으로 12월 8-12일에 행해진다. 무슬림들에게는 순례할 만큼의 경제력이 있고 여행하는 동안에 가족들의 생계에 지장이 없다면 일생에 한번 메카를 순례하는 것이 의무로 되어있다. 오늘날 전 세계의 무슬림들은 이 건축물을 향해 날마다 5회 기도를 드리고 있다. 사우디아라비아의 메디나는 무슬림들에게는 이슬람 움마가 시작된 성지이며 무함마드가 묻힌 장소로 방문지가 되고 있지만, 종교적 의무는 메카를 순례하여야만 한다.

순례 시에는 이흐람(ihram)이라는 겉옷을 입어야 한다. 이것은 6피트 길이에 3.5피트 넓이로 이음매가 없는 바느질하지 않는 흰 천 두장을 두르는 것이다. 하나는 등 뒤로 던져 오른 팔과 어깨가 드러나게 하며 오른쪽을 묶고 다른 하나는 허리부터 무릎까지를 덮는데 가운데를 묶는다. 이기간 동안에는 손톱발톱을 자르지 않으며 면도를 하지 않는 등 금기사항을 지켜야 한다.

무슬림들은 순례기간 첫날에 메카 북쪽의 미나 평원에서, 둘째날은 무함마드가 사망하기 석 달전에 마지막으로 설교했다는 아라파트(Arafat) 골짜기에서 기도한다. 이러한 의식은 무슬림의 마음속에 그들의 삶에 나타난 알라의 임재 및 그들의 죄에 대한 알라의 용서라는 깊은 느낌이 발생하도록 해준다. 셋째날은 다시 메카로 돌아와 카바 신전 주위를 일곱

바퀴 돌아야 하는데 이를 타와프(tawaf)라고 하며, 이때 무슬림들은 알라만을 생각하도록 한다. 넷째날에는 악마를 내쫓는 뜻에서 미나평원에 가 악마의 기둥이라는 세 개의 돌탑에 돌을 던지면 악운이 사라진다고 믿으며 돌을 던지고, 다섯째날 메카로 돌아와 카바를 다시 일곱 번 도는 것으로 순례를 마친다.

순례를 마친 무슬림에게는 '하지'라는 명칭이 주어진다. 예를 들어, 하지 무함마드 알리(Hajj Muhammad Ali)라고 불리는 것은 미스터(Mr)나 미스(Miss) 대신에 붙여서 부르는 것이다. 무슬림 남성의 머리와 수염 중에 하나를 적갈색으로 염색하는 것은 순례를 했다는 표시 중의 하나이다.

특히 지하드(Jihad)에 관하여 꾸란과 하디스에는 일반적인 언급만 있어 이슬람학파들 간에 그 해석이 다르다. 지하드에 참여하는 자를 '무자히딘(Mujahidin)'이라고 한다. 쉬아파에서 탈퇴한 카와리지(Khawarij)파[3]는 이슬람의 지하드를 여섯 실천사항 중의 하나로 간주하여 이를 의무화하므로 지하드는 종종 이슬람의 여섯 번째 기둥으로 설명된다. 지하드는 무슬림으로서 군에 종사할 만한 신체를 가진 정신이 온전한 자유인이면 누구에게나 의무 사항으로 되었다. 이것은 온 세계가 이슬람화 될 때까지 무슬림들의 의무사항이다.[4] 지하드에서 죽은 자들은 아랍어로 샤히드(Shahyd)이며, 증인이라는 의미로 영어로는 순교자(Martyrdom)라고 한다. 이슬람에서 순교자라는 용어를 사용하는 것은 대체로 지하드에서 죽은 자들을 의미하며 그것의 보상은 영원한 천국의 기쁨을 누린다는 것으로 초기 이슬람 경전에 다소 자세하게 묘사되어 있다.[5]

꾸란에서 전쟁이란 단어는 하르비(harb)이며, 꾸란에 이 단어가 다양한 형태로 33번 사용되었다. 이 경우 지하드(성전)는 무슬림 개인들이 이슬람의 법에 명시된 의무를 수행하기 위해 하는 모든 노력을 의미한다(꾸란

61:11[6]).[7] 이것은 종종 믿음, 바른 행동, 이주 등과 함께 다른 꾸란 개념과 같은 곳에서 사용된다. 기독교인들은 이슬람이 놀라울 정도로 빨리 아시아와 아프리카와 유럽의 남서부 이베리아(Iberia)까지 확산된 것은 단지 폭력의 결과라고 믿었고, 이슬람의 놀랍도록 호소력 있는 요소들을 간과하였다. 아랍어로 '영적인 노력'을 의미하는 지하드[8]를 서양에서 테러만으로 해석하는 오해가 있다. 지하드는 알라의 대의를 위해 노력하는 것이다. 즉 알라의 가르침과 명령을 수행하기 위한 내부적 투쟁과 이슬람의 적들에 대해 알라의 의지에 따라 행하는 전통적인 성전을 의미한다. 전통적인 관점에서 전쟁에 대한 꾸란의 규정은 다음과 같다.[9]

지하드는 정신적인 내면적의 투쟁을 대지하드라고 하며, 비무슬림에 대한 전쟁수단인 성전을 소지하드라고도 부른다. 이를 더 구체적으로 설명한다면 첫째, 비 대결이다(꾸란 15:94-95, 꾸란 16:125). 둘째, 방어적인 전쟁이다. 꾸란 22:39-40a, 꾸란 22:39은 무함마드가 메카를 떠난 직후 622년 계시되었다. 이 구절은 무슬림들이 전투에 참여하도록 격려하는 첫 번째 계시로 간주되고 있다.[10] 셋째는, 주도적 공격이다(꾸란 2:217, 꾸란 2: 191). 넷째, 비 무슬림을 향해 전쟁을 하기 위한 무조건적 명령이다(꾸란 2:216, 꾸란 9:5). 무력공격에 대하여 꾸란은 "만약 너희가 전쟁에서 불신자를 만났을 때 그들의 목들을 때리라"(꾸란 47:4)고 명령하고 있다.

꾸란은 상대의 공격에 대한 정당방위도 인정한다. 상당수 온건한 무슬림들은 이슬람이 어떠한 테러도 용납하지 않으며 오히려 온건 무슬림들이 과격한 테러의 피해자라고 한다. 오늘날 아랍 무슬림들이 주목하고 있는 것은 카피르(kafir, 알라를 안 믿는 자) 문화이다. 상대방이 카피르로 규정되면 그를 죽여도 상관없다는 것이다. 이런 과격성과 극단적인 행동을 일삼는 일부 무슬림들은 그 근거를 꾸란 본문에 둔다. "…실로 불신자들은 확실한 너희의 적이라(꾸란4:101)." 또한 극단적인 무슬림들이 기독교인들을 무차별 살해하는 것은 "그들이 그랬듯이 너희도 불신자가 되기를 원하며 너희가 그들과 같이 되기를 바라거늘 너희는 그들이 알라를 위해 떠날때까지 그들 가운데 어느 누구도 친구로 택하지 말라. 그럼에도 그들이 배반한다면 그들을 포획하고 그들을 발견하는대로 살해할 것이며 친구나 후원자를 찾지 말라(꾸란4: 89)"는 것에 근거한 것 이다.

이슬람의 6가지 기본신앙[11]

첫째, 알라는 한 분임을 믿는다. 이것이 유일신 신앙이다. 참된 무슬림은 알라는 한 분뿐이고, 무함마드는 알라의 사도라는 것을 믿는다.

둘째, 천사를 믿는다. 무슬림들은 하나님의 천사들을 믿는다. 그들은 순수하게 영적 존재이며 먹을 것도, 마실 것도 필요 없고 잠도 잘 필요가 없다. 천사들은 매우 많으며 각 천사는 특정한 임무를 맡고 있다. 천사란 알라께서 창조하신 피조물이며 인간의 능력으로는 그 존재유무에 대해 증거할 수 없지만, 그 존재를 부정하는 것 또한 죄임을 꾸란에서 밝히고 있다.

모스크 마당에서 꾸란을 읽고 있는 여성(저자촬영)

셋째, 경전을 믿는다.

무슬림들은 모든 경전과 하나님의 계시들을 믿는다. 꾸란에는 아브라함, 모세, 다윗, 예수님의 책을 특별히 언급한다. 그러나 무슬림들은 주장하기를 꾸란 이외에 다른 모든 책들은 그 언어와 내용이 바뀌었거나, 또는 변질되고 타락되었다고 말한다. 꾸란과 일치되는 것은 무엇이든지 신적 진리로 받아들여지며, 꾸란과 다른 것은 모두 거부되거나 보류된다.

넷째, 예언자(또는 선지자)들을 믿는다. 모든 나라에는 알라로부터 온 경고자 혹은 사자가 있었다. 그들은 인류를 가르치고 신적인 메시지를 전달하고자 알라가 택하신 사람들이다. 무함마드만 빼고는 국가적인 혹은 지역적인 사신이다, 하지만 그들의 메시지, 그들의 종교는 기본적으로 같으며 이슬람이라고 불린다. 모든 사자들은 한사람도 예외 없이 다 죽을 수밖에 없는 존재들, 신적 계시를 받고 하나님이 특정한 과업을 수행하도록 정하신 인간들이다. 그중에서 무함마드는 최후의 사신이며, 선지자직이라는 터를 마무리하였다. 꾸란(4: 164; 10: 47)은 알라가 모든 민족에게 예언자를 내려보냈다고 한다.

다섯째, 부활을 믿는다. 이 세상은 언젠가 끝날 것이고 죽은 자들은 최종적이고 공정한 재판을 받기 위해 부활할 것이다.

여섯째, 최후 심판을 믿는다. 인간이 이 세상에서 행하는 모든 것, 모든 의도, 모든 활동, 모든 생각 그리고 모든 말은 정확하게 기록되어 보관될 것이며 모든 심판 날에 드러날 것이다. 좋은 기록을 갖고 있는 사람들은 풍성한 보상을 받고 알라가 계신 하늘로 따뜻하게 환영을 받을 것이며, 나쁜 기록을 갖고 있는 사람들은 벌을 받고 지옥으로 떨어질 것이다. 무슬림들은 분명한 행동들에 대한 보상 및 선과 악한 행동들에 대한 행동들에 대한 벌이 있을 것으로 믿는다.

2. 기독교와 이슬람의 신학적 차이

이슬람과 기독교는 관습과 종교적인 개념에서 매우 유사한 점이 있으나 동시에 매우 다르며 큰 차이점이 있다. 이슬람과 기독교에서 사용하는 용어 중에 하나님, 계시, 삼위일체, 예수 그리스도, 죄, 용서와 구원 등의 용어들을 이슬람에서도 사용한다. 이러한 용어 사용이 사람들을 혼돈케 한다. 기독교와 이슬람에서 함께 사용하는 용어들 중에 같은 용어인 것 같으나 그 의미가 매우 다른 것이 많음을 인식해야 할 것이다. 무슬림들은 성경과 꾸란이 같은 기원을 갖는다고 주장한다. 이슬람에서는 하나님을 알라라고 부르며, 알라는 두 경전을 통하여 계시한다고 믿는다. 그러나 무슬림들에 의하면 두 경전의 차이점은 기독교인들은 성경을 왜곡하였고, 이에 알라는 신구약 성경을 폐기하고 마지막 계시로써 꾸란을 계시하였다고 주장한다. 꾸란은 성경보다 후에 계시되었기에 성경은 이슬람을 직접 언급하지 않고 있으나, 꾸란은 성경이 폐기 되었다고 주장한다. 따라서 꾸란과 성경은 유일신을 섬긴다는 유사점이 있음에도 불구하고 공통점이 없다.

이슬람의 신관

이슬람에서 알라는 99개의 이름을 갖고 있는 절대 초월자로서 인간이 알 수 없는 존재이다. 인간은 단지 그를 경배하고 복종해야만 하는 것이다. 이슬람에서 알라는 가브리엘을 통해 무함마드에게 꾸란을 계시한 신이며, 구원자로서 절대적인 영향력을 갖고 있다. 알라는 유일신이며 인간이 접근할 수 없는 곳에 존재하는 절대 초월자이다. 알라는 인간과 수직적 관계를 가지고 있는데 위에는 알라가 있고 아래에는 인간이 있으며 그

사이에는 한없는 깊은 단절과 무한한 거리가 있다.

하나님의 사랑과 알라의 사랑

성경과 꾸란의 사랑의 개념에서, 꾸란은 알라의 자비에 관하여, 성경은 하나님의 사랑에 관하여 각각 매우 강조하고 있다. 그러나 하나님의 사랑과 자비는 매우 다르게 표현된다. 이슬람에서 말하는 알라의 사랑은 아버지와 자녀로서의 사랑이 아니고, 멀리 있는 절대적인 유일신으로서의 자비로 알라는 인간과 상호 관계가 없으며, 인간을 사랑하는 의미를 갖지 않는다. 즉 알라와 그를 믿은 사람들과의 사랑은 조건적인 사랑(Conditional Love)이다. 그러나 기독교에서 하나님 아버지의 사랑은 그의 백성과의 계속적인 관계를 통하여 표현되었다. 성경속에 보이는 하나님은 사람을 너무 사랑하시므로 죄로부터 구원하시기 위하여 그의 아들을 보내셨다. 하나님은 그의 자녀들이 그를 사랑하기 전에 그가 자녀들을 먼저 사랑하셨다. 즉 하나님 아버지와 기독교 신자들 사이의 사랑은 무조건적인 사랑이다(Unconditional Love)이다. [12] 특히 수피 무슬림에서 인간이 알라를 사랑하는 것은 성경에서 말하는 인간에게 찾아오시는 하나님의 사랑과는 다르다(엡2:4-5).

하나님과 신자와의 관계

이슬람의 알라와 기독교의 하나님 아버지와의 차이는 신자들과의 관계에서 잘 나타나고 있다. 꾸란에 의하면 무슬림들은 알라의 종들이다. 꾸란은 알라의 인식할 수도 없고 설명할 수도 없는 초월성을 강조한다. 알라의 특성과 본질과 존재에 대한 어떠한 질문도 금지되어 있다(꾸란 6:92). 기독교의 하나님과 신자의 관계는 자녀관계이다. 성경은 "영접하는 자 곧 그 이름을 믿는 자들에게는 하나님의 자녀가 되는 권세를 주셨으니(요한복음 1:12)"라고 기록하여 하나님을 믿는 자들은 자녀임을 증거하고 있다.

꾸란에서 예수님

꾸란에서의 예수님의 개념과 성경에서의 예수님의 개념을 비교해보면 여러 가지의 차이점과 유사성을 발견하게 된다.

예수 그리스도의 이름은 꾸란에서 크게 알마시흐, 이사, 이븐 미리암이라는 세 가지로 나타난다. '알(al-)'은 이름이라기보다는 칭호이고, '마시흐'는 메시야와 같은 어원에서 나왔지만 기독교의 '기름 부음 받은 자'라는 의미가 아닌 단지 당시의 기독교인들이 아랍어를 마시흐라고 부른 발음만을 따온 고유명사에 불과하다. 이외에도 메시아, 알라의 말씀, 복된 자, 알라께 가까이 간 자, 알라의 사자, 알라의 선지자, 알라의 종, 현세와 내세에 가치 있는 자, "알라의 영"(꾸란 4:171), "인간의 표적", "알라의 은혜(꾸란 19:21), "진리의 말씀"(꾸란19:34)"이라고 사용하며 이러한 칭호들은 예수님을 한 인간으로 존경하지만, 꾸란에서 "사도 이상이 아닌 자"(꾸란 19:35; 10:68; 3:59)로 묘사하고 있다.

꾸란은 예수님의 신비적인 탄생에 대하여서는 인정하고 있다. 즉 예수님의 처녀 탄생(꾸란19:61-21; 3:37-45), 그의 기적적인 행동(꾸란 19:29-31; 5:113), 예수님이 알라에 의해 하늘에 올라갔다는 사실(꾸란4:158)을 인정하고 있다. 그러나 예수님의 처녀 탄생은 꾸란에서 성육신의 개념에 의해 설명되는 것이 아니다. 이슬람에서 예수님의 "하나님의 아들 됨"을 주장하는 것은 신성모독이다. 무슬림들은 하나님은 절대로 자식을 가질 수 없다고 믿고 있다. 그들은 예수님의 아들 됨을 육체적으로 이해했기 때문이다. 이것이 알라가 아내도 아들도 갖고 있지 않음을 꾸란이 말하는 이유이다. 꾸란에 의하면 예수 그리스도는 하나님도 하나님의 아들도 아니며, 그는 메시야이며, 예언자였을 뿐이다.

꾸란은 여러 곳에서 예수님의 신성을 부인한다(꾸란 5:17, 75, 116, 19:35-37). 이슬람에서 예수님은 하나님의 아들이 아니라 그저 종일뿐이라고 말한다. 알라가 보낸 선지자들 중에서 꾸란에서는 예수님은 역사상 가장 탁월한 예언자들 중의 한 사람이었으며(꾸란 2:67이하, 7:157), 이슬람 신앙에 있어서 존경할 만한 위치를 차지하고 있다(꾸란 3:45)[13]고 기록되어 있다. 하나님의 선택자인 아담, 하나님의 선지자인 노아, 하나님의 친구인 아브라함, 하나님의 대변자인 모세, 하나님의 사자인 무함마드로 불리는데 비해 예수님은 '하나님의 말씀'으로 불릴 만큼 가장 놀라운 칭호를 부여받고 있다(꾸란 4:171).[14] 그러나 무함마드는 최후의 예언자라고 꾸란은 주장한다(꾸란 33:40;6:16).

무함마드의 도래는 모세와 이사야에 의해 구약에 이미 예고되었다고 한다. 신약에서 예수님은 무함마드를 예고한다고 이슬람은 엉뚱한 주장을 한다. 무슬림들은 예수님은 유대인에게 보내어진 선지자라며 "예수님께서 대답하여 가라사대 나는 이스라엘 집의 잃어버린 양 외에는 다른 데로 보내심을 받지 아니하였노라(마15:24)"는 구절을 인용하여, 무슬림에게 예수님은 이스라엘에게만 가라고 했다고 주장한다. 그러나 무함마드는 전 세계에 보낸 예언자임을 강조한다. 따라서 꾸란 속의 예수님은 성경의 예수님과는 다르다.

꾸란에서는 예수님이 훌륭한 인격을 지닌 분임에도 불구하고 그는 하나님의 아들은 되지 못한다고 묘사하고 있다. 이슬람에서는 알라가 아들을 갖는 것을 불경하게 여긴다. 알라가 마리아와 관계하여 예수님을 낳았다고 여기기 때문이다. 또 예수님을 하나의 신(a God)으로 경배되어져서도 안 된다고 말한다(꾸란 4:171). 무슬림들은 기독교의 관점에서 보는 예수 그리스도를 인정하지 않는다. 그들은 예수님이 하나님의 독생자이거나 구세주가 아니라고 말한다. 꾸란에서는 예수 그리스도가 단지 예언자에 불과하고 알라가 보내신 단지 한 평범한 인간에 불과하며 순수한 피조물에 불과하다고 주장한다.

꾸란에서의 무함마드

꾸란은 무함마드는 '알라의 메신저'라고 말하며 그 이상도 그 이하도 아니라고 말한다. 무함마드 자신이 그의 동료들과 후대 무슬림들에게 그가 죽은 후에 자신을 신성한 위치로 높이는 것을 경고했다[15]고 한다. 그러나 다른 한편으로는 꾸란과 이슬람 전통에 의하여 무함마드는 무슬림들이 따라야할 행동의 최고 모범을 보인 자라고 추겨세워지고 있다(꾸란 33:21; 68:4; 4:80). 또한 꾸란은 무슬림들에게 알라와 무함마드에게 순종하라고 말하고 있다.[16]

무슬림과 기독교인의 기도

전 세계 여러 나라에서 살아가는 무슬림들은 무함마드가 태어난 사우디아라비아의 메카를 향하여 기도한다. 그들은 여행할 때에 나침반을 갖고 다니며 지구상 어디에서든지 메카 쪽을 향하여 기도하고 있다. 심지어 아랍 걸프 국가의 비행기를 탑승하고

무슬림이 기도할 때 사용하는 카페트
(중앙에 나침반이 붙어 있음)(저자촬영)

여행하는 도중에 기도시간이 되면 비행기 내 스크린에서 메카방향을 알려준다. 그러나 기독교는 이스라엘을 중심으로 기도하지 않는다. 무슬림들과는 달리, 기독교인은 예수님이 태어난 이스라엘을 향하여 기도하지 않는다. 왜냐하면 기독교인이 믿는 하나님은 살아계셔서 전지전능하시며 무소부재 하시므로 무슬림들과는 달리 특정한 지정학적 방향을 향해 기도할 필요가 없기 때문이다. 기독교인들은 어느 곳에서든지 하나님께 진심으로 기도하면 된다(요한복음4:24).

기독교의 구원관

기독교의 구원관은 원죄와 그 죄의 모든 결과로부터의 구원을 의미한다. 원죄와 자범죄를 지니고 있는 인간은 본질상 하나님의 진노아래 놓여 있었다. 기독교에서 구원은 삼위 하나님의 합동 사역으로 이루어진다. 즉 성부는 구원을 계획하고 성자는 계획된 구원의 길을 완성하고 성령은 이 성취된 구속의 효과를 각 개인에게 적용시키는 일을 한다. 기독교에서는 타락 이후 인간 스스로는 구원받을 수 없게 되었다고 말한다.

기독교에서의 구원의 기준은 믿음과 행위가 아니라 예수님이 하나님의 아들 그리스도이며 그로 인하여 구원을 얻을 수 있음을 믿어야 한다. 기독교의 구원의 의미는 영적이며 미래적이고 종말론적이며 죄와 사망에서의 구원을 의미한다. 인간은 예수 그리스도의 십자가 보혈의 공로로 죄 용서를 받게 되고 하나님의 자녀가 되며 영원한 생명을 소유하게 된다. 기독교의 하나님은 창조주이시고 구속주이시며 심판주가 되신다. 성경은 누구든지 죄 용서와 구원에 대한 확신을 예수 그리스도를 통해 얻을 수 있다고 반복해서 확신시킨다.

예수 그리스도의 신성을 믿는 것이 기독교에서는 구원을 이루는 신앙의 기본이다. 기독교에서 예수님의 역할은 죄인을 위한 '구원자'이다.

이슬람의 구원관

이슬람의 죄와 회개, 구원의 개념은 기독교와 다르다. 이슬람의 구원은 자기 노력에 의해서 얻을 수 있다고 믿고 있다. 착한 일을 많이 하고 알라를 잘 섬기면 되리라고 믿는다. 무슬림은 최종 심판에서 선한 행위를 거의 하지 않는 사람이나 '이슬람의 다섯 기둥들'을 여러 가지 이유로 인해 지키지 못한 사람에게는 거의 구원의 희망이 없다고 한다. 금식이나 기도를 많이 하고 율법을 잘 지키고 노력하면 된다고 믿는다.

무슬림들의 구원은 그들의 선행에 대한 보상으로 주어지는 것이다. 또한 이슬람 신학자(무타질라파)에 의하면, 오직 회개한 무슬림들만이 무함마드의 중재가 주는 유익을 얻을 수 있다는 것이다. [17] 이슬람에서 천국은 '믿음으로 선을 행하는 이들에게' 약속되며(꾸란 2:25, 3:15, 195; 4:57; 5:85, 119), 지옥은 불신자들과 악한 자들을 기다린다. 꾸란에서 다른 종교들과는 달리 업적이 구제의 길이 된다는 구원론이 제시되면서 이슬람에서는 교리를 거부하는 사람들에게도 신의 뜻에 따라 구원이 있다고 말할 수 있다. [18] 무슬림들은 끊임없이 최선의 노력으로 구원받을 수 있다고 여긴다.

이슬람에서는 행위를 주장하므로 무엇인가를 지켜야 된다고 주장하는데 다음의 6가지를 지켜야 하나님이 천국에 가도록 보증인이 되어준다; 진리만을 말하라, 약속을 지키라, 신용을 지키라, 사상과 행동을 단정하게 가지라, 불법적인 것에 손대지 말라, 부정한 것에 손대지 말라. [19]

이슬람의 원죄와 죄

이슬람은 성선설이다. 인간은 순수 결백하게 태어난다고 주장한다. 이슬람에서는 타락도 없고 원죄의 개념이 없다(꾸란 2:35-39). 인간을 선하며 책임감 있는 존재로 이해한다. 꾸란은 죄가 인간 내부의 존재로부터 나오는 것이 아니고 외부의 유혹으로부터, 즉 악마의 속삭임으로부터 온다고 한다. 꾸란은 '더 큰 죄와 추잡한 행위들'(42:37)과 가벼운 위반들'(53:32)을 언급한다. 이슬람에서는 다른 사람이 자기 죄를 대신하여 죽었다는 것을 믿지 못한다. 결론적으로 무슬림은 어떤 희생이나 대속이 필요치 않다.

이슬람과 기독교의 구원론의 근본적인 차이

이슬람과 기독교는 비슷한 요소를 많이 가지고 있으면서도 구원에 있어서는 전혀다르다. 죄가 있으면 천국에 들어갈 수 없다는 의미에서 이슬람의 구원도 죄로부터의 해방이라고 말할 수 있지만 기독교의 대속적인 구원의 개념과는 전혀 다른 것이다. 이슬람에서 구원의 개념은 성경에서 말하는 구원과는 근본적으로 다르다. 죄로부터 구원받는다는 개념은 이슬람에서 필요 없다. 성경에서 말하는 구원의 핵심 개념이 이슬람에는 빠져있다. 신약성경에 의하면 무슬림들은 의롭다함을 받을 수 없고(갈 2:16, 롬 3:20) 영원한 생명도 없다(요일 5:12, 요일4:15, 요14:16).

이슬람과 기독교가 양립할 수 없는 최대의 정점은 예수 그리스도의 신성과 십자가에서의 대속이다. 예수님의 십자가 죽음을 이슬람에서는 부인한다. 꾸란은 예수님의 십자가 사건을 단지 두 구절에서만 다루고 있다(꾸란 4:157-158). 꾸란 4:157-158에서 예수님은 십자가에 못 박히지 않았고 부활하지 않았다고 한다. 십자가형은 예수님께 굴욕적인 패배를 의미한다. 예수님이 십자가에서 죽었을지라도 그는 인류에게 구속을 가져오지 못했을 것이다. 무슬림들은 만일 예수님이 하나님의 아들이라면 하나님이 자기 아들을 어떻게 십자가에서 수치스러운 죽음을 당하도록 내버려 두었겠느냐고 주장하며 예수님의 십자가 사건은 불가능한 일이며 오히려 하나님의 신성과 주권을 모독하는 행위라고 분개한다. 그들은 예수님 대신 죽은 자를 가룟 유다로 이해하기도 한다. 또 다른 해석은 예수님은 십자가에서 죽지 않았고 가룟 유다도 또한 죽지 않았다. 단지 알라가 개입하여서 유대인들 중 한 사람 즉 제삼자에게 예수님과 같은 형상을 입히고 예수님 대신 십자가에 못 박히게 했다는 견해이다. 결론적으로 이슬람에서는 예수님이 십자가에서 죽지 않았다는 것이다. 꾸란은 신약성경의 기독론의 본질을 부정한다. 대속이라는 것은 무슬림들에게 비도덕적인 것이다. 그 어느 누구도 다른 사람의 짐을 지지 않는다. 인간은 오직 자기 짐만을 지는 것이다(꾸란 6:164). 즉 이씨라는 사람의 죄를 박씨라는 사람이 대신 질 수 없다는 것이다.

이슬람에서 천국과 지옥의 결정 방법

이슬람에서는 최후의 심판 날에 인간이 살아온 모든 삶이 저울에 달리게 되는데 선행과 악행 중 무거운 쪽에 따라서 천국과 지옥이 결정된다고 믿는다. 마지막 심판 날에 그들의 선행과 악행의 무게를 저울질하여 51%가 선행이면 천국에 갈 수 있으며, 반대로 49%의 선행이면 지옥에 간다. 그러므로 마지막 심판에 가서야 구원의 확신이 가능한 것이다(꾸란 2:82). 따라서 '선한 행위'는 믿음만큼이나 중요하다. 비록 지옥에 간다고 하더라도 일정기간 후에는 무함마드를 비롯한 천사와 성인들의 중재로 인해 천국으로 갈 수 있다고 대부분의 무슬림들은 믿고 있다. 천국은 물질적이고 육체적인 쾌락의 장소이며, 지옥은 불이 타고 있는 고통의 장소라고 믿는다.

심판

이슬람과 기독교는 모두 심판이 있다고 가르친다. 그러나 그 심판의 의미와 범위에 있어서는 차이가 있다. 기독교에서는 믿음에 따라 천국과 지옥으로 분리된 인간들이 그 행한 일에 따라 각각 다르게 상급이 결정된다고 한다. 그러나 이슬람에서는 무슬림이 죄가 있을 때에는 먼저 지옥 불로 정화된 후에 천국으로 가게 된다고 가르치고 있다. 지옥이 불신과 악행에 대한 영원한 형벌의 결과만이 아니라 영혼의 정화 역할을 한다고 제시한다.

꾸란에서 마리아

꾸란에서는 마리아가 명예스러운 여인으로 등장한다. 마리아는 알라가 그녀를 영광되이 높이어 존경받는 위치에 놓았다고 한다. 그녀는 아들 예수님과 함께 사탄으로부터 보호받는 여성이었으며, 그녀의 순결성과 진실성은 꾸란의 여러 군데에서 증명된다(꾸란 3: 35-37, 42).

삼위일체론과 타우히드(tawhia, tauhid 아랍어로 '하나 됨,' '유일성')

기독교와 이슬람은 유일신교라 하지만 유일성의 의미는 각각 전혀 다르다. 꾸란은 기독교의 삼위일체의 하나님에 대해 오해와 편견으로 일관되어 있다. 하나님과 마리아, 예수님을 삼위일체로 이해하고 있다. 꾸란에서 예수님에 대한 구절들은 마리아의 아들 예수님만을 강조한다.

기독교의 삼위일체는 성부, 마리아, 성자라고 말한다. 기독교에서는 삼위일체의 하나님, 즉 성부, 성자, 성령이 각각 다른 삼위로 구별되지만 본체는 하나인 유일한 하나님을 믿는다. 그러나 이슬람에서 주장하는 유일신론은 타우히드라고 하며 삼위일체설로 하나님을 믿는 것을 불신으로 간주한다. 따라서 이슬람에서는 성경에서 제시하는 예수님의 신성과 성령의 존재를 전적으로 부인하고 있다.

3. 샤리아(Sharia, 이슬람 법)

이슬람을 편협하지 않고 종합적으로 이해하기 위해서는 이슬람법을 이해해야 할 필요가 있다. 이슬람이 사회 깊숙이 뿌리를 내릴 수 있었던 것은 샤리아를 무슬림이 지켜야할 도덕 기준을 보여 주는 법으로 간주하기 때문이다. 이슬람법은 인간의 이성을 초월한 불변의 알라의 계시법, 즉 샤리아와 이슬람 상황에서 재해석이 가능한 인정법으로서의 피끄흐, 성문법의 까누운 세 종류가 있다. 샤리아는 아랍어 경전 꾸란에서, 피끄흐는 아랍인의 전통과 관습의 순나에서 나오므로 샤리아와 피끄흐는 서로 상호 연관이 있다.

이슬람법은 성경과 함무라비 법전, 그리스의 행정제도, 비잔틴과 페르시아의 영향 등을 받았다. 이슬람법의 역사는 샤리아(계시법)의 역사라기보다는 피끄흐(인정법, 실정법)의 역사이다. 그 이유는 계시는 무함마드의 생애 중에 시작되고 끝이 났기 때문이다. 피끄흐는 무함마드의 생애 중에는 존재하지 않았다. 이슬람 이전의 아라비아 법은 윤리적 원칙을 포함한 순나(관습)로 알려진 관습법체계였다.

꾸란과 하디스는 샤리아의 기본을 이루고 있다. 꾸란에서 법과 관계가 있는 내용을 500구절이나 발견하게 된다. 이 구절들이 이슬람법의 기초가 되는 것이다. 꾸란은 모두 114장과 6,230구절로 되어있다. 이 구절들의 12.5%가 샤리아의 척추가 된다. 샤리아는 결코 무함마드에 의해 한 통일성 있는 책으로 기록되거나 지시된 것이 아니다.[20] 샤리아는 한권으로 되어있지 않다. 세월이 흘러감에 따라서 이슬람학파들이 모여서 새롭게 결정하면 새로운 샤리아가 첨가되는 것이다. 따라서 서점에서 샤리아에 관한 책을 구입하려면 다양한 것들을 발견하게 된다.

샤리아는 순니파와 쉬아파의 법으로 크게 구분 된다. 쉬아파에게는 이미 형성된 법의 권위보다 이맘의 해석과 판단이 실제적으로 더 우위를 차지하므로 샤리아가 상대적으로 법으로서의 권위가 약하다. 따라서 순니파의 샤리아를 이해하고자 한다.

개념정의

샤리아(계시법, 종교법)

샤리아(Sharia)란 낙타가 물웅덩이로 들어가는 길'(the path to a watering hole)을 뜻하는 것으로 '진리 또는 알라에게 다가가는 길'이란 뜻이다. 세월과 더불어 물뿐만 아니라 신이 인간에게 명한 단식, 기도, 순례, 결혼, 계약, 전쟁등과 같은 모든 문제들을 포함하는 것으로 확대되었다. 꾸란 45:18 "그후 알라는 그대를 바른 길 위에 두었으니 그대는 그 길을 따르되 알지 못하는 자들의 유혹을 따르지 말라"라는 구절이 있는데 여기서 샤리아는 종교의 길을 의미한다. 샤리아는 꾸란과 무함마드의 가르침에 기초한 이슬람의 법률로서 법적인 내용과 종교적인 내용 둘 다를 갖는다. 샤리아는 통일된 단일 법체계는 아니다.

샤리아의 내용은 개인의 신앙생활은 물론 이슬람 사회의 정치, 경제, 사회, 군사 등과 도덕, 예의, 행동의 지침과 인간 상호간의 권리, 의무 등 모든 계율을 포함하고 있다.

피끄흐(이성적 법 해석, 인정법, 관례법, 실정법)

피끄흐는 법원에 나타난 명확한 증거를 통해서 추론되는 샤리아의 시행 법규들을 이해하는 것으로 정의된다. 피끄흐는 샤리아 규범들에 대한 이해이다. 샤리아와 피끄흐가 둘 다 꾸란과 순나에서 나온 것이므로 둘은 상호연관성이 있다. 피끄흐는 2가지 법규가 있다. 하나는 꾸란에 명시된 명령에 근거하는 법으로 예배 관련 법, 근친결혼 금지, 살인, 절도, 간통 등 형사상의 법들이다. 다른 하나는 인간의 지적인 노력과 이성적 법 해석을 통해서 추론된 법들이며, 반드시 샤리아의 일부가 된다고는 할 수 없다. 샤리아의 길은 알라와 무함마드에 의해 만들어진 것이고, 피끄흐 체계는 인간의 노력으로 만들어진 판결의 기준인 실정법이다. 샤리아와 피끄흐 간의 차이점은 샤리아는 계시법이며, 피끄흐는 샤리아에 대한 이해이며 실정법이다.

까누운(성문법)

까누운은 성문법으로써 입법기관이나 행정부 등에서 만들어진 재정법으로 현대사회에서 제정되어 적용되는 현대법을 의미한다.

서구 문화는 법과 종교가 분리되어 있다. 그러나 이슬람 사회는 법과 종교를 하나의 규범체계 속에 짜 넣고 인간과 인간과의 관계를 인간과 신의 관계와 동일 차원에서 다루고 있다.

4. 수피즘(Sufism)

수피즘은 이슬람의 모든 주류에서 발견된다. 오늘날 이슬람이 전 세계로 전파하는데 에는 수피들의 영향력이 매우 크다. 이슬람이 동남아시아와 중앙아시아에 전래된 것도 거의 대부분 수피의 노력에 의한 것이다

메블라나(Mevlanna)의 창시자는 메블라나 젤라레딘 루미(Mevlana Celaleddin Rumi)이다. 루미가 쓴 다양한 수피에 관한 책들이 현재 서양의 서점에서 베스트셀러로 팔리고 있다. 서울 터키 이스탄불 문화원은 1998년에 세워졌다. 이 곳에서 이슬람 수피즘의 예배의식의 일종인, 메블라나 춤을 한국에 소개하고 있다. 루미포럼은 다양한 주제로 매달 1회씩 개최하고 있다. 특강 후에는 터키 전통음악 연주자들의 공연이 진행되기도 한다. 터키 이스탄불 문화원은 터키문화를 소개한다는 명목으로 국내 여러 도시에서 전시회를 열어 터키에 대한 소개를 통하여 이슬람에 대하여 친근감을 갖도록 하였다.

한국의 공영방송에서도 수피춤에 대하여 소개하였다. 2004년 교육방송(EBS)에서는 '이슬람 문화기행' 13회방송, 2005년 10월 10일 MBC 특별기획 '김영동 국제산사음악회' 이슬람 신비주의자들인 수피(Sufi) 춤을 방송하였다. 2007년에 한국과 터키의 수교 50년을 기념으로 대전 충남대에서 '메블라나'춤을 일반인들을 대상으로 무료로 공연하였다. 터키의 춤추는 수도자, '메블라나 세마 의식' 인류의 소중한 유산을 지켜나가는 사람들의 이야기를 담은 EBS '세계의 무형문화유산'을 2012년 3월 23일 방영하였다. 때로는 한국사람들은 이태원거리 축제 등 매스컴을 통해서 종종 수피즘을 볼 수 있다.

수피용어

수피라는 아랍 용어는 7세기 초기 이슬람의 금욕주의자들이 입고 다니던 모직 옷, 즉 '털옷'이라는 뜻의 수프(ṣuf)에서 유래한다. 털옷은 참회를 상징하며 세상 쾌락을 버리고 오직 수행에만 전념한다는 의미가 있다. 수피 용어가 처음으로 사용된 것은 9세기 중엽으로 추정된다.

수피의 기원

초기 수피즘의 주창자 알바스리(728년 사망)는 세상에 대하여 쾌락에 빠져있는 세태를 비난하고 끊임없는 참회와 알라를 두려워하라고 했다. 그는 진정으로 알라를 두려워하는 것이 라마단기간 금식기도보다 더 낫다고 하였다.[21] 조직적인 운동으로서의 수피즘은 초기 우마위야왕조 시기(661-750년)의 세속적 타락에 대한 반발로서 경건한 무슬림들 사이에서 출현하기 시작했다. 알라와의 개인적인 합일을 열망한 신비주의자들은 법률의 형식성이 개인적인 신학으로부터 벗어나 있음을 매우 불만족스럽게 생각하고 샤리아, 즉 전통적인 성법(聖法)이 제시하는 것과는 다른 길과 목표를 주장하기 시작했다. 금욕주의자들이었던 수피들은 매우 독실한 무슬림이었고 신에게 가까이 하는 길은 오직 금욕생활을 통해서만 가능하다고 보았다.

수피춤 메블라나

터키 중부에 위치한 도시 콘냐(Konya)는 이슬람 수피즘의의 본산지이다. 콘냐는 기원전 7천년부터 문명이 자리 잡기 시작한 도시이며 12세기-13세기 셀주크 튀르크 제국의 수도였던 도시다. 오늘날 콘냐는 메블라나 루미의 묘와 박물관이 있어 수피주의의 성지로 전세계에서 무슬림들이

터키 콘냐(Konya)의 메불라나 루미 박물관 입구(저자촬영)

메불라나 루미 박물관 내부(저자촬영)

방문하고 있다. 또한 수피즘과 메블라나 세마 의식의 요람으로 세계의 주목을 받고 있다. 수피들은 메블라나교의 창시자인 메블라나 젤라레딘 루미(Mevlana Celaleddin Rumi)의 가르침을 받들며 살아가고 있다. 수피에 대하여 루미가 쓴 책들이 현재 서구 서점에서는 문고판으로도 출판되어 베스트셀러로 팔리고 있다.

이슬람에서 가장 신성한 음악은 꾸란의 낭송 소리이다. 이슬람에서는 세속적인 음악과 춤은 인간의 마음을 혼란케하고 알라께 가까이 다가가는 것을 방해하며 타락과 유혹의 길로 인도한다고 여겨 금지하고 있다. 금기된 음악과 춤이 하나의 종교예술로 승화된 것이 메블라나(Mawlana) 종단의 수피댄스 또는 세마(Sema)춤이다. 세마 의식은 이슬람 수피즘의 사상을 기반으로 하는 메블라나교의 명상용 춤이다. 메블라나 세마 의식을 행하는 사람들을 '세마젠'이라고 한다.

세마젠들이 춤을 추기 전에 취하는 기본 동작은 오른손은 하늘을 향해 뻗치고 왼손은 땅을 향해 내린 형상이다. 하늘을 향해 뻗친 오른손으로 알라를 영접하고, 땅을 향해

수피 춤 또는 세마 춤(sema dance)

내린 왼손으로 그의 가르침인 사랑 관용 평화를 전파하겠다는 상징이다. 세마들이 '메블라나'를 출 때 하얀 긴 옷을 입는데 허리 아래부터는 원피스 폭이 매우 넓어 원을 그리며 돌기에 편하며 머리에 쓰는 긴 모자는 '묘비의 비석'을 의미한다. 수피종단은 대체로 묘지를 소유하여 관리하는 경우가 많으며, 사람들은 묘비에서 복을 빌기도 하고 권력자는 묘지를 보수하거나 헌납함으로써 명예를 얻으려고 했다. 12세기 이후 수피들의 옷의 형태나 색깔이 종단에 따라 다양하게 변하였다.

수피즘의 주요교리

수피즘에서 인간은 알라의 사랑을 갈망하며 영적인 체험을 통하여 알라와의 합일 일치를 추구함으로써 신과의 관계를 맺게 된다. 그러나 정통 이슬람에서 인간은 율법에 복종함으로써 알라와의 관계를 형성한다. 수

피즘은 신과 인간의 본성을 확인하고, 이 세상에 신의 사랑과 지혜가 존재한다는 것을 체험하게 해주는 다양한 신비적 실천방식들로 구성되어 있다. 수피즘의 목표는 알라를 두려워하기보다는 사랑하고, 꾸란을 문자 그대로 이해하기보다는 좀 더 깊은 영적인 해석을 추구하는 데에 관심을 갖는다. 또한 방황하는 단계의 영혼들을 신과 완전히 연합하는 단계로 인도하는 것이다.

수피즘이 대중적이고 신비적이었지만 무슬림 지식층과 일부 비무슬림들에게까지 상당한 영향력을 발휘한 것은 이란 출신 하미드 무함마드 알-가잘리(Hamid Muhammad al- Ghazali, 1058-1111년)에 의해 이슬람의 주류 속으로 유입되었다. 알 가잘리는 이슬람에서 가장 훌륭한 신학자이며 철학자이지만 수피즘에서도 중요한 인물이다. 그는 이슬람법의 외형적인 모습에 신비적인 영적 의미를 부여함으로써 이슬람법과 수피즘을 하나로 통합시켰다.[22] 알 가잘리에게 있어서 율법에서 의무로 제시하고 있는 기도 전에 세정의식이 행위의 외적 의미와 알라에게만 집중함으로써 마음을 정화시키는 영적의 의미는 수피즘에서 제시하는 영적 측면은 이슬람의 두 측면으로 해석하였다. 알 가잘리는 무슬림 수피중에 가장 위대한 사람으로 많은 책을 저술하였다. 그 중 대표적인 것은 40권으로 된 『종교학의 부활』이며, 이 책에서 그는 이슬람의 교리와 예배의식을 설명했고 어떻게 이러한 것들이 신비주의의 보다 높은 단계로 이끌어주는지를 설명했다.

수피들은 순니파 신앙의 엄격함과 이슬람 법학자인 울라마들의 냉담한 율법주의의 신앙적 한계를 넘어서 보완해주었다. 수피들은 이슬람 율법보다는 알라를 갈망하는 무슬림의 마음과 혼에 관심을 갖는다. 무슬림들에게 알라는 너무나 먼 초월적인 존재이다. 수피들은 알라에게 가까이 다가가고자 각 종단마다 독특한 수행을 했다. 이슬람 율법이 무슬림의 외형적 행동에 관심을 갖는 반면, 수피즘은 무슬림의 내면세계를 지향한다. 수피들은 완벽한 사람은 사람들과 세가지 형태의 관계를 갖는다고 한다. 이것들은 사람들의 조건에 따라 다르다. 세가지 방법들은 첫째 수피를 둘러싼 신앙의 형성, 둘째 이해의 능력에 따라 가르친 수행자의 능력, 셋째 직접적인 내적 경험에서 유래된 지식의 이해를 공유하는 것이다.[23]

수피즘에서 성자의 위치는 수피의 길을 통해 높은 영적 경지에 이르러 알라와 만나는 개인적인 경험을 하고 알라로부터 오는 지식을 받는 자들을 일컫는다. 성자들은 모든 사람이 경험할 수 없는 최고의 경지를 경험한 자로서 알라와 대중들 사이에 중재자의 역할을 하게 된다. 실제로 많은 사람들이 자신들에게 당면한 문제를 해결 받기 위해 성자의 무덤을 찾아간다.[24] 사람들은 성자를 통해서 일상생활에서 이슬람을 접촉하게 된다. 따라서 수피즘의 성자개념은 이슬람 다와의 하나의 도구로서 역할을 하는 것이다.

꾸란에서 '알라를 기억하라'는 용어는 명사와 동사로 26번 나온다.[25] 수피의 주요한 정신적 무기는 알라의 이름을 계속 반복하여 외우며 주술적으로 사용하는 것과 이슬람의 신앙고백인 샤하다의 전반부를 반복하여 암송하며 이를 통하여 영적 체험을 하고자 하는 디크르(Dhikr)이다. 이것은 수피의 영성 훈련이다.

수피즘에서 알라의 사랑개념은 인간이 능동적이며 적극적으로 알라에게 다가가야만 얻게 되는 조건적인 사랑이다. 반면에 기독교에서 하나님의 사랑개념은 인간에게 먼저 다가오신 하나님의 능동적이고 무조건적인 사랑(롬5:8)을 의미한다.

20세기 후반부터 수많은 수피그룹은 이슬람 세계 전역에 걸쳐 존재했

수피관련 책(저자촬영)

으며 각 그룹은 어떤 기본적 의식에 따라 각각 다양한 특색을 나타낸다. 특히 1960년대 이후 수피즘은 서양 사회에서 급속도로 성장했다. 수피즘에서는 수피를 소개하거나 보급하기 위하여 책이나 정기간행물과 잡지등을 적극적으로 발행하므로 서구에서 서점이나 대학도서관에 가면 이러한 자료들을 쉽게 발견할 수 있다.

 오늘날 유럽과 미국인들은 어떤 형식에 얽매이지 않고 편안한 느낌을 주는 참선, 요가와 불교등 정적인 종교에 관심을 많이 가진다. 그들은 사람의 마음과 혼과 밀접한 관계를 갖고 있는 수피즘에 호기심으로 다가가 무슬림으로 개종하기도 한다. 오늘날 우리는 비무슬림들에게 이슬람을 전파하는 가장 효과적인 방법인 수피 이슬람의 다와 활동을 인식해야 한다.

5. 민속이슬람(Folk Islam)

이슬람을 크게 두 가지, 공식 이슬람(Formal Islam, 또는 High Islam)과 민속이슬람(Folk Islam, 또는 Low Islam)으로 나누기도 한다. 공식 이슬람은 꾸란 및 전통과 유일신적인 교리를 중심으로 하며 정령 숭배적 신앙을 배제하는 교리적인 이슬람이다. 따라서 공식 이슬람은 알라, 천사들, 운명과 사탄등 만물의 기원과 우주의 의미등에 관심을 갖는다. 그러나 민속 이슬람은 수피들을 통하여 북아프리카와 아시아에 전파되어 각 지역의 정령숭배 및 민속과 결합하여 형성되었으며 비교리적인 이슬람이다.

2000년에 출판된 릭 러브(Rick Love)의 책 '무슬림들, 마법과 하나님의 나라'에 의하면 전 세계 무슬림 중 75% 이상이 민속 이슬람을 실천하는 사람들이고 여성들 사이에서는 95% 이상이 민속이슬람을 일상생활에서 실천한다고 주장한다.[26] 빌 머스크(Bill Musk)는 공식 종교가 도덕적, 윤리적, 기관적, 제도적이고 계층적이라면, 민속이슬람은 덜 제도적이지만 더 실용적이라고 주장했다.[27] 민속이슬람은 인간의 상식으로 해결할 수 없는 인간의 일상적인 문제들에 주로 관심을 갖는다. 따라서 실제 무슬림 세계를 올바로 이해하기 위하여서는 그들의 일상적인 문제들을 해결해야 하는 방식에 대한 이해가 필요하다. 민속이슬람은 체계화된 신학이나 교리적인 것이 아니며 어떤 규범도 없이 삶의 방편으로서 다양한 모습들을 지니고 있다.

민속 이슬람에서는 우주의 초월적인 영역과 인간과 자연계를 포함한 영역 사이에 중간 영역 존재하며 이곳에서 영적 존재들과 능력들이 경험된다고 믿는다. 일상생활에서 부딪히는 문제를 해결하기 위하여 민속 이슬람은 평범한 무슬림들에게 가장 중요한 부분을 차지하고 있다. 무슬림들에게 민속 이슬람은 신비적이고, 경험적이기에 부모가 자녀들에게, 이웃이 친지에게 전수하는 삶의 표현이다. 많은 무슬림들이 민속 이슬람 신앙을 실생활에서 실천하는 이유는 이슬람이 들어오기 전에 존재했던 지역 종교와 전통적인 문화에서 영향을 받은 것들이다.

민속 이슬람의 6대 요소는 첫째 악마, 천사, 비 인격적인 힘인 마나를 의미하는 힘 또는 능력이며, 둘째는 능력을 가진 사람인 이맘이나 마술사이며, 셋째는 능력의 대상인 주문과 부적이며, 넷째는 능력의 장소로 메카와 성자의 무덤이고, 다섯째 능력의 시간은 무함마드의 생일 및 성지순례 기간을 의미한다. 마지막으로 능력의 의식은 꾸란을 이용한 기도 및 기도문을 외우는 것이다. 무슬림들은 이맘이 인도하는 모스크에서 하루에 다섯

무슬림이 사용하는 묵주(저자촬영)

꾸란 구절이 적힌 부적 벽걸이(저자촬영)

번 정해진 기도를 올리기도 하지만, 때로는 자신의 마음에서 우러나는 절실한 필요를 위하여 자기가 원하는 기도를 한다. 그들은 알라를 향해 기도하는 한편 동시에 그들의 기도를 듣고 응답할 것이라고 생각하는 성자에게 필요한 것들을 요청하는 기도를 한다. 무속적인 신앙형태를 보이는 무슬림들은 악령을 쫓아내기 위해서 부적을 행운의 마법으로 사용하기도 한다. 또한 꾸란의 구절을 종이에 기록하여 그 종이를 물에 담근 후에 그 물을 마시며, 어떤 특정의 샘이 마술적 능력을 가지고 있다고 믿고 그 샘의 물을 마신다.

민속이슬람에서는 수피들이 알라의 이름을 묵주를 돌리면서 주술적으로 중얼거리며 부르는 디크르 모습을 집안에서나 길거리에서 흔히 볼 수 있다. 묵주를 아랍어로는 수바하(suba) 또는 미스바하(misbah)라고 부른다. 무슬림의 묵주 알은 99개 혹은 33개이다. 묵주는 무슬림의 필수품이다. 무슬림들은 의무적으로 하루에 다섯 번 기도하므로 하루에 다섯 번 이상 묵주 알을 돌리며 기도한다. 무슬림들은 알라의 이름을 복을 받고 각종 재난과 질병으로부터 보호받는 주술적인 힘을 얻는 도구로 묵주를 사용한다.

중앙 아시아 키르키스탄의 수도 비쉬켓의 야시장 근처에 가면 주변 길거리에 앉아서 점을 보는 무슬림들이 많다. 무슬림들의 공동 묘지에서 무덤을 방문한 무슬림 여성들이 비석 한 모퉁이를 손으로 쓰다듬으면서 주문을 외우는 모습을 흔하게 볼 수 있다. 여성들중에는 불임이나 아들을 낳지 못한 경우 조상의 묘를 찾아와 조상에게 자신의 상황을 설명하며 빌기도 한다. 축구 운동경기에서 좋은 성적을 내기 위해 터키에서는 양을 잡아 피를 골대에 묻히기도 한다.[28]

정령숭배

인간은 인생에 대한 성공적인 계획과 미지의 세계에 대해 알고자 한다. 민속이슬람은 삶의 궁극적인 의미를 찾는 것보다는 죽음, 인생의 성공과 실패, 개인이나, 집단이 불행한 것인지, 안전 할 것인지에 관심이 있다. 일상생활에서 일어나는 질병, 전염병, 불임, 사고, 가뭄, 화재, 익사, 지진, 재난, 인간관계, 풍년을 비는 의식, 자녀의 배후자 문제, 도둑을 맞았을 때에 도둑이 누구인지, 사업의 성공, 도박의 승리, 대학 입시 합격 여부등에 대한 답등을 설명하기 위하여 사람들은 흉안, 저주, 악령, 진, 초자연적인 힘아래 놓여 있다고 믿는다. 따라서 보호하기 위하여 다른 의미를 찾는 것으로 부적, 호부, 점, 마술, 강신술, 살풀이, 주술, 점성술 등을 쓴다. 천국과 죽은 조상이나 성인과 영들이 질병이나 죽음의 문제를 푸는 데 도움이 된다고 믿으므로 그들에게 기도로 도움을 구한다. 이처럼 민속 이슬람은 일상생활 문제를 해결하는 데 초점을 둔다. 초월적인 세계가

이란의 길가에서 새 점(占)을 치는 소년(저자촬영)

존재하고 있다는 인식아래 무슬림들은 병과 재앙의 원인이 되는 초월적 힘이나 영들을 의식하며, 그것을 해결하기 위해 정통교리가 아닌 정령 숭배적 방법들을 추구한다.

금기사항

무슬림들은 금기사항을 준수하지 않으면 당사자가 병에 걸릴 수 있다고 생각한다. 일반적인 금기사항은 심각한 병의 이름을 부르는 것이나, 죽은 사람, 환자, 특정의 귀금속, 음식, 장례식에 다녀온 방문객과 접촉할 때 그 악령이 쉽게 전달된다고 생각하며 접촉을 꺼린다.

성자숭배

무슬림들의 필요욕구가 정통적인 교리만으로는 충족될 수 없기 때문에 성자숭배, 성소숭배와 주물숭배 등을 통해 그들의 필요들을 해결하려는 사상이 만연하게 되었다. 무슬림에게는 성자들과 거룩한 자들을 알라와 가까운 자로 인정하며 이들과 황홀경을 경험하고 간헐적으로 계시를 받으며 공간적 제한을 받지 않고, 동물들과 돌들로 하여금 말하게 하며, 병자들을 고치기도 한다고 믿는다. 또한 무슬림들은 성자의 기도는 항상 알라가 들어준다고 생각하여 그들의 무덤과 그들과 관련된 성소와 물건들을 신성시하기도 한다. 특별한 성자의 무덤 위에 성소(shrine)를 세우고 축복을 받거나 문제나 악으로부터 보호받기 위해서 그곳으로 순례여행을 하기도 한다. 불임 여성들은 아기를 낳게 해 달라고 때로는 메카 순례여행을 대신하여 성소를 방문한다. 이러한 과정을 통해 성자와 무함마드 숭배가 점차 나무들 돌 시냇물 산들 계곡과 동굴들을 신성시하는 숭배로까지 이르게 되었다.

무슬림들은 무함마드가 바라카(baraka 복)를 가장 많이 소유한 사람이며 무함마드 이외에 바라카를 소유하고 있는 사람들이 수피 성자들이며, 일반인들보다 훨씬 더 많은 바라카를 소유하고 있다고 믿고 있다.[29] 이들 많은 성자들은 거룩한 삶의 모범일 뿐 아니라 개인과 알라 사이의 중보자로 간주되기도 한다. 성자들은 신적인 축복과 능력이 일반 무슬림들에게 전달되게 하는 중개자로 이해되고 있다.

무함마드 숭배

꾸란에서는 무함마드는 택함을 받은 선지자이며 그 역시 알라로부터 용서를 구해야 하는 숙명적인 인간에 불과한 것으로 묘사하고 있다. 그러나 민속 이슬람에서 무슬림들은 무함마드의 선지자의 위치를 높이고 그에게 신성한 속성을 가진 것으로 여긴다. 즉 꾸란에서 무슬림은 알라와 그의 선지자 무함마드를 따르라고 하는데 민속이슬람에서는 그를 알라와 인간 사이의 중보자로 간주한다.

진(정령)

꾸란에서는 진의 존재를 말하고 있다. 진은 천사와는 다른 신령적 존재들이다. 다양한 종류의 진은 서로 다른 정도의 능력을 소지하고 있다. 많은 일반 무슬림들은 그들의 일상생활 가운데 진들의 영향력과 해악을 믿고 있다. 그들은 진에 대한 두려움 때문에 이들의 해악으로부터 자신을 보호하기 위한 노력을 하고 있다. 무슬림들은 진들을 주로 인간에게 해를 끼치는 존재로 인식한다. 식사하기 전에 만일 비스밀라(알라의 이름으로)라고 말하지 않으면 진들이나 악마가 함께 음식을 먹는다고 믿는다. 진의 공격을 받기 쉬운 경우는 갓난아기나 임산부, 잠든 여성, 신랑과 신부이다. 진이 자주 출몰하는 곳은 문지방, 불, 물, 피가 있는 곳, 어두운 곳 등이라고 믿는데 무슬림들이 현재살고 있는 지역과 가정마다 다소의 차이가 있다.

흉안

흉안은 질병과 죽음의 일반적인 원인으로 여겨진다. 흉안에 대한 두려움은 인간의 눈이 악한 욕망을 전달하는 매체이고 타인에게 해를 끼치는 능력을 자체적으로 발산한다는 믿음에 기인하고 있다. 무슬림들은 흉안의 영향에서 보호받기 위해서 특정한 시기나 기타 금지되어 있는 일들을 멀리하며 주술적인 행위를 시도한다. 무슬림들은 눈의 그림을 그려 놓으면 악한 눈의 시선에서 벗어날 수 있다고 믿어 대문 문설주에 동물의 다리나 깃털을 매달아 놓기도 하고, 하늘색을 덧칠한 사기나 금속제의 과장된 형태의 '파란 눈' 부적을 장식해 달기도 한다. 탐욕의 눈으로부터 보호받기 위하여 '파란 눈'이 대중버스나 자가용 앞 유리창에 장신구로 매달아 놓거나, 집안의 거실이나 방안 에 걸어놓기도 하는데 일종의 부적이다.

터키 길거리 노점에서 파는 파란 눈의 부적 (저자촬영)

열쇠고리에도 파란 눈이 들어가 있는 것을 볼 수 있다. 여자들은 흉안의 공격을 막기 위해 눈 부적을 넣은 귀걸이나 보석을 착용하여 욕망의 눈을 무력화하려고 한다. 그 외에 민속 이슬람을 믿는 무슬림들은 사람의 머리카락, 손톱, 발톱과 치아에도 혼이 깃들어 있다고 믿어 조심스럽게 취급한다. 특히 순례에 참여한 무슬림들은 순례 마친후에 손톱, 발톱을 깎아 성스러운 땅에 묻는다.

제 3 부

이슬람 문화·사회

Islam in Korea in the
21st Century;
The Past and Present

1. 이슬람의 2대 축제: '이드 알 피트르(Eid-al-Fitr)'과 '이드 알 아드하(Eid-al-Adhar)'

한국 이슬람 중앙회에서 발행하는 '주간 무슬림'지를 보면 다음과 같은 내용이 있다; "히즈라 1432년 라마단을 맞이하여 본회는 금년에도 "피트르"를 1인당 5,000원씩 받고 있다. 단식의 진정한 의미를 되새기며 작은 정성을 모아 도움을 필요로 하는 무슬림들과 함께 '이드(Eid)' 축제를 즐길 수 있기를 원한다[1]"라고 광고하고 있다. 이와 같이 무슬림들이 즐기는 축제, 즉 이슬람에는 두 종류의 대축제가 있는데 모두 종교축제이다. 그 하나는 이슬람력 9월인 라마단 달에 행하는 단식을 마치고 10월 1일에 맞이하는 '이드 알 피트르'이고 다른 하나는 이슬람력 12월 달인 순례의 달 10일에 맞이하는 '이드 알 하드아'이다. 무슬림들에게는 '이드 알 피트르'와 '이드 알 아드하'가 매년 알라에게 감사하는 2번의 최대 명절이자 축제이다. 이슬람에서 축제를 의미하는 이드라는 단어는 고대 아랍어에서 온 말로 즐거움, 기쁨과 고통, 슬픔의 주기적인 전환 또는 반전을 뜻한다.

'이드 알 피트르-라마단(금식) 종료를 감사하는 축제

라마단이 끝나는 샤왈(Shawwal, 이슬람력 10월) 첫째 날에는 그 종료를 축하하는 이드 알 피트르라는 축제가 열린다. 라마단이란 매년 라마단 달(이슬람력 9월) 한 달간 모든 무슬림들이 동이 터 해가 질 때까지 음식과 음료와 성 관계를 금하는 것이다. 한 달 동안의 라마단을 모든 무슬림들은 알라의 은총에 감사하는 성스러운 행사로 받아들인다. 라마단은 인간의 욕구를 억제함으로 알라에게 경배하는 의식인 동시에 가난한 자의 배고픔을 이해하는 등의 신앙심 고양과 정신적인 자기 정화가 주목적이다. 또한 음식점 영업을 하지 않는 곳도 많으며, 관공서는 늦게 시작해 일찍 끝난다. 어린이, 노약자, 환자, 임산부 등은 라마단을 면제 받을 수 있다. 이러한 라마단을 무사히 끝낸 것을 알라에게 감사하고 서로를 격려하기 위해 '이드 알 피트르'라는 축제를 하는 것이다.

카타르의 길거리에 걸린 이드축제 포스터(저자촬영)

이드 알-피트르의 풍경은 한국의 설이나 추석과 매우 흡사하다. 전 세계 모든 무슬림들이 함께 축하하고 기뻐하는 날이며, 알라가 무슬림들에게 내려주는 은총과 축복의 날이기도 하다. 단식 종료를 축하하며 거리에는 "라마단 무바라크(Ramadan Mubarak 축복의 금식월)'라고 적혀있는 포스터를 붙이거나 깃발을 거리에 내걸기도 한다.

특히 평소엔 외부 활동이 제한되는 여성들도 이드 휴일을 앞두고 몸치장에 전념한다. 여성들은 미용실에서 머리를 꾸미고 지워지는 문신의 일종인 '헤나'를 손바닥이나 발바닥에 물들이기도 한다. 남성들도 이발소에서 머리를 깎고 시장이나 쇼핑센터에서 장을 보느라 분주하게 나날을 보낸다. 무슬림들은 이 기간에 화기애애하며 즐거운 축제를 즐긴다. 왜냐하면 라마단 한 달 동안 금식으로 인한 고통과 역경을 극복한 무슬림들은 자신이 인내한 기쁨을 마음껏 맛볼 수 있기 때문이다. 무슬림들은 이날 아침 새 옷으로 갈아입고 예배를 올린 다음 서로 인사를 나누며 친척과 친구들을 방문하거나 귀향길에 오르는 사람도 많다. 친척을 만나서 선물을 교환하며 명절을 보낸다. 또 이웃과 함께 음식을 나눠 먹으면서 선물을 주기도하고 덕담을 나눈다. 인사 할 때 "이드 사이드(eid saeed: 행복한 명절 되기를 바랍니다)"라고 하며 대답은 "이드 무바라크(eid mubarak: 축복받은 명절이 되시기 바랍니다)"라고 한다.

또한 불우이웃을 돌아보며 신앙으로 맺어진 무슬림 형제간의 유대감과 결속력을 느끼는 시간을 갖는다. 3일 동안 이어지는 축제의 첫날에는, 가난한 사람들을 위해 모스크에 종교적 납부금을 바치는 것이 의무화되어 있다. 이날 라마단으로 한 달 간 절약된 양식과 물질을 가난한 사람들에게 전하게 되는데 이를 '자카아툴 피트르'라고 한다. 이드 알 피트르날 무슬림들은 가난한 자들에게 종교 후원금 또는 자선금을 의무적으로 기부한다. 자선은 현금 이외에 대추야자 말린 건포도 등 일상적인 양식으로도 가능하다. 이로써 함께 살아가고 있는 지역 공동체 사람들에 대한 책임과 의무를 나타낸다.

'이드 알 아드하' 희생제물을 바치는 축제

이드 알 아드하는 이슬람교의 중요한 정규 축제 중 하나로 라마단의 금식기간 달이 끝나고 100일 뒤에 열린다. 메카 순례(Hajj)가 끝난 후에 이뤄지는 '이드 알 아드하'는 희생을 통한 축제로 희생제라고도 부른다.

이슬람력 12월 10일부터 3일간 계속 열리는 제물을 바치는 축제이며, 이때 사우디아라비아 메카로 전 세계에 분포되어있는 무슬림들이 몰려온다. 메카는 이슬람의 성지로 570년에 무함마드가 태어난 곳이며, 이드 알 아드하는 이슬람의 5대 의무사항 중 하나인 순례(하지)와 관련이 있다. 순례는 무슬림들의 5대 의무 중 하나로 무슬림들 중 신체적·경제적으로 이를 수행할 수 있는 사람에게는 평생에 한 번 이상 해야 하는 의무이다. 전 세계 무슬림들은 메카를 방문해 정해져 있는 의례를 행함으로써 스스로의 신앙을 강하게 하고 내세에서의 구원을 구하며 무슬림 간의 형제애와 일체성, 연대감을 확인한다.

'이드 알 아드하'의 유래는 성경에 하나님이 아브라함에게 이삭을 바치라고 했을 때에 아브라함이 모리아산에서 이삭(이슬람에서는 이스마엘)을 바친것을 인용하여 그 사건을 전례로 삼아 행하게 된 축제이다. 이 기간 동안 무슬림들은 아브라함의 알라에 대한 무조건적인 복종 정신, 즉 알라의 명령이기 때문에 그가 가장 사랑하는 아들을 기꺼이 희생시키려 했던 순종하는 신앙을 기억하며 스스로의 신앙심을 고취시킨다.

'이드 알 아드하'를 경축하기 위해 무슬림들은 2~3주 전부터 알라에게 바칠 흠이 없는 어린양을 준비하며 양이 없는 집에서는 염소·소 등을 잡아 의식을 갖는다. 제물로 사용되는 동물들은 모스크에 있는 이드 알 아드하 지방위원회의 심사를 거치는데 건강하고 너무 어리지 않은 것이어야 한다. 순례자뿐만 아니라 일반 무슬림들도 한 사람에 염소 한 마리씩(낙타는 일곱 사람이 한 마리)를 제물로 바치고, 그 고기의 3분의 1은 자기가 먹고 나머지는 이웃 사람에게 주거나 가난한 사람에게 나누어 준다. 고기는 알라의 것으로 간주하여 매매하지 못한다. 이러한 행위는 종교적 행사와 더불어 부유한 사람이 가난한 자들에게 잡은 소와 양을 베풀며 이슬람의 5가지 의무 중에 하나인 '자카트(구제)'의 의무를 행하는 의미도 있다. 희생제기간 즈음에는 시골 농장의 소와 양 수 만마리가 도시로 이동하여 매매되므로 시골 경제에도 도움이 된다. 양과 소는 희생제 당일에 잡으며 알라에게 감사와 찬양의 제물을 드리는 의식을 갖는다.

이 밖에도 이슬람의 축제에는 이슬람력 4월 12일 무함마드 탄생일 · 하즈라 기념축제 · 단식의 축제 · 순례의 축제 · 쉬아의 아슈라 축제와 가디르 쿰 축제 등이 있다.

2. 수쿠크(Sukuk)

이슬람 은행의 기본 원리는 이윤과 손실은 공유하지만 이슬람 율법(샤리아)에 따라 이자를 금지하는 것이다. 이슬람 금융은 이자를 금지하는 이슬람 율법에 따라 상품이나 실물자산거래를 개입시키는 방식으로 크게 4가지로 무라바하(murabaha, 이윤 가산) 이자라(Ijara, 임대) 무다라바(mudaraba, 이익 배분), 무샤라카(musharaka 공동 출자) 등이다.

국내에 이미 이슬람 자금이 들어와 있다. 국내 기업이 이슬람금융 방식으로 자금을 조달한 사례가 있다. 해외 현지법인을 통한 것으로 이슬람 채권(수쿠크)이 아닌 대출융자에 가까운 방식이지만 무이자 이슬람 금융 기법의 하나인 무라바하 형식으로 이슬람 현지 금융기법을 그대로 따르며 차입한 첫 사례이다. 동화홀딩스의 말레이시아 소재 계열사인 동화GH 인터내셔널은 2010년 4월 현지에서 무라바하 파이낸스 방식으로 '리보 +300bp(3%)'의 금리에 2400만달러를 현지 금융회사들로부터 조달했다. 모회사인 동화홀딩스가 채무보증을 했으며 하나·외환·우리은행이 신용을 보장했다.[2] 무라바하는 은행이 고객을 대신하여 상품이나 기계를 사전에 구입한 다음 이를 구매원가에다 이윤을 덧붙인 가격으로 다시 고객에게 매각하는 형태의 금융거래이다.

수쿠크는 일종의 이슬람 채권이다. 수쿠크는 1990년 말레이시아의 쉘 회사에서 처음 발행하면서 새롭게 개발된 이슬람 금융기법이다. 그동안 수쿠크 발행은 대부분 중동국가를 비롯한 이슬람 국가들이 주도해 왔다. 그러나 '이슬람 금융 허브'를 목표로 내건 말레이시아가 전 세계 수쿠크 발행의 68%를 차지하고 있다. 말레이시아에서는 이슬람금융을 이용하는 경우에 세금 우대를 적용하는 등 다양한 방법으로 이슬람금융을 육성해왔다.[3] 수쿠크는 차입된 자금에 대하여 약정이자를 지급하고 만기에 원금을 상환하겠다는 발행자의 약속을 나타내는 일반 채권과는 그 개념에서 다르다.[4]

이슬람 금융은 대출업무에서 이자대신에 금융수수료를 받기도 하지만 원칙적으로 투자업무를 주로 수행한다. 투자대상은 부동산, 이슬람 방식의 무역, 설비리스와 주식등이다. 이슬람에서는 "알라는 장사는 허락하였으되 고리대금은 금지하셨노라(꾸란2:275)"는 꾸란의 명령에 따라 이자를 받는 행위는 금지하고 있다. 일반적으로 일반 채권은 이자를 수익으로 지급한다. 그러나 수쿠크는 이자 대신 실물거래에서 나오는 수익을 지급하므로 상황에 따라서는 무슬림 투자자에게 실제 지불할 이자가 높을 수 있다.

수쿠크는 '돈을 빌린다'는 점에서는 '채권'이지만 실물자산 투자를 통해 수익을 배당금형태로 지급한다는 점에서는 '펀드'와도 비슷한 두 얼굴을 가졌다. 따라서 거래 과정에서 양도세 부가가치세 등 많은 세금이 발생하게 된다. 예를 들어 A 기업이 설비 확장을 위해 돈을 빌리고자 한다면, 이슬람 율법은 이자를 금하므로 일단 A 기업이 가지고 있는 건물을 형식적으로 이슬람 투자자 B에게 판다. 그리고 그 건물을 계속 사용하면서 A 기업은 월세를 내면 된다. 이슬람에서 집세를 받는 것은 금하지 않기 때문이지만 실질적인 이자가 되는 셈이다. A 기업은 건물을 판 돈으로 설비 확장을 한 다음 나중에 돈을 벌어서 그 건물을 같은 값을 주고 되사들이면 원금을 갚는 셈이 된다. 이렇게 돈을 빌려주면서 실물거래를 끼워 넣는 것이 수쿠크다. A 기업에서 수쿠크 방식으로 돈을 빌리지만, 한국의 세법에 따라서 부동산 등을 사고파는 실물 거래에 세금이 붙는다. 건물을 살 때는 취득세를 비롯해 여러 가지 세금을 내야하고, 팔 때도 양도소득세 등이 붙는다. 이처럼 '실질적으로는 채권이지만 형식적으로 사고판 경우'에 한해 세금을 면제해 주자는 것이 수쿠크 법안의 취지다. 5) 즉 수쿠크법이 다른 채권과 다른점은 이슬람법에서 금지한 이자 대신 부동산 임대 수익을 얻는다는 것이다. 세금이 문제가 되는 이유는 부동산을 사고팔 때 세금 부담이 커지기 때문이다.

 이슬람에서는 은행의 모든 업무와 활동은 이슬람 율법인 '샤리아'에 맞는지 확인하기 위해 이슬람 은행은 반드시 샤리아자문위원회를 설치해야 한다. 샤리아위원회는 국내외 법보다 우선이다. 수쿠크는 이슬람 율법을 따르고 이슬람 율법은 무슬림이 벌어들인 소득 중에서 반드시 자카트를 내도록 되어 있다. 자카트의 사용처는 무슬림 중에서 식량이 없는 가난한 사람, 새로 무슬림으로 개종한 사람, 무슬림 중 빚이 많아 갚을 능력이 없는 사람, 외국인이 무슬림이 되었을 때 이슬람 땅에서 정착을 도울

이슬람 은행(UAE)(저자촬영)　　　　　무슬림 여성전용 은행(UAE)(저자촬영)

때 또 이슬람 지하드등을 위해 사용된다.

　법적으로 수쿠크에 특혜를 주는 나라는 비(非)이슬람 국가 중 영국·싱가포르·아일랜드 등 3개국이다. 수쿠크법을 통과한 영국과 싱가포르, 아일랜드 중에서 영국은 세금감면의 폭이 적은 나라다. 그러나 한국과 부동산 거래 방식이 다른 나라와 한국을 단순비교해서는 안된다. 수쿠크라는 이슬람 금융을 통하여 한국의 조세법까지 개정하려는 것을 볼 때, 이슬람이 글로벌화되어 종교는 물론 외교와 정치, 경제와 문화교류 등에까지 자연스럽게 파급되고 있음을 볼 수 있다.[6] 만약 한국 정부에서 수쿠크법을 도입하여 수쿠크 채권 발행을 활성화하면 이슬람 문화가 정착될 기회를 법적으로 보장하는 것과 같은 것이다. 그에 따라 문화·국내세법·경제·헌법 적용면에서 부수적으로 부정적인 면이 발생할 수 있다.

3. 움마(Ummah)

　전 세계 무슬림들은 어느 나라에 가서 살든지 간에 자신들끼리 무리를 지어서 살려고 한다. 한국에서도 마찬가지이다. 이것은 이슬람의 움마의 이념에 따른 것이다. 이슬람의 움마는 이슬람의 기원과 역사를 같이 한다. 이슬람 세계는 움마가 팽창하는 방식으로 확장되었다. 움마는 현대 아랍어에서는 '민족', '국가'의 뜻으로 쓰이며, 이슬람 공동체를 의미한다. 오늘날 이 용어는 주로 이슬람 국가와 토지에 거주하는 모든 사람을 나타내는 데 사용된다. 움마에 대한 이슬람 개념에 대한 연구의 기본적 요소는 꾸란이어야 한다. 꾸란에서 움마의 단어는 64번 나오며, 움마 개념은 일반적으로 종교 성향의 일부를 공유하는 하나의 집단을 말한다.[7]

아랍세계에서는 옛날부터 부족이 생활 중심이었으며 족장을 중심으로 하는 혈연과 부족 내 연대감을 중시하여 왔다. 그러나 부족들 사이에 전쟁을 자주하였다. 그러한 부족들을 무함마드는 하나로 묶었다. 움마는 아라비아의 부족간의 관계와 연대감을 종교적인 포장 아래 재편성한 것이며, 부족의 정체성을 종교와 결부지은 것이다.[8]

움마는 아라비안 반도에서 최초로 생성된 이념 공동체이자 최초의 통일 아랍국이다. 움마를 국가로 보는 이유는 처음으로 국세(자카트)를 징수하였기 때문이다.[9] 무함마드의 리더십으로 움마가 최초로 형성되었을 때에 부족의 관습법을 대체하였으며 종교 지도자가 일상생활의 지도자가 된것이다.[10] 무슬림들에게 혈연의 형제관계나 국적이나 인종·신분은 큰 의미가 없으며 움마를 중심으로 자신들의 삶의 터전을 확장시키고, 자신들의 정체성을 전 세계적으로 형성해가고 있다.

공동체에서 무함마드는 정치 지도자이며 종교 지도자, 국가 수석과 군사령관 그리고 재판관이었다. 메카에서 메디나로 이주한 히즈라(622년)가 이슬람 국가 발전의 기점이 되고 이슬람력의 원년이 되었다. 메디나에서 '움마'라는 용어를 사용한 것은 무슬림들이 당시 메디나에 있었던 이교도들과 유대인들을 구별하기 위한 의미로 사용되었다. 623년 무함마드는 정치적 이유로 메디나에서 헌법 공포를 강제로 하였다.[11] 메디나 계시는 군사를 포함한 정치적 및 사회적인 요소를 갖는 계시가 많았다. 메디나에서 최초로 소수집단의 무슬림 움마가 생겼다.

무함마드는 동맹정책으로서 각각의 집단과 개개로 동맹을 맺고 그들에게 '딤마(안전보호)'를 보장함과 함께 '움마'의 지배아래에 통합하기 시작했다. 동맹으로 움마에 결부된 집단들은 무함마드의 생애 말기에는 거의 아라비아 반도 전역에 걸쳐 존재하였다. "너희는 가장 좋은 공동체의 백성이라 계율을 지키고 악을 배제할 것이며 알라를 믿으라 (꾸란 3:110)". 이러한 이념을 바탕으로 한 새로운 공동체인 움마를 건설하면서 무함마드의 가르침은 차차로 중요한 사회적 의미를 분명히 나타냈다.

움마의 이론적 토대는 이슬람의 유일신 이론에 근거한 것이다. 움마의 특권 중에 하나는 안전보장이며, 의무 중에 하나는 공통의 적에 대한 공통의 지하드이다. 움마의 개념은 이슬람의 다양성 속에서 하나의 통일적인 요인으로 지속되어 왔다.

632년 무함마드 사후 그의 후계자들은 이슬람이 아랍의 종교이며 이슬람 국가는 꾸란을 경전으로 하는 신의 가르침에 따라 성립되어야 한다는 정치적·종교적 사상을 갖고 이슬람을 확대해 나갔다. 무함마드 사후 20여년 만에 이슬람은 페르시아 제국과 소아시아에 이르는 방대한 지역을 정복했다. 무함마드 사후 100여년 후에는 아바스 왕조(750~1258년)에선 인도 펀자브에서 유럽 피레네산맥 이남 지역, 사마르칸트에서 사하라 사막에 이르렀다. 여러나라들을 하나로 묶은 것은 이슬람의 종교적 정체성이었다. 움마의 구성원은 내부적으로 공동체의 결속을 더욱 강화함과 더불어 그것을 외부로 더 널리 확대시켜야 하는 의무가 있다. 움마는 샤리아에 의하여 구체적으로 형성해 가며, 인간의 영적생활과 일상의 생활 규범까지도 공유하는 생활공동체이다. 그러므로 종교적 대립은 곧 정치적 대립이 되고, 정치적 싸움이 곧 종교문제가 된다. 움마는 한 사람의 지도자가 하나의 법으로 국가를 통치하는 것을 지향하고 있다.

"알라 이외에 신은 없고 무함마드는 신의 사자다"라고 암송하는 순간 누구나 무슬림 형제가 되고 움마의 일원이 된다. 움마의 법은 샤리아이며, 움마 구성원들의 종교생활과 현세적인 사회생활을 구체적으로 규제하고 있다. 무함마드 사망 후에는 그의 후계자(칼리프)가 움마를 다스렸다. 움마에서 행하여 지는 일은 모두 알라의 이름으로 행하여진다. 움마는 그 세계의 경제 정책을 만들어 내며, 소비자 및 기타 상품의 요건은 점진적으로 자체적 자원으로 충족시켜야 한다.[12] 왜냐하면 이슬람 세계는 사회와 정치, 종교, 문화등 모든 분야가 하나로 뭉쳐져 있는 생활 공동체이기 때문이다. 예를 들어 전세계의 모든 무슬림들은 청결하고 옷 입는 스타일이 비슷하다. 대부분은 아랍어 이름을 사용한다. 또한 전세계 무슬림 들은 같은 축제와 절기를 즐기며 같은 기도를 드린다.

움마의 다양성에도 불구하고 영적인 유사성과 형식적인 유사성이 있다. 이슬람에서는 단 두 개의 공동체만 있다고 본다. 이슬람의 근본사상은 전 세계를 이슬람의 영토인 다르 알 이슬람(Dar el Salem: home of Isalm)과 전쟁의 영토인 다르 알 하르비(Dar el Harb: home of hostility)로 구분한다. 이슬람 국가가 세워지고, 샤리아의 권위가 서고 그리고 알라가 금지한 것이 지켜지는 곳이 이슬람의 영토이고 나머지 지역은 타도 대상인 전쟁의 영토다.[13] 즉 무슬림들이 공동체를 형성하여 살아갈 수 있는 곳인 이슬람의 영토와 이슬람법이 실행될 수 없어 정복해야 하고 없어져야할 영토이다. 이슬람화하는 것만이 평화를 이룰 수 있다고 하는 것이기에 이슬람화가 안되면 그곳은 전쟁을 해서라도 이슬람화를 해야 한다. 전 세계의 이슬람의 기본 교리는 동일하다.

이슬람은 관용과 전쟁의 양면성으로 다른 나라들을 정복하였다. 무함마드의 사후 2번째 후계자 우마르(Umar)가 규정한 유명한 우마르(Umar) 협정은 그리스도인들과 유대인들을 딤미(dhimmi), 즉 이슬람의 피보호민 집단으로 만들기 위해 고안해 낸 해결책이었다. 특히 7세기에는 표면상 아주 공정한 것이었다. 딤미는 이슬람 공동체에 종속하여 충성을 맹세하는 자로서, 이슬람법의 준수, 지즈야(jizya 인두세)와 하라지(토지세)의 납부를 조건으로 이슬람 제국에서 생명·재산의 안전 보장을 얻었다. 물론 무슬림들은 인두세 납부가 면제되었다. 따라서 딤미는 노예보다는 유리한 상황에 있었지만 무슬림보다는 훨씬 불리한 처지에 있었다. 딤미는 열등한 존재였고, 무슬림 법정에서 증언할 수 없었고, 노예와 여성처럼 피해보상에서 무슬림보다 불리한 입장에 있었다. 무슬림 남성이 기독교이나 유

대 여성과 자유롭게 결혼할 수 있었던 반면에 딤미는 어떤 희생을 치르더라도 무슬림 여성과 결혼할 수 없었다. 딤미들은 복장, 탈것, 예배장소등에서 각종 제한이 따랐다. 그들은 구분할 수 있는 복장을 입어야 했고, 말을 타지 못하고 대신 당나귀나 노새를 타야했으며, 낡은 예배장소를 수리할 수 있어도 새로 신축 할 수 없었다. 14)

그러나 7세기 그리스도인들은 우마르 협정에 교묘하고 심각한 위협 요소를 인지하지 못했다. 오늘날 이슬람의 실상을 올바로 인식하지 못하는 사람들도 동일한 실수를 범할 수 있다. 당시 보호를 받는 딤미라는 지위는 무슬림과 동등한 대우를 받는 것이 아니라 그들의 위치는 두 번째나 세 번째 서열에 지나지 않았으며, 그러한 조치는 이슬람을 제외한 모든 종교를 점차적으로 침몰시켰다. 특혜를 주는 것처럼 보이는 조항들도 비무슬림 공동체들을 약화시키는 것이었다. 15) 꾸란에서 "…알라는 우매한 자들을 인도하지 아니 하시니라"(2:258)고하며 종교를 강요할 수 없다는 식으로 말하였지만 그러나 꾸란의 또 다른 요구는 "알라와 내세를 믿지 아니하며, 알라와 선지자가 금기한 것을 지키지 아니하고 진리의 종교를 따르지 아니한 자들에게 비록 그들이 성서의 백성들(Peoples of the Book 기독교인을 통칭)이라 하더라도 항복하여 인두세를 지불할 때까지 성전하라(꾸란9:29)"고 명령하고 있다.

무슬림들에게는 유럽이나 미국 또는 비 이슬람 국가들은 세속주의 국가들이다. 이슬람법이 국가의 법으로는 실행될 수 없는 다르 알 하르비의 국가라고 말할 수 있다. 영국이나 프랑스등의 서유럽에서 북아프리카와 중동에서 이주해온 무슬림들은 대개특정한 지역에 모여 공동체를 이루어 산다. 이들 중에 경제적으로 어려운 무슬림들은 도시 외곽지역의 빈민 아파트촌에서 또하나의 새로운 움마를 형성하여 산다.

서울 중앙 모스크를 중심으로 한국 내 모스크가 지방으로 확산되고 있다. 특히 서울 중앙 모스크를 중심으로 약 2000명의 무슬림들이 이 일대에 마을을 형성하고 살고 있다.16) 이주 무슬림들이 공동체를 이루어 함께 생활함으로써 훗날 특정 지역에서 이슬람 공동체의 힘을 과시할 가능성도 배제할 수 없다.

4. 이슬람 모스크의 상징성과 역할

모스크는 이슬람의 시작이자 핵심이며, 이슬람 전파의 강력한 도구이다. 모스크는 이슬람 지역이라는 것을 공표하기 위한 가장 중요한 대표적인 건축물이다. 일반적으로 무슬림들의 예배 장소를 모스크라고 한다. 그러나 이슬람 세계에서 모스크는 예배 장소 이상의 의미가 있다. 이슬람에서 모스크는 이슬람 예술의 여왕으로서 대표적인 종교생활의 중심이자

서부 아프리카 베냉의 강비(Genvie, Benin)에 수상가옥 마을의 모스크(저자촬영)

정치적, 사회적 모임의 장소이다. 610년 이슬람이 형성된 이후 지난 1400년 동안 모스크는 세월의 흐름과 시대적 상황과 지도자들에 따라 종교성을 강조하거나 때로는

서부 아프리카 가나의 북부 타말레(Tamale, Ghana)의 모스크(저자촬영)

사회적, 정치적으로 다양하게 변하여 오고 있다. 특히 그리스도인들이 사는 지역에서는 그들을 압도하기 위해서 더욱 규모가 큰 모스크를 지었다.

이슬람의 창시자 무함마드는 "지구 전체가 나의 모스크로 창조되었다[17]"라고 선포하였다. 오늘날 모스크는 아라비아 반도와 북아프리카에만 있는 것이 아니라 서부아프리카의 베넹(Benin,베닌) 강비에(Genvie) 세계에서 가장 큰 수상가옥마을에도, 유럽과 북미등 전 세계에 걸쳐 존재한다. 무슬림 공동체에서 모스크는 그들의 삶과 관련된 모든 것을 지시하는 중심 역할을 하는 기관이다.[18] 모스크는 무슬림의 신앙 고백인 예배와 관계가있어 중요하다. 우리는 이슬람의 실체를 이해하기 위하여 모스크의 상징성[19]과 역할을 올바로 인식하여야 한다.

모스크의 언어적 정의

모스크는 '이마를 땅에 대고 절하는 곳', '엎드리다(prostrate)'라는 뜻의 '사자다(sajada), 수주드(sujud)'에서 나온 단어이다. 이슬람에서 엎드리는 것은 예배의 행위로 간주되며, 예배는 알라(Alleh)의 계시된 법(Sharia 샤리

아)에 복종하는 것이다.

모스크에는 여러 가지 유형이 있다. 보통 그곳에 참석하는 성도들의 숫자와 그것의 크기에 따라 분류된다. 작은 모스크는 무살라(usalla) 또는 마스지드(masjid)라고 부르지만, 오늘날 일반적으로 모스크는 아랍어로 마스지드(مسجد), 영어로는 모스크(mosque), 중국어로는 칭전스(淸眞寺), 스페인어로는 '메스키타(Mosquita)' 불어로 '모스케(mosquee)' 독일어로 모쉐(moschee) 그리고 터키어로 카미(cami)라고 한다. 한국에서 무슬림들은 모스크를 성원 또는 마스지드라고 부른다. 아랍과 이슬람세계에서는 모스크라는 용어 보다는 마스지드란 용어로 널리 사용되고 있다. '마스지드 알 주마'(Masjid al-Jum'a, 금요 모스크) 혹은 '자미'(Jami, 집회)는 금요일 모스크에서 행하는 공동 기도 모임에 사용되기도 한다. 무살라(Musalla)는 기도를 위한 비공식 지역들과 야외 공간들에 사용되는 용어이다. [20]

꾸란에서는 모스크(마스지드)란 단어가 28번 언급되고 있는데, 특히 꾸란 제2장인 알-바까라장에서는 6번이나 언급되고 있다. 이는 이슬람의 의무적 실천 기능중 하나인 예배의 기능이 특히 강조된 것과 연관이 깊다고 할 수 있다. [21]

모스크의 역사

이슬람의 상징 중에 하나인 모스크는 초기 이슬람 시대로부터 오늘날까지 다양한 모습으로 변화해 왔다. 꾸란은 카바가 인류 최초의 모스크라고 말한다; "최초의 집이 인류를 위해 세워졌나니 이는 축복받은 박카[22]에 있으며(꾸란3:96)." 그러나 이슬람에서는 무함마드가 메카에서 메디나로 이주한 이후 모스크의 원형은 메디나에 있던 무함마드의 집 안마당으로 간주한다. 무슬림들은 모스크 없이 어디에서든지 예배의식으로 기도를 할 수 있지만, 모스크는 이슬람 초기부터 매우 중요한 역할을 했다. 무함마드가 622년 메카에서 메디나로 이주했을 당시 그곳의 거주민들 대다수는 무슬림이 아니었다. 대부분이 유대교로 개종한 아랍인들 및 유대인들, 그리스도인들과 아랍 다신교도들이었다. 무함마드는 모스크의 절대적인 중요성을 강조하기 위해 메디나에 도착하자마자 모스크를 세웠다. 간소한 지붕을 올린 모스크는 나란히 줄을 지어 엎드려 예배를 행하는 예배자들의 편의를 위해 길이보다 폭이 더 넓게 설계되었다.[23] 그것이 현재 세계 각지에 있는 모스크의 원형이다.

초기 모스크는 무함마드가 예배를 지휘하고, 신의 말씀을 전하고, 신자의 다툼을 조정하고, 재판을 하고, 정치적인 토론이나 결정을 내리고, 자제를 교육하는 곳이었으며, 신자들이 정보를 교환하고 사교하는 장이기도 했다. 무함마드에 의해 건립된 첫 번째 모스크는 둥근 지붕이나 벽감이나 뾰족탑이 없었다.[24] 크고 아름다운 모스크들이 온 제국의 모든 부분에 세워졌던 것은 두 번째 칼리프인 우마르(Umar)의 명령들에 의한 것이었다. 아라비아 반도에만 그의 통치 동안 4,000여개의 모스크들이 세워졌다.[25] 무함마드 이후 마당과 공터에 세워진 모스크가 오늘날 지붕에 돔을 갖춘 종교적 형태의 모스크로 발전된 것이다.

이슬람은 사막의 한 가운데에서 발생하였으므로 독창적인 문명을 형성하지 못하였다. 무슬림이 아라비아 반도를 넘어 세계로 퍼져나가게 됨에 따라 모스크 역시 세계 곳곳에 지어졌다. 이슬람은 당시 강대국이었던 비잔틴제국과 사산왕조와의 전쟁에서 승리함으로써 급속히 세력을 확장시켰다. 초창기 모스크들은 매우 소박하지만, 곧 비잔틴 건축적인 전통들과 만나게 되자, 그것들은 변화되기 시작했다.[26] 모스크는 비잔틴으로부터 뾰족탑을; 고트족으로부터 기둥들을, 불교로부터 돔의 모양을; 페르시아와 중국계 투르크족으로부터 모자이크와 아라베스크를 취했다.27) 이러한 모방을 통하여 무슬림들은 그들 건축의 한 부분으로 만들어 발전시켰다. 모스크가 구조와 장식 면에서 발전할 수 있었던 것은 무슬림 사회가 갖는 높은 사회적 이동성 때문이다. 이슬람 군대가 활발한 정복 활동기간에는 교회나 이교도 사원 또는 집들이 개조되어 모스크로 변형되었다. 칼리파들이 예루살렘과 시리아에서 이 지역의 장엄한 기독교 교회들보다 더 크게 모스크를 짓도록 명령한 것은 자신들의 신앙심과 의지를 표명하는 동시에 시리아의 위상을 높이기 위해서였다.

아랍에미리트(UAE)의 모스크(저자촬영)

634년 아라비아 반도 전 지역을 통일한 후, 636년 비잔틴 제국의 시리아 지역의 홈스, 다마스쿠스, 알레포처럼 무력으로 정복된 지역에서는 무슬림들은 기존 교회와 회당을 한동안 건물을 공유하거나 압류하여 모스크로 사용했다. 640년 아랍인에 의해 이집트에 이슬람

예맨의 모스크(저자촬영)

교가 전파되면서 수도 카이로에는 수많은 모스크가 세워졌다. 이슬람은 642년 비잔틴 제국의 이집트 지역을, 651년 사산왕조의 페르시아를, 697년 아프리카 북서부 지역을, 711년 스페인 남부지역을, 827년 이탈리아 남부 시칠리아를 각각 정복하는 등 매우 짧은 기간 동안 과거 페르시아와 로마 제국의 대부분을 정복하고 당시 세계 최대 제국을 형성하였다.[28] 사하라 사막 이남의 아프리카의 붉은 흙벽돌로 지은 모스크들, 인도 대륙과 인도네시아, 파키스탄과 아프가니스탄의 모스크들은 모두 독특한 형식을 갖고 있다.

중국에 세워진 최초의 모스크는 8세기경 시안 시에 세워진 서안대청자진사이다. 중국의 모스크는 중국식 건축기술을 받아들여 다른 곳의 모스크와 달리 미나렛이 없고 지붕에 녹색 기와를 얹었다. 이는 돔으로 된 전형적인 모스크와는 다르며 불교의 탑모양의 외양을 가졌다. 유명한 모스크들은 스페인 코르도바 내 메스키트 모스크 (8세기-10세기), 이집트 구 카이로 내 아즈하르 대학 모스크(10세기), 이란 테헤란 내 금요 모스크 (9세기-11세기), 인도의 델리 내 쿠아트 이슬람 모스크 (13세기), 터키 이스탄불 내 술래이마니히 모스크(14세기)등이 있다. 15세기에 이슬람은 인도네시아와 자바 섬에 전파되었다.[29] 이 시기 자바 섬의 모스크는 힌두교, 불교, 중국의 건축양식으로부터 영향을 받았다. 인도와 파키스탄에서는 16세기부터 17세기에 걸쳐 무굴제국의 모스크가 세워졌다. 델리의 자마 모스크, 인도네시아의 모스크는 19세기까지도 돔이 없었으며 힌두교 사원과 같은 다층 구조의 지붕으로 설계되었다. 발리 섬의 모스크는 오늘날에도 여전히 이러한 모양을 간직하고 있다.

모스크 건축과 그 종류

이슬람이 전파되면서 모스크의 건설이 활발히 이루어졌으며 그 종류도 다양하다.

모스크 건립 요건

원칙적으로 이슬람에서는 누구나 모스크를 건립할 수 있다. 이슬람 초기에는 위정자나 지역 공동체의 원로들도 건립할 수 있었고, 개별 종파에서도 개별적으로 건립해 운영할 수 있었다. 이 전통은 후대에도 계승되어 종교적으로나 정치적으로 추앙받던 무슬림은 자신이 거주하던 집에 안장이 되어 '성묘(聖墓) 모스크'라고 분류될 수 있는 모스크가 건립되기도 하였다.

모스크의 건립은 통치자의 사회적 의무였다. 이슬람 지배자들은 그들 각각의 영토들안에 모스크들을 세웠다. 사회가 안정되고 풍요로워지면서 사재로 모스크를 세우는 무슬림들도 늘어났다. 모스크를 세우거나 후원하는 것은 흔히 구원의 방법 가운데 하나로 인식이 되었다. 모스크를 세우는 가문이나 개인은 사회적으로 존경의 대상이 되었다. 모스크나 모스크 부속 학교재단에 기증한 재산은 면세의 대상이 되었고, 모스크 운영권은 대부분 설립자와 그 후손의 수중에 놓이게 되었다. 모스크 건립은 해당 가문의 종교적, 사회적 권위와 더불어 경제적 지위를 확고히 하는 방편이기도 했다. 무함마드는 "알라께서 모스크 하나를 짓는 사람을 위하여 낙원에 집 하나를 지으신다."[30]라고 선언하였다. 또한 메카의 움 엘 쿠라(Umm el Qurra)대학의 아비드 빈 무함마드 수피야니(Abeed bin Muhammad A'Sufiyani)박사는 뛰어난 많은 이슬람 학자들의 말을 인용하여 "이슬람이 모든 것보다 우월하다"는 것이 이슬람의 모든 법의 기본이 되는 샤리아의 근간임을 설명하고 있다. 이러한 꾸란의 가르침을 바탕으로 그들은 모스크가 다른 모든 불신자의 건축물보다 더 높고, 넓으며, 웅장해야 한다고 주장했다.[31] 이러한 주장들이 무슬림들이 모스크를 크고 웅장하게 짓도록 부추기고 있다.

무슬림들은 종교적 열정으로 웅장하고 아름다운 모스크뿐만이 아니라, 시골 마을에도 조그만 모스크를 많이 건축하였다. 쉬아파와 수피들은 특별히 무함마드와 그의 가족 그리고 다른 성스런 사람들의 무덤들과 관련된 모스크들을 활발히 건축해왔다. 모스크의 건립자가 이슬람의 어느 종파에 속하였든지 상관없이 모스크 용도로 건립되었으면 모든 무슬림에게 개방되어 있다. 이는 꾸란의 가르침 때문이다; "알라의 모스크에서 알라를 염원하는 것을 막는 것 보다 더 우매한 자 누구뇨...."(꾸란 2:114)

모스크의 외형적 종류

모스크는 크게 두 가지 유형이 있다. 첫째는 금요 기도를 위해 사용되는 큰 규모의 국가관리 모스크이며, 둘째는 일반 시민들에 의해 세워지고 유지되는 사유의 모스크들이다. 대부분 사유 자선단체의 헌금들과 와크프(waqf)[32] 혹은 종교적인 기부금들에 의해 세워지고 유지되어진다.

모스크의 외형적 종류는 크게 3가지로 다주식 모스크, 중앙 돔, 이완 모스크로 분류한다. 첫째, 다주식 모스크: 다주식 모스크는 무함마드의 집을 모스크로 만든 이후 이슬람 초기부터 이용되어 널리 퍼졌다. 이 양식은 좁은 간격으로 배열된 수많은 기둥들에 의해 예배 홀이 구성되어 있다. 예배 실은 메카의 방향을 가리키는 끼블라의 벽면을 정면으로 장방형 평면을 형성하며, 열주와 그 상부를 연결하는 연속적 아치로 구성된 아케이드 구조에 의해 상부의 지붕을 지지하고 있다. 예배실 중앙부에 미흐랍이 있으며, 그 전면의 상부 지붕에 돔을 설치하였다. 다주식 모스크는 중동지역을 중심으로 이슬람 세계 각지에서 널리 이용되었다.

터키 이스탄불 블루 모스크(저자촬영)

둘째, 중앙 돔 모스크: 중앙 돔 모스크는 터키 이스탄불에 있는 블루모스크가 대표적인 건물이다. 오스만 튀르크가 콘스탄티노플을 1453년에 정복하고 성 소피아 성당의 영향으로 대형 돔을 적극 도입하였다. 모스크의 예배 홀 상부에 대형 돔을 가설하고 이를 지지하는 기둥이 없는 넓은 예배 공간을 형성, 높은 천장에 수직성을 강조하고 넓고 높은 창문을 통하여 빛의 유입에 의한 밝고 신비로운 내부공간을 형성하였다. 중앙 돔 모스크는 16세기 이후 오스만 튀르크 지역에서 널리 이용되었다.

셋째, 이완33) 모스크: 이완모스크는 볼트 또는 반구형 돔 천장을 형성하고 한쪽 면이 외부로 개방된 홀로 된 형태이다. 페르시아 지역에서 궁전, 주택에 주로 이용되었으며, 11세기 이후 모스크와 마드라사 등에 도입되었다. 이완모스크는 예배실 전면 중앙 외곽 사면을 둘러싼 벽면 중앙부에 각각 이완을 대칭적으로 배치하였다. 상부에 대형 돔이 설치된 예배실 전면의 이완은 가장 대규모로 화려하게 장식되어 예배실의 주요 출입구로 이용되었고, 작은 규모의 이완은 집회, 강연, 휴식의 장소와 출입구 등으로 이용되었다. 이완 모스크는 페르시아와 중앙아시아 지역에 널리 퍼져 있다. 이집트의 카이로에 있는 술탄 하산 모스크, 이란의 옛 수도인 이스파한 이맘 모스크등이 대표적인 예이다. 유네스코 세계문

이란 이스파한-샤모스크(Shah mosque, Esfahan, Iran)(저자촬영)

화 유산으로 지정된 이맘 호메이니 광장에 세워진 이맘 모스크는 광장가운데에 분수대가 있다.

모스크의 형태: 외형과 내형

모스크들은 그것들이 건립된 나라들의 전통적인 건축을 반영한다. 그러나 모든 모스크들은 공통 디자인을 특징으로 공유한다. 모든 모스크는 메카를 향해서 세워졌다.

외형

모스크의 대표적인 외형 건축양식은 돔, 미나렛과 알렘이다.

• 돔(dome, quba) : 모스크의 둥근 지붕을 영어로는 돔, 아랍어로는 '꿉바'라고 한다. 모스크 외부에서 가장 아름답게 치장이 되어 있는 곳이 돔이다. 미흐랍이 모스크 내부의 중심이라면 돔은 모스크 외부의 중심이다. 모스크의 돔형 지붕은 미나렛처럼 모스크의 종교적 기능에 필수적인 것은 아니나 중요한 요소가 되었다. 모스크 건축의 가장 큰 특징인 돔은 주변

브루나이 모스크(저자촬영)

아르헨티나 브에르아이레스 파호 모스크(저자촬영)

의 비잔틴 문화[34]와 페르시아문화의 영향을 받았다고 한다. 그러나 이슬람 민속학자들은 이미 이슬람 출현 이전에 아랍 유목민들이 낙타의 등 위에 싣고 다니던 조그만 가죽 천막의 둥근 모양에서 돔의 형태가 유래되었다고 주장하기도 한다.[35]

돔과 미나렛의 모양은 모스크가 건립된 지역의 전통적인 건축 양식이나 당대의 건축 기술에 따라 다양하다. 북아프리카와 중근동 지방의 모스크 돔은 주로 반구형(半球形)이다. 이란의 모스크는 길쭉하고 끝이 뾰족한 모양의 돔에 형형색색의 모자이크 채색 타일을 입혀 화려하다. 인도에는 양파 모양의 돔이 많고, 터키에서는 천장을 받쳐 주는 기둥이 필요 없도록 예배실 전체를 거대한 돔으로 뒤덮도록 되어 있다. 브루나이의 주요 모스크 돔들은 황금으로 되어있다. 현 29대 볼키아 왕의 즉위 25주년을 기념으로 만든 자메 아스르 하사날 볼키아 모스크(Jame Asr Hassanal Bolkiah Mosque)는 29개의 황금 돔으로 이루어진 브루나이 최대의 모스크이다.

• **미나렛(minaret 첨탑)**: 모스크 양쪽에 있는 뾰족하게 솟은 곳을 '미나렛'이라고 부르는데 이는 아랍어로 '등대'라는 의미이다. 이슬람 초창기에는 모스크에 미나렛이 없었으며, 무에진은 흔히 평평한 옥상에 올라가 예배시간(아잔)이 되었음을 알렸다. 미나렛의 기능은 두 가지이다. 하나는 기도시간을 알려주는 것이고, 또 다른 하나의 기능은 이방인들에게 그 지방의 모스크 위치를 알려주며, 여행자를 위한 등대 역할, 망루로 사용되기도 하였다. 오늘날 미나렛은 기도시간을 알릴 때에 녹음기를 활용하므

중국 베이징 니우지에(Niujie) 모스크 미나렛(저자촬영)

로 기능면에서 무에진의 역할은 무의미해 졌다.

미나렛의 모양은 고딕식 사각형 망루나, 등대 모양, 나선형, 뾰족한 촛대 모양등 다양하지만 역사적으로 지역에 따라 조금씩 다르며 크게 3가지로 나눈다. 시리아, 북아프리카, 안달루시아(스페인·포르투갈 지방) 지방은 기독교의 영향으로 사각형이며, 이라크 지역은 고대 메소포타미아 건축양식을 모방해 나선형이고, 이란·터키 지방은 가는 원통형이다. 미나렛이 모스크에 붙어 있거나 모스크 근처에 세워졌다.

모스크에 따라 미나렛의 수도 다양하지만 일정한 규정은 없다. 미나렛은 이슬람 초기에는 1개가 보통이었다. 그러나 13세기 후반 왕족이 세운 미나렛은 보통 2개 이상이 만들어졌다.36) 1~2개의 미나렛을 가진 이슬람 성원은 개인이 건축한 것이었고, 3개는 관공서, 4개는 정부가 세운 것이었다. 그러나 오스만 제국(1299-1922년)의 술탄은 자신의 위상을 더욱 높이기 위해 메카의 하람 모스크와 같은 6개의 미나렛을 건축하였다. 사우디아라비아의 메카 하람 모스크는 6개의 미나렛을 7개로 증설하였다.

• **알렘(Alem)**: 모스크의 돔이나 미나렛 꼭대기에 있는 장식으로, 알렘에는 초승달 모형이 달려있다.

내형

모스크 내부 장식에는 인물이나 동물을 묘사한 모자이크나 프레스코 벽화37)는 발견할 수 없다. 그것은 꾸란 59:2438)에서 알라만이 진정한 창조주로서 인간이나 동물을 만들 수 있다는 데 근거한 것이다. 모스크의 벽, 바닥, 돔 등의 표면과 내부를 치장하기 위해서 꾸란의 글귀를 아름다운 서체형식으로 표현하거나 꽃과 식물들의 형상을 추상적인 무늬를 이용하여 아라베스크 문양[39]으로 장식하는 것이 특징이다.

- **미흐랍(mihrab, 벽감)**: 모스크에서 메카 방향(키블라)을 보여주는 미흐랍이 가장 중요시 된다. 모스크 내부에서 중앙에 벽면의 오목한 곳으로 미흐랍 벽을 마주하면 메카 방향을 향해 기도하는 것이 된다. 미흐랍은 로마의 후기 궁전에서 유래한 것이다.[40] 이맘은 미흐랍 바로 앞자리에서 예배를 인도한다. 미흐랍은 보통 돌, 상아나 자개, 대리석과 여러 다른 종류의 나무 무늬로 만들어 졌다.

모스크미흐랍(저자촬영)

- **민바르(minbar)**: 금요예배에서 모스크 내부의 설교단을 민바르라고 하며, 미흐랍의 오른편에 위치해 있다. 민바르는 비잔틴제국당시 설교할 때와 성경 낭송이 이루어진 설교단의 형식에서 유래됐으며, 원래 금요 모스크에만 설치가 되었으나 점차 일반 모스크에서도 설치했다.

- **끼블라(qiblah)**: 모스크 건축과 관련해 이슬람 율법이 요구하는 구조적 조건은 단 한 가지이다. 모스크의 한쪽 벽면은 메카의 카바를 향하도록 설계되어야 하며, 이 벽을 '끼블라 벽'이라고 한다. 이는 꾸란에 근거한 것이다(꾸란2:150).[41]

- **하람(haram)**: 무슬림들이 예배드리는 넓은 홀을 '성역'이라는 의미에

서 '하람'이라고 불린다. 이슬람 초창기 마당에서 시작한 모스크의 바닥은 흙이나 조약돌이 깔린 맨땅이었다. 그러나 오늘날 대부분의 모스크의 하람 바닥은 예배시 이마를 대고 엎드려 절하는 곳이기에 대부분 양탄자로 덮여 있다.

• **리와끄(riwaq, 주랑현관)**: 여러 개의 기둥이 지붕을 받치고 있는 현관이다. 주로 통로나 휴식처로 이용되며 리와끄라 불린다.

• **무슬리마(Muslima, 여성전용 공간)**: 모스크에는 별도의 격리된 공간, 즉 여성 무슬림들을 위하여 마련된 곳도 있다. 모스크의 여성 전용 공간은 모스크의 공간적 여건에 따라 다양하다. 서울 중앙모스크에는 3층에 여성전용공간이 따로 있다.

모스크의 부속시설

• **사흔(sahn, 마당)**: 하람과 모스크 외곽 담벼락 사이에는 흔히 주랑을 좌우에 둔 사각형의 넓은 마당이 있다. 이 마당은 노천에 있으며 '빛의 뜰(사흔)'이라고 불린다.

• **미다아(mida'a 세정장)**: 이슬람에서는 몸을 깨끗이 닦고 예배를 드리는 관례가 있어서 그에 필요한 미다아가 필수적으로 설비되어 있다.

• **라흘레(rahle)**: 모스크에서 사용되는 소품 중에 꾸란을 받쳐 주는 것으로 일종의 독서대와 향을 피우는 도구이다. 라흘레는 주로 나무에 상아나 진주 등의 보석을 박아 만들고 고급스런 제품도 있다.

• **마끄수라(Maqsurah)**: 금요 모스크에 설치된 시설물로 종교적 기능과는 관계없는 것이다. 카블라벽에 접해 설치되는 이 공간은 칼리프나 총독 등 정치적으로 주요한 인물을 위한 별실로써 암살의 위협을 차단하고 보호하려는 데 그 목적이 있다.

- **이마렛(Imaret)**: 모스크에 딸린 빈민을 위한 무료 급식소이다.
- **모스크의 조명과 비품**: 이슬람은 모스크에서 조명의 형태와 효과를 대단히 중요하게 여긴다(꾸란 24:35). [42] 꾸란의 모든 장과 절들은 빛을 찬양한다.

모스크의 주요 임원

일반적으로 모스크의 임원은 무타왈리, 이맘, 카팁과 무에진을 포함하는데 비교적 간단하다.

- **무타왈리(mutawalli, 수호자)**; 모든 모스크에는 모스크를 건립한 사람들이 모스크의 운영을 맡긴 무타왈리가 있다. 무타왈리는 모스크에서 예배를 인도할 이맘을 임명한다.
- **이맘'(Imam, 지도자)**: 이맘은 모스크에서 가장 중요한 직책이다. 무함마드 생전 모스크에서 예배를 인도한 사람은 특별한 경우가 아니면 무함마드 자신이었다. 무함마드 사후에는 그의 후계자들(칼리프)이 예배를 인도했다. 오늘날에는 예배 인도를 전문적, 직업적으로 하는 유급 이맘제가 거의 관행처럼 되어 있다.
- **카팁(Khatib)**: 모스크에서 금요 기도회 또는 이드 기도회 때 설교하는 사람을 카팁이라고 부른다. 카팁은 설교뿐만 아니라 기도를 인도하기도 하며, 대부분의 카팁은 보통 이맘들이다. 소규모의 모스크에서는 이맘이 카팁의 역할을 겸임하기도 한다.
- **무에진(muezzin)**: 무에진은 정해진 시각에 미나렛에 올라가 예배할 때가 되었음을 알리는 사람으로, 시계나 확성기가 없던 이슬람 전성기에는 이 중책을 중시했다. 그의 역할은 오늘날 과학 문명의 발달로 인해 녹음기를 사용하므로 유명무실하게 되었다.

모스크의 상징성과 역할

모스크는 단순한 건물이 아닌 상징성을 내포하고 있으며, 그것의 역할은 다양하다. 모스크의 상징성과 역할은 이슬람 국가에 있는지 아니면 비이슬람 국가에 있는지에 따라 달라지기도 한다. 일반적인 것을 살펴보고자 한다.

모스크의 상징성

모스크는 무슬림들이 예배를 위해 모이는 영적인 센터이다. 군대캠프들 내에서 기도공간으로 사용되기도 하고, 공항이나 대학교에도 무슬림을 위한 기도처나 작은 모스크가 있다. 말레이시아에서는 공공기관에 모스크를 건축하는 것이 의무적이다.

무슬림들은 모스크를 세상에서 제일 좋은 장소로 간주한다. 모스크 내에서는 무슬림의 복지에 관계되는 것을 제외하고는 어떤 세속적인 행동들이 진행되도록 허락되지 않는다. 모스크의 실질적인 중요성은 움마의 상징성을 내포하고 있는 것이다. 모스크는 공동체를 위한 회중의 장소이다. 모스크는 항상 무슬림 공동체의 교육과 문화적인 활동의 독특한 장소로 사용되었다.[43] 모스크는 단지 종교센터로써 만이 아니라 무슬림 공동체의 권위의 센터로써 역할을 갖고 있기 때문에 무슬림들이 그곳에 모이는 것이다. 모스크는 교육과 경건의 장소로서 잘 계획된 예술, 문학, 인문과학과 자연 과학의 과정을 제공했다. 꾸란, 하디스와 법들이 가르쳐지는 이슬람의 대학이기도했다.

이슬람에서는 지구의 어느곳에서든지 진행되는 모든 예배의 효용가치는 동일하다고 한다. 그러나 모스크의 지위가 동등한 것은 아니다. 같은 종파(예, 쉬아, 순니, 수피와 살라피) 안에서도 모스크마다 그 중요성에 있어서

쉬아파의 성지 이란 먀샤드(Mashhad, Iran)는 8대 이맘레자묘가 있다. 이란에서 가장 성스러운 도시로 연간 1200만의 순례자들이 방문한다.(저자촬영)

차이가 있다. 그 다양성은 신학적이고 교리적인 차이가 아니라, 그러한 구분은 무함마드가 만들어낸 것이다. 역사적 의미와 상징성을 갖는 이슬람의 3대 성지라 할 사우디 아라비아의 메카, 메디나, 이스라엘의 예루살렘의 모스크를 특히 중요하게 여긴다. 메디나에 있는 모스크(Masjid al Nabawi)에 무함마드의 시신이 안장되어 있다. 이슬람에서는 메카, 메디나와 예루살렘의 알 악사 모스크에서 예배를 드릴 경우 예배의 효용가치가 다른 곳보다 더 크다고 여긴다. 첫 번째 모스크에서는 100,000배, 두 번째 모스크에서는 1,000배, 세 번째 모스크에서는 500배에 달하는 예배의 효용가치를 얻을 수 있다고 하여[44] 무슬림들은 이곳들을 방문하는 것을 열망한다.

쉬아파 무슬림들은 이란의 쿰(Qum), 이스파한(Isfahan), 마샤드(Mashad), 이라크의 나자프(Najaf)와 카르발라(Karbala)[45]의 모스크들을 더 중요하게 여긴다. 이중 카르발라의 모스크가 가장 성스러운 곳으로 여겨진다. 46) 무슬림들은 역사적인 중요성이나 특별한 사건의 발생 등을 근거로 모스크의 서열을 세웠다. 예를 들어, 카이로에 있는 어떤 두 개의 모스크는 불과 서로 몇 마일 밖에 떨어져 있지 않지만 종교적으로는 그 중요성이 다르다. 미세르 알 가디다(Miser al Gadida)에서 드려지는 기도는 이븐 알라스(Amer ibn Al'ass) 모스크에서의 기도보다 가치가 훨씬 덜하다. 사이다 제이납(Sayida Zeineb) 모스크는 두 블록 떨어져 위치한 다른 모스크보자 훨씬 더 중요하다. 47)

오래된 모스크라고 다 중요한 것은 아니며, 여러 가지 요인에 의해 중요성이 결정된다. 종교적, 정치적인 관련성, 설교 내용, 모스크와 누가 그곳에 있는지 등에 의해 모스크의 중요성이 결정된다. 만약 파키스탄에 있는 타블리기 자맛(Tablighi Jam'aat)48)이 런던이나 파리 또는 미국과 다른 어떤 지역으로 그 본부를 옮긴다 할지라도, 그 모스크는 전 이슬람 세계 가운데 정치적, 종교적인 중요성을 갖게 될 것이다. 그 이유는 모스크를 설립한 사람들과 구성원들의 신앙적인 명성 때문이다.

역할

모스크는 종교적·사회적, 정치적 그리고 문화적으로 매우 중요한 역할을 한다.

• 종교적

모스크는 예배의 기능을 가진다. 무슬림들은 하루에 다섯 번 기도하며, 가정이나 자신이 마련한 어느 장소에서나 예배를 드릴 수 있다. 그러나 무슬림들은 매주 한번 금요일 정오에 예배드리기 위하여 모든 성인 남자는 공동체의 중심이 되는 모스크에 모여야 한다. 모스크는 이슬람의 전파를 위한 중심이다.

이슬람의 교리의 진행과정은 첫째 무함마드, 둘째 꾸란과 순나, 셋째 샤리아(이슬람 율법), 넷째 법학자들(울라마), 다섯째 세계 각 지역의 모스크들에게 전달된다. 모스크는 샤리아가 전개되는 곳이며, 이를 묶고, 풀고, 허락하고, 금지하는 것 등이 공포되는 곳이다. 모스크까지 하달된 이슬람 학자들인 울라마들의 칙령은 모스크 단계에서 명확하게 정의하고, 계획하고, 가르침으로써 실제로 시작이 된다. 무슬림들은 하지 때에나 메카외의 성지순례를 가기 전과 다녀온 후에(도) 그들의 지역 모스크들을 방문한다.

• 정치 · 외교적

모스크는 처음부터 중요한 정치적 센터가 되어, 무슬림들을 위한 외교의 중심 역할을 하고 있다. 모스크의 기능은 종교적인 예배에 국한되지 않고, 물리적으로나 실제적으로 전 세계를 이슬람 지배하에 두는 것에까지 확대된다. 무함마드는 모스크에서 외교사절들을 맞이하였다.[49] 무슬림들이 비이슬람과의 전투로 위험에 처할 때마다, 그들은 모스크를 피난처 삼았다. 초기 이슬람 시대의 모스크는 집회소, 회의실, 법정, 금고, 군사, 작전의 중심지로 공동체에 기여하는 다양한 기능을 수행했다(꾸란 9:7).[50] 모스크에서 행정적인 공고를 했고, 정치적인 충성을 맹세했다.

정치적 실례들로는 1919년 혁명에서 학자들과 학생들이 시위를 더 벌이지 않도록 영국군이 알 아즈하르 모스크 밖에 배치되기도 했었다. 그 후에 하산 알 반나(Hassan Al Banna)[51]와 그의 동료들이 지하드에 동참하고 감마 이슬람미야(Gamma Islamiya)같은 극단주의 활동에 참여함으로 이집트 정부는 결국 관련된 많은 모스크들의 문을 닫아야만 했다. 웨스트 뱅크와 가자(West Bank and Gaza) 모스크가 첫 번째와 두 번째 팔레스타인 반 이스라엘 저항운동인 인티파다(Intifada)를 일으키는 주된 역할을 했다. 예루살렘 알 아크사 모스크의 설교자들인 카팁들은 유대인과 이스라엘 국가에 대해 지하드를 수행하도록 사람들을 선동하는데 주된 역할을 했다.

　서양의 언론들은 모스크의 역할에 대해 많은 염려를 표명해왔다. 예를 들어, 1999년 1월 12일자 '런던 타임즈'(The Times)와 1월 16일자의 '가디언'(Guardian)은 핀즈버리 공원 모스크에 대한 기사를 실었는데, 바로 그 모스크에 속해 있는 무슬림들의 정치·군사적 활동에 대한 것이었다. 그들은 나중에 예멘에서 발생한 테러리스트 캠페인에 연루된 것으로 드러났다. 2001년 9·11 뉴욕 쌍둥이 빌딩 테러와 2004년 3월 11일 마드리드 기차 테러와 2005년 7월 7일 런던 지하철 테러 사건과 같은 일련의 사건들이 발생하기 훨씬 이전부터 있어온 일이다. 2003년 11월 30일 한 신문에 의하면 웨스트 뱅크와 가자 지역에 있는 대부분의 모스크들은 금요일 설교를 통해 이스라엘에 대항하는 폭력을 선동하고, 이스라엘 투쟁의 중심 역할을 했다. 그 기사는 특히 자살 폭탄 테러 요원들을 모집하고 조직하는데 핵심 역할을 하고 있는 라말라(Ramallah)의 알 에인(Al E'in) 모스크를 집중 보도하고 있다.[52]

　모스크와 그것의 정치적인 기능에 관하여 쉐이크 유수프 알 카라다위(Sheikh Yousif Al Qardawi)는 2001년 10월 29일 발행한 파트와(Fatwa)[53]에서 이렇게 언급하고 있다. "...무함마드의 시대에 모스크는 포교활동의 중심지이자 국가의 본부였으며, 그의 후계자들인 칼리파들에게도 동일하게 모스크는 비정치적인 활동뿐만 아니라 모든 정치적인 활동의 기반이 되었다.……. 고대로부터 모스크는 이슬람의 적들의 침략에 대항하며 알라를 위해 지하드를 수행하는 역할을 해왔다."[54]

• 군사적

모스크는 무함마드와 그의 후계자들[55]이 각 지방의 재판관들과 군대의 사령관들을 임명하고 지하드 수행을 논의하고 지시하며 요원들을 파견하던 곳이다. 고위관료들과 세금 징수원을 보내는 곳이었다. 이슬람이 점령하여 군사도시가 만들어지면 예배를 지휘하는 장관의 관사와 함께 모스크가 제일 먼저 도시 중심부에 지어졌다.[56] 만약 탄약들이 모여지면 무엇보다도, 전쟁의 전리품들은 또한 모스크에 분배되었다. 모스크의 이맘이 영적 리더로써 뿐만 아니라 움마의 정치적 그리고 군대적 리더가 되었다.

• 사회적

모스크는 무슬림들 사이의 사회적 관계를 형성하는데 기여하여 교제의 장이 되는 곳이다. 형제애, 평등, 규율 그리고 사회적 정의 등을 나누는 핵심적인 역할을 해왔다. 하루 5번 예배를 통하여 종교적·사회적인 네트워크를 만들어 내고 있다. 무슬림들은 모여 예배외의 제반문제에 대한 토의도 모스크에서 한다. 일반적으로 모스크에는 정원이 있다. 정원은 분수대나 수도시설이 놓여 있으며, 무슬림끼리 잡담을 나누는 등 교제할 수 있는 좋은 장소가 된다.

• 문화적

모스크는 시대와 지역에 따라 모양새에서 약간의 차이가 있기는 하지만, 이슬람 세계 전부를 하나로 묶는 중요한 문화적 요소이다.[57] 모스크

결혼식과 축하파티에 참석자들이 음식을 들고 가는 모습(저자촬영)

가 병원이나 무덤의 역할을 하게 되면서 각 지역의 중심부에 대규모로 건설되기도 하였다. 모스크는 결혼식과 결혼식 파티, 장례식장으로 사용되기도 한다. 모스크들은 특별히 라마단 동안에 파티와 자발적인 농성들을 위해 추천되는 장소이

브루나이 모스크에서의 결혼식(저자촬영)

다. 자선구호금을 모으고 배분하는 것을 위한 센터로써 가난한 자들과 집 없는 사람들을 위한 주거지와 보호소를 제공하기도 한다.

• 교육적

메디나에서 무함마드의 모스크가 지녔던 교육적 기능은 후에 본격적인

교육시설인 막탑(maktab)이나 마드라사(madrasa)로 이어졌다. 근대적인 교육 제도가 도입되기 이전에는 모든 무슬림 교육은 모스크를 중심으로 이루어졌다. 이라크의 바그다드, 이란의 이스파한과 콤, 시리아의 다마스커스, 이집트의 카이로 등은 그곳의 모스크를 중심으로 활동하였던 학자들로 인하여 오랫동안 학문의 중심지로 유명하였다. 1,000여 년의 전통을 자랑하는 카이로의 알 아즈하르(al-Azhar) 대학, 튀니스의 차이투나 대학도 모스크에 뿌리를 두고 있다.

• 기타

모스크 복합 건축물로는 소년학교, 꾸란 낭송자를 위한 숙소도 만들었다. 모스크에서 큰 소리로 책을 읽기도 한다. 집 없는 사람들은 건물 경내에서 잠을 청할 수도 있었다. 이드('Id al-Fitr)때에는 축제등 모스크에서 만찬회까지 개최할 수 있다.

전 세계 이슬람 사회에서 모든 무슬림 여성들이 종교적 활동에 참여하는 것은 일반적이다. 그러나 세계 최초로 여성들을 위하여 여성들에 의해 운영되는 모스크의 현상은 중국 후이족 이슬람에게서만 나타나는 독특한 현상이다. 후이족 여성모스크는 무슬림 여성을 위해 세워진 예배와 신앙 활동 장소로서 여성들의 기도처, 꾸란 교육, 사회복지 등 여성들의 다목적 공간으로 사용된다. 모스크는 무슬림여성들의 기타 신앙 활동 및 생활 서비스를 제공하기도한다.[58]

결론적으로 모스크는 단순한 종교 건축물 그 이상이며 다양한 상징성을 지니고 있다. 모스크는 이슬람초기에는 종교, 군사, 정치, 행정 등 다양한 복합기능을 가진 건물이었다. 모스크는 종교적 기능 외에 학교, 병원,

결혼식장 · 교제의 사교장 · 묘지 등 복합단지의 역할을 하는 다목적 지역센터이다.

국내 모스크들은 아랍어 교육, 이슬람 문화 체험 장소, 정치 · 외교적 교류 장소라는 명목으로 우리가 의식하지 못하는 사이에 너무나 자연스럽게 이슬람 전파의 강력한 도구로 한국사회에 스며들고 있다. 오늘날 한국에서의 이슬람 확장의 증거로 모스크의 증가를 들 수 있겠다. 모스크 설립은 한국 이슬람 발전에 지대한 영향을 미치고 있다.

5. 아랍인의 관습과 예의 범절

이슬람과 아랍은 구별하여야 한다. 이슬람은 종교를 말하는 것이며, 이슬람 세계는 이슬람이라는 종교를 중심으로 한 종교권을 말한다. 이슬람 세계는 북아프리카부터 시작해서 인도네시아까지 이르는 방대한 지역이다. 아랍은 민족과 언어, 종교적 동일성을 가지는 사람들을 의미하며, 중동은 지리적인 개념에 국한된다. 아랍 국가는 아랍 민족들로 아랍어를 사용하며 이슬람교를 믿는 대체로 1945년 3월 창설된 '아랍연맹' 22개 가입국을 지칭한다. 전 세계의 다양한 국가에 분포되어 있는 이슬람은 나라별로 이슬람 교리와 더불어 국가의 고유 관습이나 매너가 혼합되어 나타난다.

오늘날 무슬림들은 이슬람의 발생 지역인 아랍문화의 영향을 받고 있다. 이슬람 국가에 따라 다소 다르기는 하지만 전세계 무슬림들의 삶의 양식에 영향을 미치는 아랍인의 기본적인 관습과 예의범절이 있다. 우리가 무슬림들에게 다가갈 때에 예의를 지켜주므로 그들과 쉽게 친하여 질

수 있고 그들도 마음의 문을 열고 우리에게 다가오게 된다.

인사 예절

• 아랍 세계에서 인사말은 남·녀를 불문하고 수다스러울 정도로 보통 길다. 처음 만났어도 똑 같은 말이나 내용이 비슷한 인사말로 적극적으로 인사를 해야지 인사를 간단히 하는 것은 아랍사람들에게는 예의에 벗어나는 일로 간주되며 무례하다고 생각한다. 집안에서나 사무실 또는 길거리에서도 오랫동안 악수하며 인사를 하는 것을 볼 수 있다.

• 무슬림들은 인사할 때 한국식 인사 처럼 고개를 숙이지 않는다. 인사에도 순서가 있으므로 이를 잘 지키고, 가능한 한 상세히 상대의 안부를 묻는다. 그러나 상대편의 여자에 대해서는 묻지 않는 것이 일반적이다. 이성에 대해서 친절하게 대하는 것을 피하여야 한다. 만남의 약속이나 가정을 방문하였을 때에 새로 도착한 사람이 먼저 인사를 한다. 먼저 도착한 사람이 새로 온 사람에게 인사를 할 경우 경솔하다고 여겨지어 가볍게 보인다. 어린아이가 어른에게 먼저 다가가서 악수를 청하며 인사를 한다. 낙타나 말을 타고 가는 사람이 걸어가는 사람에게 먼저 인사한다.
 젊은이들은 상대가 부모나 가까운 친척 연장자인 경우 손등이나 이마에 키스를 하지만 친구끼리는 악수를 한다. 남성끼리는 이마나 어깨에 간단하게 키스하기도 한다. 여성은 바른 손을 서로 맞잡고 그 손을 입쪽으로 가져간다. 그리고 볼에 키스할 때와 같이 키스하는 소리를 낸다. 이때 인사말은 앗 살라말라쿰(as-sala:m' alay-kum, 평화가 그대에게 깃드소서. 영어로 Hello)라고 한다.

• 악수와 몸 접촉에 관하여서는 이슬람에서는 아버지·오빠·아들이 아닌 다른 남성은 여성에게 손대지 않는 것이 원칙이다. 심지어 악수조차

도 신체적 접촉은 금지하고 있다,

아랍인 집에 방문시

• 집안 어디서든지 밀폐된 공간에 남녀가 둘만 있지 않아야 한다. 부득이한 경우에는 반드시 문을 열어두어야 한다. 남의 집에 갔을 때 좋은 것에 대해서 지나친 관심을 갖거나 칭찬하지 않는다. 특히 방문한 집에서 여동생이나 딸 등의 용모를 칭찬하지 않는다.

• 방문객으로 아랍인의 집을 방문하게 되면, 집안에 거실이든 방이든 안내된 곳만 보아야 하며 방문 시에 집안에 있는 사람들만 만나야 한다. 집구경한다고 먼저 집안 이곳 저곳을 돌아보아서는 안된다. 가족간에는 사생활이 중요하지 않으나 외부인에게는 사생활을 노출시키는 것을 커린다.[59] 아랍인들은 상대방에 대한 신뢰가 없으면 접근을 허용하지 않으며 사생활의 공개를 싫어한다. 따라서 상대방의 사생활을 지나치게 질문하지 않아야 한다. 나중에 친하게 되면 스스럼없이 그들이 먼저 사생활을 이야기를 할 것이므로 그 때까지 기다려야 한다. 그러나 일단 신뢰하면 모든 것을 다 내주는 사람들이 대부분이다.

• 어떤 물건을 보고 개인적으로 특별히 호감을 보이거나 좋아한다고 말해서는 안 된다. 그 말을 들은 주인은 그 물건을 당신에게 주어야 한다고 느끼므로 부담이 될 수 있다.

• 이슬람이나 꾸란, 무함마드를 비난해서는 안 된다. 특히 꾸란은 소중하게 다루어야 한다. 꾸란 위에 다른 물건을 놓아서도 안 되며, 방바닥에 놓거나 더럽혀서도 안 된다. 꾸란은 책 받침대 위에 놓는다.

식사 예절

- 식사 전에는 큰 소리로 덕담을 나누지만, 식사 중에는 별로 말을 하지 않는다. 음식을 먹기전에 먼저 '비스밀라(bismillah 알라의 이름으로)'라고 한 후에 식사를 한다. 식사 후에는 주인이 그릇에 미리 떠다놓은 물에

아랍음식의 향신료들(저자촬영)

손을 간단하게 씻는다. 손님은 차려준 음식을 많이 먹어주는 것이 초청인에 대한 예의이다. 음식은 너무 빨리 먹지 않은 것이 좋다. 빨리 먹으면 더 먹으라고 덜어주므로 천천히 먹는 것이 과식하지 않게 된다.

- 커피 잔은 왼손으로 받아서는 안 되며 빈 컵을 마룻바닥에 놓거나 엎어 놓아서는 안된다. 음식을 다른 사람에게 건네줄 때나 자신이 먹을 때는 반드시 오른 손만을 사용해야 한다. 왼손은 불결하다고 간주되기 때문이다. 선물을 주고 받을 때에도 오른손만을 사용하여야 한다.

- 식사 시간에 손님은 보통 마루바닥이나 거실에 넓은 천을 펴서 식탁 대용으로 펴 놓고 앉는다. 이럴 경우 발바닥이 다른 사람에게 보이지 않도

거실 바닥에서 식사하는 이란 중산층 가정(저자촬영)

록 앉아야 한다. 왼손처럼 발바닥은 불결하며 만약 상대방에게 발바닥

을 보일 경우 고의적으로 모욕하는 것으로 받아들이게 된다.

- 아랍에서는 식사초대에 초청장을 보내지 않고 말로 자연스럽게 한다. 저녁 식사에 초대받아가서도 저녁 10 또는 11시에 식사가 나온다. 초대받은 손님은 식사 시간 2시간전에 도착하여 대화를 나눈다. 식사후에는 대게 대화를 나누지 않는다.[60] 저녁식사에 초대받으면 미리 집에서 간단히 먹고가서 느긋하게 기다리며 담소하는 것이 좋다.

제스처(Body Language)

- 제스처는 말처럼 기본적인 소통의 일부분을 차지한다. 아랍인들은 남녀노소를 불문하고 말로 하기보다는 제스처 사용을 매우 좋아하는 편이다. 아랍문화를 잘 모르는 사람은 처음에는 상대방에게 너무 큰 제스처를 하여 당황하게 할 때가 있다. 아랍 남성들은 일반적으로 조용히 말해도 내용을 되는데 팔을 높이 들면서 큰소리로 말을 하거나, 말과 더불어 손가락을 모아서 아래위로 움직이며 감정을 표현할 때가 있다. 따라서 오른 손가락 끝을 함께 모은 다음 손을 상하로 움직이면 참으라는 표시이다.

- 손등과 손바닥에 키스하면 감사와 만족의 표시이다. 엄지와 집게손가락 사이에서 턱 끝을 잡아당기면 말이나 행동에 대한 불만을 나타내는 것이다. 턱 끝은 전통적으로 아랍 문화에서 명예와 연관된 수염의 상징이다. 두 눈을 동시에 깜빡거리면서 머리를 조금 끄덕이면 '예(Yes)'의 의미이다. 두 눈썹을 동시에 올리면서 때때로 머리를 위로 약간 올리고 쳇 소리를 내면 '아니오(No)'의 의미이다.

- 누군가를 부를 때는 손과 손가락을 아래로 향하면서 상대방 쪽으로 움직이면 된다.

• 아랍인들에게 손가락 하나를 위로 올려 부르는 것은 공격적인 의미가 담겨져 있으므로 특히 주의해야 한다.

아랍인의 환대

• 환대는 이슬람 문화에서 매우 중요하다. 환대는 단순히 관습적인 후함이 아니고 유목민 사회에서 생존을 위한 절대적인 요소였다. 이슬람의 경전인 꾸란과 하디스에서는 자신의 부, 음식, 소유물을 손님들과 필요한 자들 그리고 공동체에 후하게 나누는 것의 중요성에 대해서 강조하고 있다.[61] 아랍인들의 환대는 때로는 상상을 초월할 때가 있다. 나그네나 부자나 가난한 자, 도시 거주자거나 시골의 거주자를 구분하지 않고 뜨겁게 환대한다.

아랍인의 시간 개념

• 아랍 지역에서 시간과 공간의 개념은 다른 문화권처럼 이해되어서는 안 된다. 시간 엄수보다는 사람 중심적인 차원에서 약속이 지켜진다. 즉 사람이 사건보다 더 중요하다. 아랍 속담에 '서두르는 것은 악마가 부추기기 때문이다. 서두르면 일을 그르친다,' 라는 말이 있다. 아랍인에게 있어 서두르는 인상을 주는 것은 좋지 않은 매너이며 자신감 결여로 보인다. 약속시간에 늦는 것이 부끄러운 일이 아니며 어떤 일을 연기하는 것은 습관적이다. 약속시간까지 상대방이 안 나타나자 늦는다고 화를 내면 안 된다.

예의 범절

• 아랍인들에게 좋은 매너란 친구의 요구를 공개적으로 거절하지 않는

것이다. 아랍인들이 다른 사람의 요구에 '예'라고 대답하였다 할 지라도, 그 대답에 대한 것을 책임지고 행동으로 옮기거나 또는 실천할 것이라고 확실하지 않다.

- 아랍인들에게 좋은 친구는 서로 자주 보는 것이다. 아랍인과 친구를 맺고자 할 때에는 개인적으로 자주 강도 높은 접촉을 하여야 한다. 그렇지 않으면 아랍친구의 마음이 상처를 받으며 관계가 깨어지기 쉽다.

아랍인의 성격과 기질

아랍 무슬림들의 기질이 획일화된 것은 아니다. 그들 나름대로 여러 가지 좋은 품성을 가지고 있지만 동시에 매우 독특한 기질을 가지고 있다.

- 아랍인들은 내용이나 실속보다 체면, 겉치레를 중시하는 체면문화를 갖고 있다. "수치보다는 죽음"이라는 표현이 있다. 아랍인들은 체면문화이므로 타인에게서 수치심을 받는 것을 매우 모욕적으로 여기므로 자신에 대한 평판에 신경을 쓴다. 자기 기대가 충족되지 않고 위신이 손상된다던가 가족의 명예가 훼손되거나 하면 그 바른 예의가 순식간에 포악한 성격으로 돌변한다.

- 일반적으로 아집과 자존심이 강하다. 아랍인들은 자기 스스로를 높이고 남으로부터 존경받는 것을 대단히 중시한다. 그들은 자신들의 생활 방식이나 전통·습관이나 종교에 대하여 나름대로 자부심이 매우 강하므로 이들의 자존심을 상하게 하는 행동이나 말을 해서는 안 된다. 다른 사람으로부터 비웃음을 당하거나 조롱을 받는 것을 죽음보다 싫어한다. 자기의 약점을 비난받으면 단호한 자신감·도전과 위협적인 태도를 보이며 결의와 용기를 과시하기도 한다.

- 아랍인은 아첨과 아부를 잘 구사한다. 아랍인은 깍듯하게 예의를

지키며 지킬 수 있는 이상의 것을 약속하기도 한다. 아랍인은 맵시 좋고 사교적이며 예의가 바르다. 그들은 무서운 동화력과 변신의 능력을 지녔으나 때로는 매우 유연성을 보여준다.

• 이슬람 전통에 따라 무슬림들은 먹을 수 있는 음식인 할랄과 먹어서는 안 되는 음식인 하람이 있다. 이슬람에서는 돼지가 알라의 저주를 받았다는 이유로 먹는 것이 금지되었다. 한국인들은 꿈에 돼지가 나타나면 행운을 가져다준다고 기뻐한다. 그러나 무슬림들에게 돼지꿈은 행운의 상징이 아니다. 돼지 모습이 그려진 상품이나 물건은 기능에 관계없이 무슬림들에게 선물로 주지 않아야 한다. 국내 무슬림들은 공장이나 회사에서 제공되는 돼지고기가 포함된 음식과 음주문화로 인하여 어려움을 겪고 있다. 그들은 국내 직장에서 돼지고기와 관련된 어떤 일도 꺼려한다. 따라서 국가 인권위원회는 무슬림들을 돼지고기 제품 생산라인에 배치한 것이 차별이라는 진정을 받아들여 외국인 노동자의 업무변경을 결정하였다.[62]

• 이슬람에서 노래를 부르는 것은 일반적으로 금하지만 결혼식의 경우에는 허용된다. 노래는 보통 길게 직업 가수가 부르는 것이 일반적이다. 결혼식 축하로 여성들만이 모였을 때는 라디오나 녹음기에 노래 테이프를 틀어놓고 긴 머리를 풀어헤치고 머리를 돌리며 춤을 추기도 한다.

• 경제적으로 낮은 나라 사람들을 무시한다. 자신의 종교와 다른 사람에 대하여 배타적이다. 특히 아라비아반도에 가면 카톨릭국가 필리핀, 불교국가 태국, 이슬람국가 인도네시아 여성들이 아기를 돌보아 주거나 부인의 하인으로 많이 일하며 슈퍼 마켓의 계산대나 미용실등에서 일하고 있다. 아랍 가족들은 여행을 갈 때에도 하인들을 데리고 다닌다. 아랍인들은 경제수준이 낮은 나라의 출신 아시아인들을 매우 경멸한다.

- 아랍인들은 권위주의적 성향이 강하다. 높은 지위나 권위적인 아랍인들은 미리 약속시간을 정했음에도 불구하고 약속시간에 맞추어 손님을 만나지 않는다. 공공기관에 가서도 높은 사람을 알면 일이 쉽고 빨리 처리되기도 한다. 또한 학벌이 높거나 사회적으로 평판이 좋은 직업을 가진 사람에게는 매우 친절하며 태도가 정중하다. 아랍 남성들은 대체로 거만함과 스스로를 과장되게 높이며 우쭐댄다. 따라서 자신을 내세우고자 하는 경향이 강하다. 반면에 아랍인들 중에는 온순하거나 겸손한 사람들도 있다.

- 아랍인들은 척박한 기후 환경에서 살아와서 인지 대체로 다혈질이며 쉽게 흥분하고 서로 얼굴을 붉히며 삿대질을 하고 큰 소리로 종종 싸운다. 큰 도로나 골목길에서 자동차가 막히면 여러 곳에서 자동차 경적을 계속 울려대므로 거리가 시끄럽다.

아랍 남성(저자촬영)

- 일반적으로 아랍 남자들은 얼굴이 무표정하며 때로는 화난 표정을 한다. 특히 그들이 잘 웃지 않는 것은 권위적인 태도의 표현이다. 그래서 그들의 속마음을 파악하기가 쉽지 않다. 남녀가 구분되는 문화이므로 남성이 여성을 보고 미소를 짓거나 여성이 남성을 보고 미소를 지으면서 다가가서는 안 된다. 상대 이성에 대한 호기심으로 비추어 지기 때문이다.

• 아랍인들은 일반적으로 타인에게 매우 친절하고 적극적이다. 아랍인들은 무언가를 물어보면 자기가 잘 몰라도 아는 것처럼 매우 친절하다. 2003년 1월 필자의 그룹이 오만을 방문하였을 때에 팀원 중에 아랍어를 능통하게 하는 사람이 길가의 가게에 들어가 방향을 물었더니 가게 주인이 밖에 나와서 우리 차를 인도하여 주었다. 한참을 지나서 보니 우리 자동차가 잘못된 방향으로 가서 산속을 헤맸던 경험이 있다.

• 아랍인들은 자신이 잘 모르는 사람들을 돕는 일에 적극적이지 않다. 그러나 가족들 중에 한명이나 가까운 친구 중에 한명의 이름을 대면 매우 친절하게 협조적으로 일 처리를 도와준다.

• 아랍인들은 사람들이 많이 모여 있는 시끄러운 곳을 좋아한다. 아랍인 중에는 행동이나 실천보다 말만을 좋아하는 사람들이 많다. 즉 행동 중심적이라기보다는 말 중심적 생활 방식으로 느긋하게 살아가는 아랍인이 많다.

• 아랍인 여성들은 금이나 보석 등 장식품을 선호하므로 이들을 만날 때에는 일부러 지나치게 화려하게 꾸밀 필요는 없으나 만약 반지나 팔찌 등이 있으면 세련되게 꾸미고 만나는 것이 좋다.

보석으로 치장하고 헤나로 손을 물들인 카타르 무슬림 여인과 가족(저자촬영)

• 일반적으로 아랍인들은 상대가 자기보다 잘되면 질투심을 일으키고 칭찬보다는 경계심을 나타낸다. 따라서 상대방의 마음을 잘 살피면서 대화를 나누어야 한다.

• 아랍인들은 사막의 척박한 땅에서 다른 인종과 문화를 접촉하는 과

정에서 다른 문화에 동화하면서도 자기들의 자신들의 정체성을 상실하지 않고 고유한 생활 방식을 잘 보존하여 왔다.

아랍인의 이름

- 아랍인의 이름은 남, 여를 불문하고 세 부분으로 구성되어 있다. 즉 처음 이름은 본인의 이름이고 두 번째 이름은 아버지의 이름이며 마지막이 할아버지의 이름이다. 예를 들어 아흐마드 알리 칼리드(Ahmad Ali Khalid)라는 아랍인의 이름을 설명하면 다음과 같다. Ahmad(본인 이름) + Ali(부친 이름) + Khalid(조부 이름). 따라서 아흐마드 라는 사람이 아들을 낳아 후세인 이름을 지어 주면 자동적으로 후세인 아흐마드 알리(Hussein Ahmad Ali)가 된다

- 무슬림 여성들의 이름 중에는 무함마드가 가장 사랑한 딸인 파티마(Fatima), 그의 첫 번째 부인 카디자(Khadija), 어린 부인이었던 아이샤(Aisha)와 자이납(Zainab)등이 많다. 현대 젊은 여성들은 현대식 의미의 이름인 자밀라(Jamila, 아름다운), 수아드(Sua:d,행복한, 행운이 있는), 알리아(Allia, 고상함) 등 내용이 좋거나 부르기 좋은 이름들을 선호하고 있다. 아랍여성들은 결혼후 그들의 이름에서 남편의 성을 따르지 않는다. 결혼전의 이름을 결혼후에도 그대로 유지한다.

- 시리아 · 요르단 · 이집트 및 팔레스타인을 비롯해서 여러 아랍 국가에서는 부모를 부를 때 누구누구의 아버지 또는 누구누구의 어머니라고 한다. 대체로 장남의 이름을 따온다. 본인의 이름 대신에 아들 하산의 이름을 빌려 아부 알리(Abu Ali, 알리의 아버지)이라고 부르고 그의 부인은 움무 알리(Umm Ali, 알리의 어머니)이라고 부른다. 이러한 풍습은 한국과 매우 비슷하다.

문화

- 아랍 문화는 구전 문화가 발달되어 있다. 따라서 사람들은 행동이나 실천보다 말만을 좋아하는 사람들이 많다. 실천 중심적인 생활보다는 말을 웅장하게 하는 것을 낙으로 삼고 사는 사람들이 있다. 아랍지역에 가면 길가 찻집의 안이나 밖에 놓여 있는 테이블 주위에 남자들이 둘러앉자 차 한잔 앞에 놓고 오랫동안 담소하는 것을 쉽게 볼 수 있다.

길가 찻집 앞에서 물담배를 피우고 있는 아랍인들(저자촬영)

- 아랍의 여성들은 환성·울음·굉장히 큰 몸짓과 목소리로 감정을 노골적으로 표현하는 편이다. 특히 결혼식에서 여성들이 기쁨을 표현하는 소리를 크게 낸다. 입을 열고 혀를 좌우 또는 상하로 돌리며 소리를 내는 것이다. 이것을 자그라다(zagrada) 또는 자가리드라고 한다. 자그라다는 실내에서는 주로 신랑의 이모와 고모들이, 실외에서는 동네 아주머니들이 크게 소리를 낸다. 결혼식 때에 여자들은 괴성 소리 자그라다를 하고 트럼펫·탬버린·드럼 등이 연주되면서 신랑신부를 피로연장으로 안내한다. 결혼식은 밤늦은 시간까지 계속된다. 초대가수나 무용수들

은 다소 선정적인 모습을 보이는데 이는 신랑신부의 첫날밤의 흥을 돋우기 위해서이다.

- 이슬람 사회에서 소년은 수염을 길어야 성인대접을 받는다. 노인의 수염은 권위를 나타내며 존경받는 대상임을 의미한다.

- 사람이 사망하면 고인이 오른쪽으로 누워서 자는 것 처럼 얼굴을 메카의 카바를 향하게 한다. 무슬림들이 카바를 향하여 기도하기 때문이다.

- 이슬람에서는 사람들이 죽음을 지나치게 격앙되게 슬픔을 표

수염을 기른 아랍 청년(저자촬영)

아랍 남성(저자촬영)

현하는 것을 금하므로 슬퍼서 크게 소리 내어 울거나 곡은 하지 않는다. 고인이 살아 있는 사람들의 울음 때문에 고통을 받게 된다고 여긴다. 그러나 사람들이 슬픔으로 흐르는 눈물은 자연스러운 것으로 알라가 인간의 마음에 준 자비의 상징으로 여긴다.

- 장례식은 3일을 넘기지 않는다. 대체로 사망한지 24시간 안에 매장할려고 한다. 장례기간이 길면 길수록 고인에게 고통을 주므로 무슬림들

은 지위고하를 막론하고 서둘러 장례를 치른다.

• 아랍은 팁과 더불어 선물 문화가 발달되어 있다. 상대방에게 선물을 주는 것은 조그만 선물이라도 관심을 표명하는 것으로 여기기 때문에 선물을 주고받는 것을 무척 좋아한다. 그러나 뇌물로 비칠 수 있는 선물은 오히려 역효과가 나므로 간단한 선물이 좋다. 한국적인 선물을 좋아한다.

• 공공질서를 잘 지키지 않는다. 아랍의 시골문화는 버스 정류장 등에서 줄서서 기다리는 문화가 아니다. 청소년이나 젊은이들 중에도 휴지를 길거리 휴지통에 넣지 않고 아무데나 버리는 것을 볼 수 있다. 길거리 신호등을 잘 지키지 않고 건널목을 건너가는 모습을 흔히 볼 수 있다.

• 이슬람에서 결혼은 의무이다. 아랍인들은 만약 성인이 결혼을 하지 않았거나 결혼하였어도 자녀가 없거나 특히 아들이 없으면 '왜' 그렇게 되었느냐고 공개적으로 묻는다. 이슬람에서는 대부분 가족의 중매로 결혼

카타르 도하의 웨딩샵(저자촬영)

하므로 성인이 결혼하지 않은 것은 드문 일이다. 아랍인들이 아들을 갖기 원하는 것은 아들이 부모의 위상을 높이며 그들의 노년을 돌보는 것으로 보증하기 때문이다. 63)

• 이슬람에서 금하는 것을 하람(Haram)이라 하며, 마약, 술, 돼지고기, 환경 오염시키는 것, 포르노그래피 판매하는 것등이다.

• 대부분의 이슬람 국가에서 적십자(Red Cross) 대신 적신월사(Red Crescent Society) 시호의 표시 '초생달'로 바꾸어 병원·약국에서 사용하고 있다.

시리아의 적신월사와 카타르의 약국과 병원 사진(저자촬영)

6. 무슬림 여성의 베일

우리가 현관문을 통하여 집안으로 들어가듯이, 베일이라는 현관문을 통하여 무슬림 여성 세계의 다양한 면과 이슬람 사회를 바라 볼 수 있게 된다.

2012년 7월 27일-8월 12일 런던올림픽 기간에 사우디아라비아 유도의 워잔 샤흐르카니(Wojdan Shaherkani)와 여자 육상 800m에 출전한 사라 아타르(Srah Attar)가 사우디 여성으로는 올림픽의 첫 주인공들이다. 사우디아라비아 사상 처음으로 8월 3일(한국시간) 올림픽에 출전한 78kg급 유도 대표선수인 워잔 샤흐르카니는 '베일'착용 문제로 출전 전에 논란이 있었다. 처음에는 국제유도연맹(IJF)이 최근 안전을 이유로 이슬람권 여성의 머리를 감싸는 '베일' 사용을 금지한 탓에 올림픽 출전 자체가 어렵게 됐다. 샤흐르카니의 아버지 알리 세라즈 샤흐르카니는 국제올림픽위원회(IOC)가 베일 착용을 금지하면 딸이 출전을 포기할 것이라고 밝히기도 했다. 사우디 정부 역시 올림픽 선수도 이슬람 복장을 갖춰야 한다는 입장을 고수했다. 다행히 IOC와 머리를 맞댄 사우디 올림픽위원회가 '변형 베일'의 착용은 가능하다는 결론을 내리면서 샤흐르카니는 이날 경기 도중 안전을 위해 히잡 대신에 머리에 딱 달라붙는 검은색 모자를 쓰고 경기에 나섰다. 그러나 샤흐르카니는 사우디아라비아 에서는 냉대를 받았다. 그녀의 경기는 사우디아라비아의 국영TV에서 생중계 되지 않았다.

사라 아타르(Srah Attar)는 8월 9일(한국시간) 올림픽파크 내 올림픽스타디움에서 열린 런던 올림픽 육상 여자 800m 1라운드를 치렀다. 히잡을 쓴 듯 흰색 후드를 뒤집어쓴 아타르는 발목까지 오는 검은 레깅스, 초록색 긴 소매를 입고 레이스에 임했다. 한국에서 방송이나 신문에서 무슬림의 여성들의 베일에

히잡을 쓰고 달리는 사라 아타르

대한 주제의 기사를 종종 볼 수 있다. 특히 2011년 4월 7일에는 KBS 1TV 일요스페셜 '프랑스의 선택-부르카 (베일)를 벗기다'를 방송하여 종교와 문화에서 비롯된 부르카를 다른 국가에서 법률로써 금지하는 것은 타당한 것인가를 반문하였다.

 2007년 2월 20일 파키스탄 펀잡주 정부의 질레 후마 우스만(37) 사회복지장관은 구지란왈라시에서 열린 당원 모임에서 연설하던 중에 베일을 쓰지 않았다는 이유로 한 이슬람 광신도가 쏜 총에 맞아 살해됐다.[64] 이와 같이 이슬람 사회에서 무슬림 여성의 베일은 주요한 위치에 있다.

 정치적으로 현재 전세계에서 무슬림 여성들의 의복보다 더 주목을 받는 대상도 없을 것이다. 사우디아라비아인과 이란의 이슬람 학자들은 무슬림 여성들의 베일 착용을 법으로 규정하였으며 수십 년 동안 그것을 유지여 왔다.

 세계는 2001년 9.11 테러 사건 이후, 무슬림 사회의 여성 차별로 무슬림 여성의 베일의 상징성을 주시하고 있다. 오늘날 무슬림 여성의 '베일'은 이슬람의 상징인 '초승달'의 자리를 대신하기에 이르렀다.[65] 전 세계 길거리에서 검정색 또는 베이지 색의 베일로 얼굴과 몸을 가리고 눈만 내놓은 채 당당하게 걷는 무슬림 여성의 모습을 쉽게 볼 수 있다. 서울의 이태원·인사동·남대문시장이나 지하철 등 오늘날은 어디서나 무슬림 여성이 베일을 착용한 모습을 흔히 볼 수 있다.

 무슬림 여성의 베일은 사회·문화·관습과 종교에 따라 상황화된 옷의 한 부분이며, 많은 의미를 지닌 상징이다.[66] 전세계 약 7억의 무슬림 여성들이 일상생활에서 다양한 종류의 베일 또는 히잡(Hijab)을 착용하고 있다. 베일을 착용하는 것은 지역·문화·사회·종교·정치·경제적 현실이 상호 작용하는 복잡한 현상이다. 이슬람국가의 기후와 문화에 따라 베일의 모양과 색깔이 다소 다르다.

세계 4대 종교인 불교, 힌두교, 기독교, 이슬람의 지도자들은 각각 그들의 종교를 상징하는 옷들을 입는다. 그러나 이슬람만이 일반인들 특히 여성들이 일상생활에서 자기의 종교를 나타내는 베일을 전 세계적으로 착용하고 있다. 또한 무슬림의 베일은 여권운동가, 인권운동가들에게 공격과 무시를 당하고 사용금지를 당하면서도 발전되고 있다. 우리는 이러한 현상

현대식 베일을 착용한 무슬림 여성들(저자촬영)

을 간과할 수 없다. 이슬람 사회를 이해하기 위해 지난 수 백 년의 세월이 흘러가는 동안 무엇이 베일 착용을 유지시키고 있는지를 파악하는 것이 필요하다.

베일에 대한 일반적 이해

베일 문화의 기원은 이슬람 발생 이전으로 소급된다. 여성들이 베일로 얼굴을 가리는 풍습은 동서양을 막론하고 과거부터 현재까지 존재해 왔다. 베일은 고대 셈 부족에서도 이미 사용되었으며, 이슬람 사회로 그대로 전승되었다. 한국에서도 개화기 이전까지 사대부 집안의 여성이 얼굴

을 가리고 다녔
다. 머리 베일과
긴 가운의 옷은
이슬람에 의해서
새롭게 소개된
것이 아니고 이
미 옷이 존재하
던 시대에 부분
적으로 있었던 일들이다.

예멘 무슬림 여성의 다양한 베일(저자촬영)

베일 착용에 대한 꾸란의 해석

꾸란에 의하면 베일은 이슬람에서 알라가 사람들에게 그의 메시지를 전달하는 3가지 방법, 즉 "계시, 선지자, 베일"중의 하나이다. 꾸란에서 '베일(veil, Hijab히잡)'은 일곱[72]번 언급되지만, 여성의 옷에 관계되어 베일을 언급한 구절은 오직 한 구절(꾸란 33:53)이다.

외모를 중요시 여기는 무슬림들이 이 땅에 존재하는 한 무슬림 여성의 베일 착용이 사라질 가능성은 희박하다. 꾸란이나 하디스에서 한번 언급한 것은 무슬림들에게 절대적인 효력을 발휘한다. 베일은 정체성의 상징이며 커뮤니케이션의 한 도구로서 자기의 종교 · 신분 · 계급 · 민족 또는 종족을 나타내는 복잡한 현상이다. 또한 베일은 사회와 문화의 메시지를 전달하는 언어이다. 따라서 베일의 정확한 의미는 그 사회 전체에서 찾아야 한다. 그러나 오늘날 베일 뒤에 가려져 있는 무슬림 여성들의 심각한 인권 문제와 고통을 간과해서는 안된다.

제 4 부

이슬람 사역 방안

Islam in Korea in the
21st Century;
The Past and Present

(저자촬영)

오늘날 한국에 많은 이슬람국가의 이주노동자들이 자비로 여행비를 지불하고 들어와 여러 곳에 공동체를 형성하여 살고 있다. 한국인 사역자가 이슬람국가에서 입국비자를 발급하지 않으므로 들어갈 수 없는 상황에서 하나님께서 한국교회에 놀라운 기회를 주신 것이다. 국내에 거주하는 무슬림은 북아프리카와 아라비아 반도에서 온 것보다는 대부분 아시아의 여러 나라에서 왔다. 이들에게 이슬람의 교리

인사동 거리에서 만난 무슬림 여성(저자촬영)

는 같지만 살아온 나라의 문화적 배경과 관습에는 많이 차이점이 있다. 이들에 대한 기독교적 대처방안 역시 복음의 본질은 변하지 않으나 다양한 방법으로의 접근이 요구된다. 이슬람 사회는 빈부와 문화의 발달, 여성의 교육 정도, 서구와의 접촉, 국민소득에 따라 매우 다양하게 발전되고 있으므로 시대적 상황에 맞는 접근법이 필요하다. 이슬람은 삶 전체를 관장

하는 복합 조직이기 때문에 총체적인 사역 방법을 연구하여야 한다. 사도 바울의 "…여러 사람에게 내가 여러 모양이 된 것은 아무쪼록 몇몇 사람들을 구원코자 함이니"(고린도전서 9:22절)라는 고백처럼 다양한 방법이 필요하다.

1. 이주 무슬림들을 위한 사역 방법

국내 디아스포라에 해당하는 이주 무슬림들은 도시 공단에 주로 거주하고 있으므로 사역 측면에서 다양한 접근과 전략이 동시에 균형적인 사고가 형성되는 게 중요하다.

첫째, 무슬림들을 위한 사랑과 인내를 가져야 한다. 우리는 이슬람이라는 종교와 무슬림을 구분하여야 한다. 이슬람이라는 종교는 인간의 영혼을 잘못된 길로 인도하므로 변화를 받아야 하지만 무슬림들은 하나님의 사랑과 구원의 대상이므로 죄는 미워하지만 죄인은 사랑하신 예수님의 태도를 본받아야 한다. '너희는 나그네를 사랑하라(신명기 10:19)'고 하신 말씀을 기억하면서 지혜롭게 다가가야 한다. 무슬림은 역사적으로 과거 십자군 운동(1096-1291년)을 통하여 많은 고통과 상처를 받아 복음에 대하여 마음의 문이 닫혀있다. 무슬림들에 대한 사역은 한 가지 뾰쪽한 사역 전략은 없으므로 끊임없는 인내와 지혜가 필요하다.

둘째, 무슬림들의 신앙의 폭이 대단히 다양하다. 어떤 무슬림은 꾸란을 다 외우고 비무슬림들에게 이슬람을 전하고자는 뜨거운 열정을 가진 자들도 있지만 어떤 무슬림은 전혀 꾸란을 읽어본 적이 없는 형식적인 무슬림도 있다. 그러므로 우리가 만나는 무슬림의 상태를 지혜롭게 파악할 수 있어야 한다.

셋째, 한국교회가 이슬람과의 직접적인 표면적 충돌을 가급적 피하여야 한다. 국내 이슬람의 진출과 활동에 대해 기독교가 반대하거나 충돌하는 양상이 기독교의 편협성과 배타성으로 한국 사회에 비추어지지 않도록 주의해야 한다. 이슬람에 대한 정책적 대처는 표면적으로 교회가 나서지 않고 정부, 지방자치단체, 언론계, 법조계, 재계, 교육계 등 모든 영역에서 활동하는 리더들과 정부 그리고 사회단체가 하도록 한다.

넷째, 한국인이 무슬림을 만났을 때에 이슬람은 폭력이라는 선입관을 가지고 대하지 않도록 해야 한다. 이슬람의 근본주의 종교지도자나 정치지도자들 외에 대부분의 무슬림들은 금요일 모스크를 방문하는 것 외에는 우리와 같이 일상생활에서 이슬람을 믿는 평범한 사람들이다. 따라서 이슬람, 꾸란과 무함마드에 대한 비난, 꾸란에 줄긋기, 꾸란을 바닥에 놓는 행위는 모든 무슬림들을 자극하는 것이므로 조심하여야 한다.

다섯째, 무슬림들과 대화의 장을 만든다. 그리스도인과 무슬림간의 대화식 접근 없이 이루어지는 사역은 무의미하고 유해할 것이다. 사역적 관점이 없는 대화는 피상적이고, 자기만족을 위한 학술적 활동일 것이다. 모리캐리는 '선교적 대화는 매우 교육적이고 의미 있는 과정이다.'[1] 라고 강조하였다. 무슬림들을 만나 대화를 나누거나 교제할 때에 태도나 예의와 먼저 그리스도인들이 무슬림들에게 신뢰감을 갖는 인격자가 되어야 한다. 무슬림들은 상대방과 신뢰관계가 형성 될 때에 자신들의 마음을 터놓고 대화할 것이다.

무슬림들의 종교와 문화를 구별

사역자들은 이슬람과 이슬람 문화를 구분할 줄알아야 한다. 이주무슬림들의 본토 문화와 이슬람 문화와 이슬람을 이해하여야 올바로 무슬림들에게 다가 갈 수 있다. 이슬람의 다양성과 복합성에 대한 올바른 시각을 갖어야 한다. 이슬람 세계는 획일화된 하나의 세계가 아니며, 다양성과 공통성이 동시에 존재하는 세계이다. 명예살인, 여성 할례와 베일 등 이슬람의 일부 면이 크게 부각되어 있다. 이러한 내용들은 이슬람에 대하여 공포심을 조장하여 무슬림들에게 가까이 나아가는 데 주저하게 한다.[2] 이슬람을 깊이 이해하기 위하여서는 종교적 측면뿐만 아니라 문화적 측면의 이해도 필요하다.

대부분의 이주 무슬림들과 무슬림 유학생들은 한국사람과 피부색과 언어가 다르므로 자연스럽게 한국사회에 적응하기가 쉽지 않아 소외감을 갖게 된다. 이로 말미암아 그들은 자신들만의 문화와 종교를 중심으로 공동체를 형성하게 된다. 한국교회는 그들이 소외감을 갖지 않도록 먼저 분위기를 만들어 주어야 하며, 복음을 나누기 위하여 그들의 기본적인 필요에 다양한 접촉점으로 다가가야 한다.

무슬림 유학생 위한 종합 복지관 운영

무슬림 유학생들을 위한 북카페(Book Cafe) 게스트 하우스 및 학사관을 무슬림 유학생들의 밀집구역에서 운영한다. 사우디아라비아와 아랍에미리트 등에서 온 무슬림 유학생들은 대체로 경제적으로 여유가 있다. 그러나 북아프리카와 아시아의 이슬람 국가에서 유학 온 학생들 중에는 경제적으로 여유가 없는 이들도 많다. 이들은 값싼 숙소를 원하며 방학 동안이나 주말에 기숙사를 떠나서 잠시 동안 머물 적당한 장소가 없으므로 이들에게 장소를 제공하여 준다. 이런 공간을 무슬림 유학생들이 교회나 기독교 단체에서 운영하는 것을 알면 이용하지 않을 것이므로 기독교 냄새가 나지 않도록 하여야 한다.

이주 무슬림 위한 다목적 복지시설

현재 한국의 많은 교회들이 이주 노동자들에게 무관심하다. 그러나 한국 이슬람중앙회를 비롯하여 전국 모스크들과 이슬람 공동체에서는 직장 알선·숙식·예배·교육·복지 및 상담을 통하여 이주노동자들의 필요를 구체적으로 보살피고 지속적으로 관리하고 있다. 한국교회도 이러한 태도가 필요하며 총체적 돌봄이 있어야 한다. 따라서 가능하면 은행사용법, 교통 및 문화시설 사용법과 통역 서비스 등으로 다양한 방면의 도움을 주어야 한다. 한국에서 일하는 무슬림들은 대부분 어려운 상황에서 일하고 있다. 한국 교회는 직장이나 사회에서 사고로 다치고 상처 받고 차별 대우 받는 무슬림들을 돌봐야 한다.

이주민 자녀들을 위한 '외국인 자녀교육 및 탁아소 시설'을 마련한다. 이러한 것은 가정·사회와 직장에서 삼중고의 어려움을 겪고 있는 학대 받거나 이혼한 이주여성들이 사회에서 자립할 수 있도록 자녀를 맡길 수 있는 장소 제공 등 현실적인 지원책이어야 한다.

무슬림 가정의 결혼 및 자녀 위한 상담소

이주 노동자들을 위한 생활 관련 상담, 법률 상담, 의료 혜택, 노동환경 개선, 임금과 근로조건 등의 처우 개선, 국제결혼에 관한 법률 개선, 한국어 능력검정실시와 교육 책임강화 그리고 영세 사업장의 감독과 관리 등을 상담하여 준다. 특히 무슬림과 결혼한 가정의 폭력사건, 자녀교육, 결혼 이주 여성들의 사회적응과 가사의 어려움 등을 상담한다. 경우에 따라서는 이주 무슬림들을 방문하여 상담도 가능하도록 한다.

한국어 교육 및 비공식적 기독교 교육

다문화 관련 프로그램을 운영하는 민간단체에서 한글교육은 가장 많이 시행하는 프로그램이다. 이주 무슬림들이나 무슬림 유학생들이 국내 학교, 직장이나 일상생활에서 가장 시급한 것이 언어소통이기 때문이다.

이주 무슬림이나 다문화자녀가 직면한 환경변화에 따라 발생되는 문제 해결 학습을 포함하는 기독교교육이 필요하다. 여러 가지 문제가 복잡하게 얽혀있어 현장의 필요와 고민을 반영하는 구체적인 교육정책이 반영될 필요성이 있다. 무슬림의 자녀들이 한국 사회에서 성장한 후 10년 혹은 20년 뒤 한국의 미래는 혼란스러울 것이다. 오늘 한국사회와 교회가 잘 준비하지 않으면 경제적 이익을 위해 시도했던 다문화주의는 미래에 정치·사회의 문화적 큰 대가를 치르게 될 수도 있다.

취업 훈련과 직장 알선

이주 무슬림들에게 교육과 직업의 기회를 갖도록 하여 사회에 합류할 수 있도록 도와야 한다. 이주 무슬림 노동자들은 한국의 힘들고 환경이 좋지 않는 업종에서 일하므로 열악한 환경과 한국인들에게 직장에서 불이익을 당하고 있다. 직장이 없어서 경제적으로 어려움이 있는 이주 노동자들에게 직장이나 직업훈련을 통하여 취업을 알선하고 돕는다.

기독교문서 배포 및 인터넷, 인터넷 방송

각 나라말로 번역된 성경과 기독교서적 및 CD, DVD등을 제작하여 이주 무슬림과 무슬림 유학생들에게 자연스럽게 배포한다. 이들 중에 복음에 관심 있는 자들을 위하여 성경통신과정을 운영하거나 방문 사역을 통하여 교회로 인도한다.

인터넷을 활용하여 기독교 측에서 무슬림들에게 복음을 적극적으로 전하여야 한다. 국내에서 자국어로 성경통신과정을 접촉하도록 돕고, 이들이 국내의 교회나 선교단체에 연결되도록 운영한다. 그러나 사역의 효율성을 위해 지혜롭게 보안 문제에 신경을 써야 한다.

우정 쌓기 또는 개인적인 초청

국내 무슬림들에게 처음부터 직접적인 전도 보다는 '우정 쌓기 또는 친구 사귀기'등 다양한 방법으로 다가가야 한다. 이주 무슬림들이 한국인을 친구로 삼도록 지속적인 관심과 사랑을 펼쳐야 한다. 이주 무슬림들은 나그네들이므로 한국교회가 사랑과 나눔의 손길을 펼쳐야 한다. 디모데전서 3장 2절에서 "그러므로 감독은 책망할 것이 없으며……나그네를 대접하며 가르치기를 잘하며"라고 말씀하듯이 한국교회는 성숙한 모습을 보여주어야 한다.

관계 중심적 개인전도를 하여야 한다. 전통적인 무슬림들은 교회에 절대로 발을 딛지 않는다. 따라서 교회의 이름으로 초청하지 말고 성도들의 집으로 그들을 초청하여 순수한 사랑을 표현하며 섬겨야 한다. '손님 대접하기를 잊지 말라. 이로써 부지중에 천사들을 대접한 이들이 있었으니라(히 13:2). 이주 무슬림에게 개인 전도와 그룹전도의 양면으로 다가가야 한다. 무슬림들과 일대일 관계에서 겉으로 드러난 모습이 아닌 진실하게 관심과 사랑으로 돌보는 관계를 형성하여야 한다.

'한국인과의 자매결연' 같은 프로그램을 만든다.

'한국인과의 자매결연' 프로그램은 이주 무슬림들이 한국사회에 동화하는데 도움을 주고 있다. 이주 노동자 선교단체들과 교회가 이미 실행하고 있는 캠프 · 체육대회 · 나라별 국경일 공동체 행사 등을 통해 이주 무슬림들이 그룹이나 개인적으로 참가할 수 있는 한국 생활 적응 학습 및 문화 프로그램들과 연결하여 준다.

글로벌 공동체 형성

무슬림들은 지역 모스크를 중심으로 자치 공동체를 형성한다. 이러한 이주민 중심의 공동체가 주도적으로 한국사회에서 이슬람을 보호하고 또한 주류화하려는 노력을 펼치고 있다. 이슬람중앙회 및 각 지역의 모스크에서는 국적을 불문하고, 이주 무슬림에 대해 한국사회 정착을 위한 교육, 숙소 및 일자리 마련, 정치적 도움 등 여러 가지 방면으로 서비스를 제공하고 있다. 이들은 종교중심의 형태로 적극적으로 기독교 전도 형태를 방어하기 위하여 여러 가지 시스템을 형성하고 있다.

그러나 기독교 단체는 민족 및 국가별로 상담소, 한글학교, 쉼터 등을 운영하면서 단지 예배나 성경교육을 통해 사역하는 소극적 방식을 취하고 있는데 이것을 탈피하여야 한다. 이주민 공동체에 들어가서 생활을 통하여 빛과 소금의 역할을 할 시스템을 운영하여야 한다.

영어 예배, 아랍어 예배및 언어별 예배

국내 이주 무슬림들은 다양한 나라에서 왔으므로 가능하면 이슬람권 각 나라의 언어별 예배가 진행되면 친숙함을 갖게 될 것이다. 현재 국내에 터키, 이란, 카자크스탄 그리고 아랍어 예배를 보는 교회 등이 있어 매우 고무적이다.

캠퍼스 사역

국내 캠퍼스 선교단체들이 국내 무슬림 유학생들이 많이 있는 캠퍼스 사역의 중요성을 가져야 한다. 일방적 전도보다는 정체성을 버리지 말고 지혜롭게 무슬림 유학생들에게 다가가 대화를 나누어야 한다. 무슬림들에게 복음을 전할 때 개인 구원뿐만 아니라 영적 · 육체적 · 감정적 · 사회적 · 지성적 · 의지적인 전인적인 구원에 대하여 관심을 갖고 전하도록 한다.

2. 한국인의 이슬람 개종 대책

가칭 '중동 종교 · 문화 연구소' 또는 '중동 북아프리카 연구소' 설립

초교단적으로 가칭'이슬람연구소'라고 하는 것보다는 '중동 북아프리카연구소 또는 '중동 및 북아프리카 지역학연구소', '이슬람과 기독교 문화 연구소'등을 설립하여 기독교인 이슬람 전문가를 육성 하고 활용하여야 한다.

영국을 비롯한 유럽과 북미에는 대학이나 단체에서 기독교와 이슬람 관련 연구소가 많다. 한국에는 약 14만 명의 무슬림들이 살고 있다. 현재 국내 이슬람 측에 유리한 이슬람학회나 연구소는 14개 이상으로 매우 많다. 이에 비교해 기독교계에는 '한국이슬람연구소' 외에는 거의 없다. 세계선교사 파송 2위국인 한국교회에 이슬람을 깊이 연구할 연구소가 거의 전무하다는 것은 한국선교가 주먹구구식으로 밖에 진행될 수 없다는 것을

영국 옥스퍼드의 무슬림-기독교 연구소(저자촬영)

영국 버밍험대학교의 이슬람과 기독교-무슬림 관계 연구소(저자촬영)

나타내준다. 이슬람의 위험성과 심각성을 일깨워주는 연구와 조사활동을 지속적으로 할 수 있어야 한다.

    선교는 뜨거운 가슴과 팔 다리로만 하는 것이 아니라 머리로도 한다. 요즈음 대기업 등에 개발연구소가 있어서 기업발전에 큰 기여를 하듯, 이 기독교 측에서도 '두뇌 집단(Think Tank)'의 이슬람 연구소가 절대적으로 필요하다. 이슬람 연구소가 전문성 없이 우후죽순으로 생겨서는 안 되며 전문가를 영입한 전문성을 띄어야 한다. 빠르게 증가하는 국내 무슬림의 숫자와 함께 다양한 무슬림들의 활동이 진행되고 있으며 세계적인 변화는 다양하고 다층적이다. 따라서 여러 방향의 복합적 목적을 가진 다목적 이슬람 연구소의 설립이 필요하다. 다양한 이슬람 지역의 정치 경제적 동향 및 이슬람권지역을 개발하기 위한 권역별·나라별 전략 개발을 위한 종합적인 이해가 필요하다.

이슬람의 사회와 문화에 대한 이해및 문화인류학적 연구가 필요하다. 문화가 정지하지 않고 끊임없이 변화하듯 오늘날 무슬림 문화도 변화한다. 오늘날 이슬람 문화는 꾸란과 이슬람 전파 이전의 아랍의 전통관습과 비 아랍 부족의 전통관습이 큰 가마솥에서 융화된 잡탕문화이다. 기독교와 일반인들이 이슬람 문화에 대하여 분별력을 갖도록 도와주어야 한다.

2011년 11월에 부산에서 있었던 어느 모임에서 H는 "한국내 한 개이던 모스크가 열 개가 되고, 기도처가 백 개를 넘어섰다는 말을 객관화해서 본다면 너무나 당연한 일이기 때문에 분노해야 할 일이 아니다. 세계화로 인해 돈을 벌기 위해 한국 땅에 대거 들어온 무슬림들이 그들의 신앙을 지키기 위해 모스크를 더 짓고 모이는 것은 마치 미국으로 간 한인들이 모이기만 하면 한인교회를 세우는 것처럼 자연스러운 일이다. 따라서 한국에 늘어나는 무슬림인구와 그들이 한국에서 보여주는 삶의 방식(모스크 짓기, 한국여인들과 결혼하는 것이 소망이 되는 일등)을 공격적인 요소로 보기 보다는 한국교회가 그들과 접촉할 수 있는 기회로 보는 시각 변화가 먼저 있어야 한다"라고 발표하였다.

필자는 H의 이주 무슬림들의 국내 유입이 공격적인 요소보다는 그들과 접촉할 수 있는 기회로 보아야 한다는 생각에는 동의 한다. 그러나 H

부산 모스크(저자촬영)

창원 모스크(저자촬영)

의 생각은 전체적으로 아주 위험한 발상이며 단순논리이다. 왜냐하면 미국으로 간 한인들이 모이기만 하면 한인교회를 세우는 것은 한국정부가 그들에게 교회를 세우도록 경제적으로 도와주지 않았다. 이에 반하여 국내 이슬람의 서울중앙모스크 · 부산 모스크 · 포천 모스크 · 파주 모스크·경기도 광주모스크·전주 모스크는 순수하게 국내에 들어온 무슬림들의 재정만으로 지어진 건물이 아니다. 이슬람 중앙회에서 밝히듯이 서울중앙모스크는 사우디아라비아를 비롯한 이슬람국가가 모스크및 이슬람 센터 건립비용전액을 지원함으로써 1974년 10월 착공, 1976년 5월 21일 개원한 한국최초의 이슬람 성원이다. 1990년 7월 20일 사우디아라비아의 이슬람개발은행으로부터 증축비용 3억5천만 원이 지원됨에 따라 1991년 11월 3층으로 증축되어 무슬림 어린이들의 교육을 위한 마드라사(학교)와 이슬람문화연구소및 학생회등 산하단체의 사무실이 들어서 있다. 이와 같이 국내 모스크들의 건립에 이슬람 국가들이 재정적으로 적극 도운 것과 한국인들이 개인적으로 헌금하여 미국에서 교회를 세운 것을 단순 비교하는 것은 매우 위험한 생각이다. 기독교는 종교와 정치가 분리되지만 이슬람은 종교와 정치가 일치하는 것을 기억하여야 한다. 이슬람국가들과 아랍 산유국들은 풍부한 자금으로 이슬람의 국내접근을 모스크 건립 외에 다양하게 끊임없이 시도하고 있다.

이슬람관련 소책자 및 문서 출판

이슬람의 역사·신학·문화 등에 대한 소책자를 단행본 시리즈로 발행하여 교회와 기독교 학교, 특히 주일학교 학생부터 성인 성도들까지 쉽게 읽을 수 있도록 배포한다. 가칭 '이슬람 신앙과 문화에 대한 이해' 만화나 소책자등을 만들어 주일학교부터 장년부까지 성경공부시간을 활용하여 가르친다. 또한 기독교에서 설립한 중·고등학교와 대학교 캠퍼스에 배포한다. 이제 한국교회는 국내 이슬람의 활동을 예리하게 판단할 수 있어야 한다. 이슬람의 과거와 현재의 역사, 무슬림 선교의 역사, 기독교와의 관계 등 건강한 신학을 기초로 한 성경 공부 교재가 필요

저자의 책 『이슬람 문화와 여성』

하다. 균형 잡히고 객관적인 관점에서 21세기의 무슬림 사역을 위해 제공하는 출판물이 필요하다.

최근에 이슬람에서 발간한 한국어로 된 이슬람에 관한 만화와 어린이용 책부터 일반인을 위하여 다양하게 발행되고 있다. 이러한 책들은 한국인들을 향한 이슬람 포교를 목적으로 발간되고 있다. 이러한 책들은 이슬람을 과장되게 포장하고 대부분 진실이 왜곡되고 객관성이 희박한 것들이다.

일반인 및 교회에서 세미나 및 특강

'초교파적 이슬람세미나'를 교회를 중심으로 정기적으로 개최한다. 국내의 이슬람 확장을 막고 이슬람에 대한 올바른 이해를 위하여 각 교단별로 교회학교와 중·고등부·청년부 및 남·여선교회 헌신예배에 이슬람권 사역자나 이슬람 전공 선교학자를 초청하여 이슬람에 대한 이해를 갖게 하여야 한다. 먼저 한국교회 리더들부터 이슬람을 잘 알아야 한다. '이슬람에 대한 공동대처', '이슬람이 다가오고 있다'라는 표현은 비기독교인들에게 거부감을 갖게 하는 표현이므로 삼가야 한다.

특별히 최근 해외건설을 위해 중동으로 가는 한국인들에게 이슬람에 대한 균형적인 사고를 형성하도록 이슬람에 대한 실제를 알려주어야 한다. 1970-1980년대에 중동에 근로자들로 갔던 한국인들 중에 많은 사람들이 이슬람으로 개종한 경우가 있다는 것을 한국사회와 한국교회는 기억하여야 한다.

기독교대학교와 신학대학교에서의 이슬람학 강의

국내 신학교와 신학대학원에서는 세계 인구의 약 1/4를 이루는 '이슬람'에 관한 과목을 필수과목으로 해야 한다. 한국인들이 타문화와 타종교에 대해 이해가 상당히 부족한 것은 타문화와 타종교에 대해 연구하거나 배울 만한 기회가 상당히 제한적이기 때문이기도 하다. 한국교회가 인식해야 할 것은 이슬람이라는 종교 자체가 문제라기보다는 이슬람에 대해서 무지한 한국사회 및 한국 기독교의 문제가 더 크다는 점이다.[3] 대부분의 목회자들은 신학대학교나 신학대학원(M. Div) 과정에서 '비교종교학' 수업시간에 이슬람 개론 정도만 배울 수 있다. 그나마 비교종교학 수업을 듣지 않는 학생들은 이슬람에 대하여 전혀 공부하지 않고 '이슬람'이라는 단어만 알고 졸업하게 된다.

'칼의 노래' 작가 김훈은 2011년 3월 '한국사회를 말하다' 에서 한국에 이슬람을 공부하는 전문가가 없는 것이 문제이다. 세계 문화 4분의 1이 이슬람인데 이걸 가르치지 않고 있다. 글로벌화 측면에서 신라 때보다 못한 처지다"[4]라고 한탄 하였다. 이와 같이 신앙과 무관한 일반인도 이슬람 공부의 필요성을 적극 권장하고 있다. 그러므로 기독교대학이나 신학대학교에 이슬람 학과를 신설하여 무슬림 선교의 중요성과 심각성을 목회 현장에서 그리고 국내 무슬림들과 해외 교회와 선교지에서 알려야 한다.

이슬람위원회 조직

교단 선교부와 중·대형교회들에서 이슬람위원회를 조직하는 것이 필요하다. 교인들에게 이슬람과 무슬림에 대하여 정기적으로 목회자들과 성도들에게 교회게시판이나 교회신문들을 통해 알리는 작업을 지속적으로 해야 한다. 글로벌 시대에 한국은 더 이상 외국인과 외국 문화를 배척

할 수 없고 결국 무슬림들의 입국을 거부 할 수만은 없다. 성도들이 이슬람과 이슬람 문화에 대하여 이해할 수 있도록 해주어야 한다. 이슬람위원회 위원들이 먼저 이슬람 전문가들에게 훈련을 받아 계속 연구하여 성도들을 도와야 한다.

이슬람 국가로 간 한국인 유학생

유학이 일반화된 시대에 이슬람의 국내에서의 포교뿐 아니라 국외로 한국 학생들을 불러들여 이루어지는 이슬람의 활동에 대해서도 한국교회가 관심을 가지고 대응해야 할 부분이다. 이슬람권 국가에 유학을 간 한국 학생들은 무슬림이 아니므로 무슬림 학생들보다 몇 배나 비싼 등록금을 지불하여야 한다. 따라서 비무슬림 학생들 중에는 무슬림이 되면 등록금을 덜 지불하여도 되기 때문에 이슬람으로 개종하는 경우도 있다. 한국인들이 이슬람에 대하여 잘 알지 못하므로 외국에 유학이나 취업 목적으로 가서 무슬림이 되는 경우가 있다. 이에 대한 대처도 한국교회는 생각해봐야 할 것이다.

그리스도인 교육 및 훈련

그리스도인들이 이슬람에 관한 책 몇 권 읽기와 이슬람에 대한 강좌를 한두 개 들었다면 백지 상태보다는 낫겠지마는 그것으로는 충분하지 않다. 이슬람과 이슬람 문화에 대하여 교육하여야 한다. 무슬림들을 교회나 집에 초청했을 때 식사시간에 돼지고기를 대접하거나, 아랍 사람들을 앉혀놓고 발바닥을 보이는 행위는 상대방을 무시하는 것이 된다. 종교적인 것이 아닌 문화적 행위로 인하여서 그에게 상처를 주게 되는 것이다. 이슬람의 가족 제도 및 무슬림과의 결혼을 통하여 예상되는 문제점과 피해 사례 등을 알리는 홍보책자나 결혼 지침서를 발간하여 배포한다.

언론·미디어 관계

한국내 언론과 공중파 방송이 이슬람을 잘못보도하며 기독교를 폄하하고 있다. 국내무슬림들의 저서와 강연들에 대하여 기독교 측에서 적극적으로 수정하여 홍보해야한다. 예를 들어 한국말 꾸란에 '하느님'을 사용하지 않고 기독교인들이 쓰는 '하나님'을 사용하는 것과 '이슬람과 유대교와 기독교는 뿌리가 같으므로 같은 하나님이다' 라고 하는 표현은 한국 기독교인들 중 믿음이 잘 정리되지 않은 자들이나 초신자들이 혼돈할 수 있으므로 한국 교회가 적극적으로 대처해 나가야 한다.

이슬람에 사명감을 가진 기독언론인은 이슬람에 대한 특집 프로그램을 언론(신문, 공영 TV)에 소개해야 한다. 예를 들면 유럽이 이슬람 디아스포라가 증가하면서 변화된 문화적 요소, 무슬림과 결혼한 가정들 문제점, 무슬림들이 이주를 많이 한 도시의 산업 발전 여부와 범죄율의 변화 등을 균형과 정확한 통계를 통해 있는 그대로의 이슬람의 영향력을 보여줘야 한다. 이를 통해 사람들은 이슬람의 실상을 볼 수 있어야 한다. 기독교 측면에서 만든 폭력과 테러 중심의 이슬람관련 영상으로는 일반인에게 설득력이 부족하고 기독교인들의 편견이라는 생각을 줄 수 있다.

인터넷 및 유투브(YouTube) 사용

국내 인터넷 사이트 선교단체 게시판 또는 개인들의 인터넷 사이트에 이슬람 관련 글들은 올려져 있지만 더 전문적으로 인터넷을 활용할 필요가 있다. 젊은이들은 기성세대와 달리 외국 문화에 대한 이질감을 느끼지 않는다. 인터넷은 이들에게 외래문화를 깊게 파고들 수 있는 무기이다.

요즈음 젊은이들의 유튜브 사용을 통하여 많은 정보를 공유하므로 기독교에서도 적극 활용할 필요가 있다.

한국교회는 한국인들의 이슬람 개종 요인을 정확히 이해하고 지속적인 관심과 사랑을 가져야 한다. 하나님은 무슬림도 사랑하시므로 구원받기를 원하신다. 성경은 하나님의 때에 아브라함의 아들 중 하나였던 이스마엘의 후손들(이사야19:19-25 42:10 -12, 60:3-9)을 포함한 모든 무슬림과 모든 족속이 하나님께로 돌아올 것이라고 예언하고 있다(요한계시록 5:9). 한국교회는 하나님의 약속을 의지하며 이 시대적 사명인 이슬람권 사역을 위하여 모든 역량을 극대화하며 활용하여야 한다.

맺는 말

오늘날 서구의 힘과 더불어 이슬람은 석유의 힘으로 새로운 세력으로 전 세계의 전면에 등장하여 막강한 영향을 미치고 있다. 전세계 16억 무슬림 인구는 세계적으로 사회적 혼란을 가져오고 있다. 한국에서는 한국인 무슬림을 포함하여 15만의 무슬림 인구의 갑작스런 증가는 전국에 모스크와 무슬림들의 기도처가 증가 하고 있다. 현재 한국 인구의 0.1% 수준에도 못미치는 국내 무슬림 공동체의 크기를 위협요인으로 생각한다는 것은 지나친 비약이라고 주장하는 사람도 있다. 당장은 언뜻 그렇게 생각할 수 있다. 가랑비에 옷이 젖는다는 말과 같이 현재와 같은 속도로 국내 무슬림이 증가한다면 앞으로 몇 년이나 몇 십년 후에 한국의 미래는 어떻게 될 지를 생각하지 않을 수가 없다.

한국은 현재 전세계에서 가장 빠른 인구고령화와 저출산 국가로 지목되었다. 이로 인하여 이주 무슬림 노동자들이 더 입국할 가능성이 높다. 한국 이주 무슬림은 수적 증가와 그 유입배경이 다양하다. 1980년에는 노동자계층이 이주하였지만 오늘날은 학업과 국제결혼을 통한 종교적, 문화적 요소의 전승과 재생산이 급속히 일어날 수 있는 환경이 조성되고 있다. 이주 무슬림 중 유학생 및 결혼 이민으로 합법적인 지위를 지니고 있는 이주민의 비율이 증가함에 따라 이들을 매개로 국내의 이주 무슬림의 수는 지속적으로 증가할 가능성이 있다.

오늘날 이슬람은 한국사회에 다양한 모습으로 나타나며 빠르게 성장하고 있다. 특히 한국인의 이슬람 개종에 있어서의 수적 증가는 심각한 수준이다. 한국사회는 이슬람에게 전 방위 가릴 것 없이 노출되어 있다. 한국인이 무슬림으로 개종하는 요인들은 모스크 방문, 해외 유학, 중동지역 근무, 이슬람 국가에 파병, 직장, 대학 캠퍼스 이슬람화, 국내 무슬림의 포교, 무슬림과의 결혼, 이슬람문화 홍보: 이슬람 문화 연구 및 이슬람 문화원과 문화연구소 활동, 인터넷 채팅과 종교적 관심, 아랍어 공부, 학교, 세미나 및 학술대회와 학술교류, 출판 및 언론과 미디어, 식품 인증제도, 경제와 정치 등으로 다양하다. 특히 한국이슬람중앙회와 한국인 무슬림들의 활동이 크게 기여하고 있다. 또한 한국의 경제적인 면과 정치적 면이 한국인의 이슬람 개종에 큰 기여를 하고 있다. 무슬림들이 모스크를 중심으로 민족 공동체를 형성하고 있는 것은 전 세계적인 현상이다.

한국 내 이주 무슬림 공동체의 가장 큰 특징은 대부분이 모스크를 중심으로 종교 공동체를 결성하고 있다. 이주 무슬림들은 종교공동체를 중심으로 사회적 연결망을 만들어 서로에게 정서적, 문화적, 사회적 지원을 활발하게 하고 있다. 한국인 무슬림들이 쓴 글이나 책을 살펴보면 이슬람

이태원 거리의 이슬람 상점들
(저자촬영)

에서 믿는 하나님과 기독교에서 말하는 하나님은 뿌리가 같은 하나님이라고 주장한다. 그러나 이슬람에서 믿는 하나님과 기독교에서 믿는 하나님은 용어는 같지만 의미는 전혀 다르다.

꾸란이 쓰인 시대의 사회와 21세기의 이슬람 사회는 다르다. 우리는 급성장하는 이슬람에 대해 정서적으로 대립각을 세워 적대적 세력으로만 보는 시각보다는 그들의 종교적 교리와 문화를 올바로 바라보아야 한다. 이슬람의 양면성을 정확히 알아야 하며, 이슬람을 과대·과소평가하지 말고 균형 잡힌 시각을 가지고 대처하여야 한다. 한국사회와 한국 교회는 국내 무슬림 증가 요인과 이슬람의 다양성과 복합성, 문화와 사회성을 지속적으로 연구하여야 한다.

우리는 한국의 상황과 역사적 흐름을 정확하게 인식하며 한국에서 은밀히 이슬람이 지속적으로 성장하고 있는 현실을 직시하여야 한다.

미주

❖ 머리말

1) 채지선, "한국 2045년 평균 50세 세계 최고령," 『한국일보』 2012년 6월 20일자, 18면.
2) 이슬람(Islam)은 아라비아어로 '복종'을 의미하며, 이슬람을 믿는 사람을 무슬림(Muslim), 즉 복종하는 사람을 의미한다. 알라(Allha)는 하나님이란 의미이다. 영어로는 'God'이라고 한다. 이 책에서 꾸란의 한국어 판은 최영길, 『성 꾸란 의미의 한국어 번역』(파하드 국왕 꾸란 출판청, 1999)를 사용하지만 기독교의 하나님과 꾸란의 알라를 구별하기 위하여 알라로 지칭한다. 꾸란(Quran)은 아랍식 발음이며, 코란(Koran)은 영어식 발음이다. 성경보다 600년 이상 이후에 쓰여진 꾸란은 알라의 메시지를 무함마드가 낭송하고 이를 그의 추종자들이 기록한 책이다. 꾸란은 전 114장으로 되어있다.
3) 정재홍, "이슬람교, 세계최대종교로," 『중앙일보』 2008년 4월 1일자, 16면.
4) 김성규, "13억 이슬람과의 대화 -한국인 신자 3만 명…," 『동아일보』 2001년 7월 23일자, A14.
5) 송경화·안수찬, "난 한국인 무슬림이다," 『한겨레신문』 2011년 5월 17일자, 1면.
6) (재)한국이슬람교에서 발행하는 『주간무슬림』 1041호(2011년9월23일)부터 뒷면표지에는 17개 모스크(11개모스크; 서울중앙모스크, 부산, 경기도광주, 전주, 안양, 안산, 부평, 파주, 대구, 광주, 포천와 6개 모스크 역할의 센터; 부평, 송파구 마천, 제주, 대전, 김포, 창원)를 소개하고 있다.
7) http://www.koreaislam.org/mosque/intro2.jsp (2011년 7월 26일 접속)
8) 김나래, "국민 87% 이슬람 잘 몰라," 『국민일보』 2008년 11월 18일자, 1면.
9) 김진한, "이슬람보도기사 상당 부분 사실 아니다,"http://www.veritas.kr/contents/article/sub_re.html?no=852(2008년 12월 13일 접속)
10) 박민균, "교회 불안이 이슬람 공포 키워,"『기독신문』 2009년 4월 29일자, 22면.
11) 인터넷카페 '이슬람으로 하나되는 세계,' http://cafe.daum.net/islamworld/QQNW/361?docid=1JhExQQNW36120101008201616 (2012.8.10. 접속)
12) Hee-Soo Lee, *The Advent of Islam in Korea* (Istanbul: Research Centre for Islamic History, Art and Culture (IRCICA), 1997.

❖ **1부·1장**

1) 이희수, 『이슬람』(파주: 청아출판사, 2011), 390.
2) 중국의 서쪽에 있던 여러 나라를 통틀어 이르는 말. 넓게는 중아아시아·서부 아시아·인도를 포함하지만 좁게는 지금의 신장웨이우얼 자치구 톈산 남로에 해당하는 타림 분지를 가리키며 동서 무역의 중요한 교통·문화 교류지 였다.
3) 정수일, 『문명교류사 연구』(서울: (주)사계절출판사, 2002), 338.
4) 위의 책, 391.
5) 이광표, "황금의 제국 페르시아," 『동아일보』 2008년 4월 5일자, A12.
6) 정수일, 『이슬람 문명』(파주: (주)창비, 2005), 335
7) 이희수, 『이슬람』, 394.
8) 정수일, 『이슬람 문명』, 336.
9) 이희수 『이슬람』, 396.
10) 위의 책, 396-397.
11) 정수일, 『이슬람 문명』 337.
12) 위의 책, 340.
13) 위의 책, 343.
14) 이광호, 『이슬람과 한국의 민간신앙』(울산: UUP, 1998), 54-55.
15) 이희수, 『이슬람』, 397.
16) 최갑도, 『한국에서의 이슬람전파에 관한 연구 및 한국인의 이슬람에 대한 도전』(영주: 우림출판사, 1996), 72.
17) 정수일, 『이슬람 문명』, 347.
18) 이희수, 『이슬람』, 403.
19) 이희수, 『이슬람과 한국문화』(파주: 청아출판사, 2012), 327.
20) 이희수, 『이슬람』, 404; 이희수 교수의 책 『이슬람과 한국문화』 337쪽에는 2001년 박재성이 92세에 사망했다고 쓰여있다.
21) www.islamkorea.com/islamkorea_2.html
22) 이희수, "한국 이슬람의 어제와 오늘," 『이스마엘 우리의 형제』 2004년 제 67호(한국이슬람연구소), 6.
23) 최갑도, 87
24) http://islamkorea.com
25) http://koreaislam.com/16895(2011년 8월 12일 접속)
26) http://koreaislam.com/16895(2011년 8월 12일 접속)
27) http://koreaislam.com/16895(2011년 8월 12일 접속)
28) 이희수, "한국 이슬람의 어제와 오늘," 6.

29) 최갑도, 93.
30) 최영길, 『나의 이슬람문화 체험기』(파주시 : (주)도서출판 한길사, 2012), 261-262.
31) 위의 책, 263-264.
32) 매일경제신문사, 『뜨거운 중동 쿨하게 읽기』(서울: 매일경제신문사, 2011), 205.
33) "한국 이슬람 현황," www.islamkorea.com/islamkorea_2.html
34) "한국 이슬람역사5," http://koreaislam.com/16899(2011년 12월 26일 접속)
35) KMF. ed., *Islam and Other Religions in Asia:* Coexistence and Cooperation (Seoul: KAIS & KIIC, 2005), 29.
36) "한국 이슬람 역사 5," http://koreaislam.com/16899(2011년 12월 26일 접속)
37) 최수현, 원세일, 조백건, "서울은 작은 지구촌," 『조선일보』 2008년 3월 22일, A11.
38) 임민혁, "아랍 VIP 200명 동시에 한국 온다," 『조선일보』 2008년 5월 22일자, A6.
39) 안석배 외 3인. "국제사회에서 한국 대변할 친 한파," 『조선일보』 2008년 10월24일자, A12.
40) 김성원, "이슬람이 오고 있다," 『국민일보』 2008년 10월 29일자, 32.
41) 이희수. "한국 이슬람의 어제와 오늘.".
42) 윤영찬, "이슬람은 평화의 종교...폭력적은 오해," 『동아일보』 2006년 9월 21일자, A23.
43) 강주안. '이슬람 개종한 새 신자 김덕수 씨-삶이 곧 교리,' 『중앙일보』 1997년 2월1일자, 33쪽.
44) 한국 이슬람교, 『주간무슬림』 962호(2010. 3. 19), 16.
45) 한국 이슬람교, 『주간무슬림』 980호(2010. 7. 23), 16.
46) 한국 이슬람교, 『주간무슬림』 968호(2010. 4. 30), 19. 주간 소식 "이슬람 소개 전시물."
47) 송경화 · 안수찬, "젊은 영혼들 '샤하다'와 접속하다" 『한겨레신문』 2011년 5월 19일자, 4면.
48) 한국 이슬람교, 『주간무슬림』 1030호(2010. 7. 8), 12.
49) 이슬람 국가는 국가 통치 이념이 이슬람에 근거하며 이슬람 신자 분포가 국민의 다수를 이루며 '이슬람 회의기구(OLC-Organization of Islamic Conference)'에 가입한 국가이며, 2011년 57개국이 가입하였다.
50) 이동형, '이슬람최고회의 한국인 첫 입성(入城),' 『경향신문』 1998년 11월 4일자, 6면.
51) 허의도, "[지식인 지도가 바뀐다] 〈37〉 '이슬람독회'팀; 한손에 코란 한손에 펜...이슬람학 메신저," 『중앙일보』 1999년 11월 8일자, 22면.,
52) 허인정 · 정시행. 국내의 이슬람교인(上) "이라크戰 안 일어나길…" 『조선일보』 2003년 3월 11일자, 23면.
53) 허인정 · 정시행. 국내의 이슬람교인(下) "한국 무슬림들, 이슬람권 외교관," 『조선일보』 2003년 3월 13일자, A8면.
54) 위의 글.
55) 김성운, "이슬람의 한국 전파에 대한 연구: 터키 페툴라 귤렌회(Fetullah Gulen Cemaate)를 중심으로," 『진리와 학문의 세계』 제21권 (달구벌기독학술연구회, 2010), 164.

56) 최영길, 35.

57) 금원섭, "시위철거민에 도시락 건네는 마음 따뜻한 당찬 공무원," 『조선일보』 2002년 1월9일자, 30면.

58) 송경화·안수찬, "난 한국인 무슬림이다" 『한겨레신문』 2011년 5월 17일자, 1면 과 4면.

59) 최영길, 261-262.

60) 위의 책, 266-267.

61) 이희수. "한국 이슬람의 어제와 오늘." 7.

62) 허인정·정시행. "국내의 이슬람교인(下) 한국 무슬림들, 이슬람권 외교관...," A8면.

63) 이희수, 『이슬람』, 406.

64) 허인정·정시행. 국내의 이슬람교인(上) "이라크戰 안 일어나길…," 23면.; 송옥진, "국내 무슬림 밥상은 내칼에 있다," 『한국일보』 2012년 6월 16일자, 33면.

65) 최지영. '아랍인 이해하려다 이슬람교도 되었죠,' 『중앙일보』 2004년 4월 7일자, 26면.

66) 조민근, "이라크 10만 가구 신도시 건설공사 한화건설, 9조원 규모 내주 본 계약," 『중앙일보』 2012년 5월 24일자 1면.

67) "자이툰부대원 37명 이슬람 입교", 『연합뉴스』 2004년 5월 28일자 인터넷 판.

68) 아르빌=연합, 『중앙일보』 2004년 10월 11일자, 8면 사진보도.

69) 조문규, '골목길 기도인파,' 『중앙일보』 2005년 1월 21일자, 2면; 대구 무슬림기도 사진 설명 기사.

70) KBS 1 TV, 2010년 4월 6일 방영 "시사기획 창-무슬림 우리 곁의 이방인."

71) 송경화·안수찬, "히잡 두른 사랑 앗살라무 알라이쿰!" 『한겨레신문』 2011년 5월 17일자, 4면.

72) 김성운, 142; 한국에서 이슬람 포교활동을 하고 있는 터키의 페툴라 귤렌회는 현대 터키 이슬람을 대표하는 가장 강력한단체이며, 2007년 발표된 자료에 의하여 터키 이스탄불 파티 대학을 비롯하여 아제르바이잔, 그루지야, 카자흐스탄, 투르크메니스탄에 7개의 대학을 포함 한국을 비롯하여 전세계 148개 국가에 200여 개의 학교를 세우고 이슬람전파 활동을 하고 있다.

73) 위의 책, 143-144.

74) 위의 책, 145.

75) 한국외대(아랍어과, 이란어과, 터키어), 명지대(아랍지역학과), 부산외대(아랍어과, 중앙아시아어과), 조선대(아랍어과)

76) 김성규, "13억 이슬람과의 대화 -한국인 신자 3만 명…," 『동아일보』 2001년 7월 23일자, A14.

77) 이선민·이한우, "토요 데이트; '이슬람 전문가'이희수…," 『조선일보』 2001년 10월 20일자, 40면.

78) 김민철, "[韓·이슬람 교류 50년 특별기획] 한국을 기다리는 이슬람]," 『조선일보』 2005년 12월19일자, A6.

79) 최재혁, "아랍권 첫 한국유학 박람회," 『조선일보』 2007년 5월 28일자, A12.
80) 안석배 외 3인. "국제사회에서 한국 대변할 친한파," 『조선일보』 2008년 10월24일자, A12.
81) 주영재, '나의 이슬람 문화…' 『경향신문』 2012년 7월 21일자, 23면.
82) http://sau.mofat.go.kr/kor/af/sau/affair/relation/index.jsp(2011.8.13. 접속)
83) 한국 이슬람교, 『주간무슬림』 991호(2010. 10. 8), 18.
84) 김민상, "아랍에미리트 과학영재들 '우녀전 연수'온다 ," 『중앙일보』 2010년 2월1일자, 19면.
85) 유석재, " KAIST엔 이슬람 기도실도 있어요," 『조선일보』 2010년 3월 15일자, A15.
86) 송경화·안수찬, "넌 기독교, 난 이슬람 카이스트는 공존지대!" 『한겨레신문』 2011년 5월 20일자, 4면.
87) 김연정, "국민대, 이슬람 유학생 '메카'로 사우디 유학생 중 25% 재학…학내 기도실 마련," http://news.hankooki.com/lpage/society/201011/h2010111406170822020.htm (2011.8.13. 접속)
88) 201년 5월, ERICA학술정보관은 '아랍-이슬람 도서 문화 전시회' 개최. 전시회는 꾸란을 비롯한 이국적인 전시물들을 선보임.:http://www.hanyang.ac.kr/controller/weeklyView.jsp?file=/top_news/2010/094/cover.html
89) 이신학, "선문대-사우디아라비아 문화원, 학술교류협약 체결," www.asiatoday.co.kr/news/view.asp?seq=537 509 『아시아투데이』 2011년 10월 6일자 인터넷판.
90) 이슬람의 다와는 '부르심', '초대'라는 뜻. 모든 사람으로 하여금 알라의 뜻에 복종시키고자 하는 목적을 가진 이슬람에로의 초대, 부름심이 다와의 의미이다.
91) Korea Muslim Federation.,ed, *Islam and Other Religions in Asia:* Coexistence and Co-operation, Korean Association of Islamic Studies(KAIS)& Korea Institute of Islamic Culture(KIIC)(2005), 239.
92) 위의 책, 240.
93) 한국 이슬람교, 『주간무슬림』 280호(2008. 10. 3), 12-13.
94) 한국 이슬람교, 『주간무슬림』 950호(2009. 12. 25), 19.
95) 김현진, "이슬람 바로 알리기" 성전(聖戰)의 전사들," 『동아일보』 2002년 3월 15일자, D 4면.
96) 한국 이슬람교, 『주간무슬림』 983호(2010. 8. 13), 15.
97) 한국 이슬람교, 『주간무슬림』 1082호(2012. 7. 20), 12.
98) 이선민. "한국인들 이슬람세계 너무 몰라" 『조선일보』 2001년 9월 22일자, 23면.
99) 한국 이슬람교, 『주간무슬림』 1000호(2010. 12. 10). 15
100) 허인정, 정시행, "무슬림가족 오희섭, 줄타나 부부!" 『조선일보』 2003년 3월 12일자, A8면.
101) KBS TV1, 〈러브 인 아시아〉 "명랑주부 아데 아르야니의 행복일기," 2012년 6월 19일 상영.
102) KBS TV1, "시사기획 창-무슬림 우리 곁의 이방인," 2010년 4월 6일 방영.
103) 송경화·안수찬, "히잡 두른 사랑 앗살라무 알라이쿰!"
104) 정우상, "[韓·이슬람 교류 50년 특별기획] [한국을 기다리는 이슬람]." 『조선일보』 2005년 12월19일자, A6.

105) 특별취재팀, "이슬람 한국진출과 대응 방안," 『기독신문』 2008년 8월6일자, 7면.
106) KBS TV2, 생생정보통 '무슬림 아직도 이방인인가?' 2011년 8월 9일 방영.
107) 송경화·안수찬, "히잡 두른 사랑 앗살라무 알라이쿰!"
108) 송경화·안수찬, "젊은 영혼들 '샤하다'와 접속하다."
109) 김나미, "김나미의 열린마음. 열린종교 3. 이슬람신비주의-이슬람," 『중앙일보』 2004년 6월 5일자, 22면.
110) 특별취재팀, "이슬람한국진출과 대응방안," 『기독신문』 2008년 8월 6일자, 7면.
111) 김성원, "이슬람이 오고 있다," 『국민일보』 2008년 10월 29일자, 32면.
112) 서정민, "아시아 첫 중동문화원 인천에 문 열어," 『중앙일보』 2007년 10월 23일자, 10면.
113) 정우상, "[韓·이슬람 교류 50년 특별기획] [한국을 기다리는 이슬람]." 『조선일보』 2005년 12월19일자, A6.
114) "무슬림과 결혼한 한국여성의 실태,":http://tvpot.daum.net/clip/ClipViewByVid.do?vid=Q3BCFKciExI$(2011년 8월14일 접속)
115) 송경화·안수찬, "젊은 영혼들 '샤하다'와 접속하다,"
116) 위의 글.
117) 송경화·안수찬, "우리나라 친구야, 날 침떠보지 마!" 『한겨레신문』 2011년 5월 18일자, 4면.
118) 송경화·안수찬, "젊은 영혼들 '샤하다'와 접속하다."
119) 이희수, 『이슬람과 한국문화』, 350.
120) 안은주, "모슬렘으로 개종 중동 시장 접수하다," 『시사인』 47호. 2008년 8월5일자. (http://www.sisainlive.com/news/quickViewArticleView.html?idxno=2623)
121) 채성진. "응시자는 가장 많은데… 가르치는 고교 한곳도 없어," 『조선일보』 2009년 4월 18-19일자, B7면.
122) 임주형, "외시, 아랍어 능통자 별도 선발," 『서울신문』 2009년 9월 3일자, 24면.
123) 김성원, "이슬람이 오고 있다," 『국민일보』 2008년 10월 29일자, 32면.
124) 한국이슬람중앙회, 『주간무슬림』 942호(2009. 10. 30), 18:
125) 『머니투데이』 2011년 6월 15일자 '인터넷신문' (http://news.mt.co.kr/mtview.php?no=2011061510125029933)
126) 신동흔, '[WHY] 16억 이슬람교도의 입맛 사로잡아라,' 『조선일보』 2011년 10월 30일자 인터넷판.
127) 유윤정, '이슬람 머니가 몰려온다,' 『조선일보』 2010년 3월 10일자, 41면 B1.
128) 임민혁, 'UAE 석유거물 2명 한국 온다,' 『조선일보』 2008년 5월 24일자, A4.
129) 김향자, '관광개발 주체간 협력방안,' (기본과제 2010-29, 한국관광연구언 pdf 파일).
130) 김동윤, '우리투자證', 카타르 최대이슬람은행과 MOU,' 『한국경제』 2010년 3월 11일자, A27면.
131) 박준동, '이슬람 금융전무가양성…중동 진출 지원,' 『한국경제』 2010년 4월 23일자, A37면.

132) 김수연, 김동욱, "사우디아라비아 실력자들 서울 총집결"『한국경제』2011년 4월 26일자, A2면.
133) 김재영·김승련·박선희, "청년이여중동으로 가자...해외건설 인력 4800명 키운다,"『동아일보』2012년 2월 25일자, A8면.
134) 김한별, "제 2의 중동 붐,...젊은이들 해외 일자리로 눈 돌려라,"『중앙일보』2012년 3월 13일자, 30면.
135) 임민혁, "아랍 VIP 200명 동시에 한국 온다,"『조선일보』2008년 5월 22일자, A6면.
136) 한국 이슬람교,『주간무슬림』958호(2010. 2. 19), 14.
137) 한국 이슬람교,『주간무슬림』1032호(2011. 7. 22). 14.
138) 김승련, "사우디 50만 채 주택건설, 한국기업 참여해 달라,"『동아일보』2012년 2월 9일자, A10면.
139) "간호사 해외 취업의 역사," 대한 간호사협회 웹진(webzine.koreanurse.or.kr).
140) 최영길, 263-264.
141) 박종성, "대규모 의료인력 사우디 진출,"『경향신문』1998년 11월 24일자, 2면.
142) 문갑식, "웰컴, 한국 간호사"인력난 미국·캐나다 등 취업요청 줄이어"『조선일보』2005년 3월 2일자, 14면.
143) 박수련, "오일 머니'나라 아부다비 부자 환자 한국 보내,"『중앙일보』2011년 11월 26일자, 2면.
144) 2012년 3월 21일자 이화의료원 의료원 소식, "이화의료원 주안 아랍대사 부인 초청투어 개최,"www.eumc.ac.kr/ intro/news/board.asp?
145) KBS 1 TV, "시사기획 창-무슬림 우리 곁의 이방인." 2010년 4월 6일 방영.
146) 오종진, "한국 이주 중앙아시아 무슬림 현황과 조직화,"『한국이슬람학회논총』18-3집 (2008), 111.
147) 꾸란 2:221 "믿음이 없는 여성과 결혼하지 말라 믿음을 가진 여자 노예가 믿음이 없는 유혹하는 매혹의 여자보다 나으니라...."
148) 이희수,『이슬람과 한국 문화』, 353.
149) 조희선, "한국의 무슬림 정체성," *Muslim-Christian Encounter*, (Torch Trinity Center for Islamic Studies Journal volume 3. Number 2, November 2010),98.
150) 송경화·안수찬, "한국의 무슬림 (2)알리 형제의 사춘기,"『한겨레신문』2011년 5월 18일자, 4면.
151) 조희선,"한국의 무슬림 정체성," 111.
152) CTS방송, "무슬림과 결혼후 강제개종교육 피해 여성의 증언," 2008년 5월 13일 뉴스.
153) 정재석, "결혼 악용 '나쁜 외국인' 주의보,"『포커스 Focus』2010년 8월 20일자,7면.
154) 김나래, "[이슬람이 오고 있다] "이슬람교도와 결혼해도 된다 58.3%,"『국민일보』2008년 11월 18일자, 29면.

❖ 1부·2장

1) 김태철, "국내 거주 외국인 140만…울산주민보다 많아," 『한국경제』 2012년 8월 10일자, 23면.
2) 위의 글.
3) 위의 글.
4) 윤창희·강병철·최모란·최종혁, "성공한 외국인 거리엔 ㅁㅁ없다." 『중앙일보』 2012년 7월 11일자, 8면.
5) 윤창희·강병철 "외국인 거부감에….둥근 지붕 못 올린 이슬람 사원" 『중앙일보』 2012년 7월 10일자, 4면.
6) 최경호, '다국적군 밤길 지키는 호남다문화 1번지,' 『중앙일보』 2012년 7월18일자, 20면.
7) 윤창희·강병철, '외국인촌 103곳 글로벌 동거시대,' 『중앙일보』 2012년 7월10자, 1면.
8) 윤창희·강병철, '공단 근처, 대도시 집값 싼 곳에 외국인 몰려;' 『중앙일보』 2012년 7월10자, 4면.
9) 위의 글.
10) 위의 글.
11) 위의 글.
12) 위의 글.
13) 위의 글.
14) 위의 글.
15) 위의 글
16) 윤창희·강병철·송봉근, '여기 한국 맞아? 노르웨이·덴마크인이 9000명' 『중앙일보』 2012년 7월10자, 4면
17) 위의 글.
18) 홍권삼, '주말엔 1000명….정류장 앞은 다국적 장터' 『중앙일보』 2012년 7월26자, 24면
19) 강경민, "외국인 서울살이 최대 고민은 노무 분야," 『한국경제』 2012년 7월 7일자,
20) 김아진, "늘어나는 외국인, 인구구조 바꾼다," 『국민일보』 2010년 4월 6일자, 2면.
21) 김경화, "신규 왜래姓 440여개," 『조선일보』 2009년 8월 22일자, A10면.
22) 권상은, "다문화 가정을 위한 경기 아이누리 캠페인," 『조선일보』 2009년 1월 28일자, D1면.
23) 육동일, "다문화 껴안아야 선진국 된다," 『중앙일보』 2008년 4월 25일, 33면.
24) 문창선, 『땅 끝 이웃』(안양: 이레디엔피, 2008), 96.
25) 이철재·한애란·정강현·김호정, "코시안 정치세력화 가능성," 「중앙일보」, 2006년 4월 4일, 1면.
26) 특별 취재팀, "동남아 엄마의 아이들," 「조선일보」, 2008년 5월 5일, A1 면.
27) "북한이탈 주민 입국인원현황,"www.unikorea.go.kr/CmsWeb/viewPage.req?idx=PG0000000166 (2012년 7월 6일 접속)

28) 김연주·양모듬, "다문화 가정 자녀 37%가 왕따…"『조선일보』2012년 1월 10일자, A10면
29) 위의 글.
30) 김태철, "국내 거주 외국인 140만…울산주민보다 많아,"『한국경제』2012년 8월 10일자, 23면.
31) 김경화, "가족의 재구성(9) 다문화 가족: 아직도 차가운 시선..한국시집살이 힘들어요,"『조선일보』2009년 8월 7일자, A12면.
32) 박진영·한상혁, "다문화 자녀, 게임중독률 3배,"『조선일보』2012년 2월 7일, A4면.
33) 전현석, "다문화 국군시대… 2028년엔 1만 2000명,"『조선일보』2012년 6월 12일자, 1면.
34) 에스라 10:10 "제사장 에스라가 일어나 그들에게 이르되 너희가 죄를 범하여 이방 여자를 아내로 삼아 이스라엘의 죄를 더하게 하였으며."
35) 에스겔 47:21 "너희는 이 땅을 나누되 제비 뽑아 너희와 너희 가운데에 머물러 사는 타국인 곧 너희 가운데에서 자녀를 낳은 자의 기업이 되게 할지니 너희는 그 타국인을 본토에서 난 이스라엘 족속같이 여기고 그들도 이스라엘 지파 중에서 너희와 함께 기업을 얻게 하되."
36) 쇼캣 모우캐리,『기독교와 이슬람의 대화』한국이슬람연구소 옮김(서울: 예영커뮤니케이션, 2003), 389.
37) 요한복음 4:9 "사마리아 여자가 가로되 당신은 유대인으로서 어찌하여 사마리아 여자 나에게 물을 달라 하나이까 하니 이는 유대인이 사마리아인과 상종치 아니함이러라."

❖ 2부 · 1장

1) Keithe E. Swartley,ed., *Encountering The World of Islam* (Littleton: Authentic, 2005), 12.
2) 잭 버드, 『이슬람이란 무엇인가』 중동선교회 옮김 (서울: 예루살렘, 1992), 24.
3) 위의 책, 25.
4) Ahmad Thomson, *The Wives of the Prophet Muhammad* (London: Ta-Ha Published Ltd, 2004), 1.
5) 무함마드의 22명 여성들(Muhammad's 22 Women): 무함마드의 16명 부인들(Muhammad's 16 Wives): (1) 카디자(Khadija), (2) 사우다(Sawda), (3) 아이샤(Aisha), (4) 움무 살라마(Umm Salama), (5) 하프사(Hafsa), (6) 자이납 자흐쉬(Zaynab Jash), (7) 주와이리이(Juwayriyi), (8) 움무 하비바(Umm Habiba), (9) 사피아(Safiya), (10) 마이뭄(Maymum), (11) 화티마(Fatema), (12) 힌디(Hend), (13) 아스마 사바(Asma of Saba), (14) 자이납 쿠자이마(Zaynab of Khuzayma), (15) 하브라(Habla), (16) 아스마 모만(Asma of Moman). 무함마드의 2명의 첩 또는 하녀(Muhammad's 2 concubines/slaves): (17) 마리아(Mary), (18) 롸이하나(Rayhana). (19) 움무 사리크(Omm Sharik), (20) 마이무나(Maymuna), (21) 자이납(Zaynab-a third one), (22) 카우라)(Khawla (http://www.bible.ca/islam/islam-myths-muhammad-sinless-4-wives.htm; 재인용, 이정순, 『이슬람문화와 여성』(서울: CLC, 2007), 20-21.
6) 하디스(Hadith)는 무함마드의 말, 행동, 묵인 사항을 기록한 것이다. 하디스는 꾸란 다음으로 권위를 가지고 있으며, 전체 114장으로 되어 있----다.
7) Barbara Freyer Stowasser, *Women in the Quran, Traditions, and Interpreation* (Oxford: Oxford University, 1994) , 86.
8) 이정순, 43.
9) 진원숙, 『충돌의 역사』(서울: 도서출판 신서원, 2002), 24-25.
10) 노봉린, '아시아 선교에 대한 역사적 분석' 『아시아 교회와 선교』 미간행물, 185.
11) 함태경, "이슬람이 오고 있다? 중국의 현황과 선교전략," 『국민일보 』2008년 12월 9일자, 29면; 세계최대의 무슬림 국가는 인도네시아, 파키스탄, 인도, 방글라데시, 터키, 이집트, 이란, 나이지리아, 중국, 시리아이다.
12) 후이족, 위구르족, 카작족, 우즈벡족, 키르기스족, 타직족, 싸라족, 둥샹족, 바오안족, 타타르족이다.
13) Michael Dillon, *China's Muslim Hui Community* (Surrey: CURZON, 1999), 11.
14) 위의 책, 12.
15) 폴 해터웨이, 『오퍼레이션 차이나』, 중국대학선교회 역 (대구: 도서출판 CUM, 2007), 233.
16) Maria Jaschok and Shui Jingjun, *The History of Women's Mosques in Chinese Islam* (UK: Curzon, 2000〉,75.
17) 출처: The Economist, 2012년 1월 28일, 한국선교연구원(krim.org) 파발마 802호.
18) 황병하, "무슬림이 한국문화수용 정도와 향후 과제연구," 156.
19) 이장훈, "유럽은 무슬림전쟁중," 『주간조선』 2079호 (2009년 11월 9일), 91-94

20) 출처: London Telegraph, 2009년 8월 8일, 한국선교연구원 '파발마' 679호.
21) 출처: The Economist, 2011년 1월 27일, 한국선교연구원 '파발마' 753호.
22) Richard Kerbaj, 'Muslim population rising 10 times faster than rest of society.' January 30, 2009. http://www.timesonline.co.uk/tol/news/uk/article5621482.ece/(2009년 11월 1일 접속)
23) 출처: The Economist, 한국선교연구원 '파발마' 753호.
24) 출처: London Telegraph, 한국선교연구원 '파발마' 679호.
25) 정재홍, "이슬람교, 세계최대 종교로,…"
26) 출처: London Telegraph, 한국선교연구원 '파발마' 679호.
27) 권경복, "英대학 이슬람 극단주의 온상 돼가고 있다," 『조선일보』, 2011년 4월 29일자, A 20.
28) 최종상, 『다시 건너와 우리를 도우라』 (서울: 도서출판 크리스천서적), 12.
29) 출처: The Economist, 2010년 1월 14일, 한국선교연구원 '파발마' 708호.
30) 출처: London Telegraph, 2009년 8월 8일, 한국선교연구원 '파발마' 679호.
31) 출처: London Telegraph, 2009년 8월 8일, 한국선교연구원 '파발마' 679호.
32) Shireen T. Hunter, Islam, Europe's second Religion (London: Praeger, 2002), xiii.
33) 출처: London Telegraph, 2009년 8월 8일, 한국선교연구원'파발마' 679호
34) 이장훈, "유럽은 무슬림 전쟁 중," 91.
35) 위의 글, 92.
36) 위의 글, 94.
37) 출처: The Economist, 2011년 1월 27일, 한국선교연구원 '파발마' 753호.
38) John L. Esposito, *The Future of Islam* (Oxford: Oxford University Press, 2010), 13.
39) Posted on July 3, 2012. "American Muslims are turning to Islamic Private Education," http://muslim-academy.com/american-muslims-are-turning-to-islamic-private-education/
40) Asma Gull Hasan, *American Muslims* (New York: Continum, 2000), 145.
41) 정재홍, "이슬람교, 세계최대 종교로,"
42) 출처: The Economist, 한국선교연구원 '파발마' 753호.
43) 야히야 에머릭, 『상식으로 알아야 할 이슬람』 한상연 옮김(서울: 삼양 미디어, 2012), 28.
44) 위의 책, 159.
45) 잭 버드, 30.
46) 서정민, 『인간의 땅, 중동』(서울: 중앙북스(주), 2009), 147.
47) 아랍어로 '열 번째'를 뜻하는 '아슈라'는 이슬람력으로 매년 1월 10일이며 제 3대 이맘 후세인의 죽음을 기리는 이슬람 쉬아파 최대 종교기념일이다. '카르빌라의 비극'으로 불리는 이 사건은 이슬람이 주류인 '수니(관습)'파와 비주류인 '쉬아(추종자)'파로 갈라서는 결정적 계기가 됐다. 아슈라 때에는 수많은 쉬아파들이 카르빌라를 순례하기 위해 모여든다. 이날 쉬아

파 사람들은 검은색 옷을 입고 스스로 칼이나 채찍으로 이마와 등을 때려 상처를 낸다. 그 이유는 이맘 후세인이 전사할 당시 온몸이 찢겨 사살됐다고 전해져 그의 죽음을 애도하기 위해서다. 또한 여자들은 이맘 후세인의 집안을 상징하는 녹색 머리띠를 착용하기도 한다. 오늘날 레바논, 이란, 이라크에서는 아슈라 행사를 대대적인 축제로 행한다.

48) 꾸란이 해답을 주지 못하는 다양한 사회적 문제들, 예를 들어 무슬림의 사후에 재산 처분의 문제에 대하여 하디스나 꾸란에 대한 해석상의 차이로 인해 이슬람 법학은 크게 4가지로 학파가 형성 된다. 관례(rite)를 주장하는 각각의 지도자들의 명칭을 따라 말리크(Malik ibn-Anas, 796년 사망), 하니파(Abu-Hanifa, 767사망), 샤피(ash-Shafi'i, 820년 사망), 한발(Ahmad ibn-Hanbal(855년 사망)의 네 학파로 나누어졌다. 네 학파 중에 하나피 학파는 가장 널리 퍼져 있는데 시리아, 요르단, 이라크, 레바논, 아프가니스탄, 인도, 파키스탄에 퍼져 있으며 가장 융통성이 넓다고 알려졌다. 두 번째 학파는 말리카로 북아프카의 알제리, 모로쿠, 튀니지, 이집트, 서부 아프리카와 쿠웨이트이다. 이 학파는 넷 중에서 가장 오래된 학파이다. 샤피이는 세 번째로 큰 학파이며 인도네시아, 말레이시아, 이집트 북부, 동부 아프리카, 중동의 여러 곳에 퍼져 있다. 마지막으로 한발리파는 사우디아라비아, 카타르에서 우세하며 네 학파 중에 가장 엄격하다.

49) 주애진, '어린이까지 학살…시리아 '샤비하'공포,' 『동아일보』 2012년 6월15일자, A20.

❖ 2부·2장

1) Keithe E. Swartley,ed., *Encountering The World of Islam* (Littleton's Autheritic, 2005), 92-94.
2) 위의 책, 94-95.
3) 쉬아파에서 탈퇴한 카와리지파는 알리 진영으로부터 이탈한 자들이다. 이들이 현대 이슬람 원리주의에 끼친 영향은 정권에 대항한 혁명적 반란과 이에 대한 이론적 근거를 제공하여 지하드를 관행화시켰다.
4) 잭버드, 『이슬람이란 무엇인가』 중동선교회 옮김 (서울: 예루살렘, 1992), 76.
5) Bernard Lewis, *The Crisis of Islam* (London: Weidenfeld & Nicolson, 2003), 29-30.
6) 꾸란 61:11 "그것은 너희가 알라와 그분의 선지자를 믿으며 알라 사업을 위해 너희 재산과 너희 생명으로 성전하는 것으로 너희가 알고 있다면 그것이 너희를 위한 복이라."
7) 이희수 이원삼 외, 『이슬람』 개정판 (서울: 청아출판사, 2005년), 249.
8) 출처: The Boston Globe, 2011년 4월 4일, 한국선교연구원 파발마 764호.
9) Reuven Firestone, *Jihad* (Oxford: Oxford University Press, 1999), 51-63.
10) 위의 책, 54.
11) Keithe E. Swartley, ed., 100-105.
12) 이정순, 『이슬람 문화와 여성』(서울: CLC, 2007), 200-201.
13) 꾸란 3:45 "오 마리아여! 알라께서 너에게 말씀으로 복음을 주시니 마리아의 아들로써 그의 이름은 메시아 예수님 이니라. 그는 현세와 내세에서 훌륭한 주인이시오. 알라 가까이 있는 자 가운데 한분이나라.
14) 꾸란 4:171-성서의 백성들이여 너희 종교의 한계를 넘지 말며 알라에 대한 진실 외에는 말하지 말라 실로 예수님 그리스도는 마리아의 아들이자 알라의 선지자로써 마리아에게 말씀이 있었으니 이는 주님의 영혼이었노라 ..
15) Sohaib Sultan, *The Koran for Dummies* (Hoboken: Wiley Publishing, INC, 2004), 160.
16) Robert Spencer, *The Truth about Muhammad* (Washington,DC: Regnery Publishing, INC, 2006), 8.;꾸란3:32; 3:132; 4:13; 4:59, 8:1; 8:20; 8:46; 9:71; 24-47; 24:51, 52, 54,56; 33:33; 47: 33; 49:14, 58:13;64:12.
17) 쇼갯 모우캐리, 『기독교와 이슬람의 대화』, 한국이슬람연구소 옮김(서울: 예영커뮤니케이션, 2003)138.
18) 최영길, 『이슬람 문화』 (도서출판 알림, 2000 개정증보판), 280.
19) 서정길편저, 『마호멧 전기』(서울: 열화당, 1983), 254.
20) 압둘 마시흐, 『무슬림과의 대화』 이동주 옮김(서울:CLC, 2001), 170.
21) 공일주, 『이슬람의 수피즘과 수쿠크』(서울: CLC, 2011), 8.
22) 이현경, 『이슬람의 사랑 개념: 수피즘을 중심으로』, (이화여자대학교 대학원 2001년도 석사학 청구논문), 11.
23) Idries Shah, *The Way of the Sufi* (London: The Octagon Press, 2004), 54.

24) 이현경, 30-33.
25) William C. Chittick. *Sufism A Short Introducation* (Oxford: Oneworld Publication, 2005), 54.,
26) Rick Love, *Muslims, Magic, and the Kingdom of God* (Pasadena, CA: William Carey Library, 2000), 23.
27) Bill Musk, *The Unseen Face of Islam* (Easr Sussex: MARC, 1989), 180-84.
28) 이해준, "무슬림 귀네슈가 돼지머리에 돈 꽂은 까닭은…"『중앙일보』2008aus 3월 1일자, 27면.

❖ 3부

1) 이슬람교, 『주간 무슬림』 1037호(2011. 8. 26), 12쪽.
2) 조진형, '이슬람 금융으로 국내기업 첫 자금 조달 성공…동화홀딩스 2400만弗,' 『한국경제』 2010년 5월 14일자, 30면.
3) 서정호, "이슬람금융과 수쿠크란 무엇인가요," 『조선일보』 2011년 4월 1일자, B10면.
4) 공일주, 『이슬람의 수피즘과 스크크』 (서울: CLC, 2011), 237.
5) 서정호.
6) 심의섭 외, 『중동 경제와 이슬람 금융』 (서울: 세창출판사, 2010), 134.
7) Sarah Joseph, ed., *Encyclopedia of Women & Islamic Cultures:* Family, Law and Politics. Vol II (Leiden-Boston: Brill, 2005), 775 "Umma."
8) 미야자키 마사카츠, 『하룻밤에 읽는 중동사』 이규원 역 (서울: 랜덤하우스코리아, 2008), 41.
9) 전완경, 『아랍의 관습과 매너』(부산:PUFS, 1999), 144..
10) Abdullah al-Ahsan, *Ummah or Nation? Identity Crisis In Contempory Muslim Society* (Leicester: The Islamic Foundation, 1992), 152.
11) Muhammad Ashraf Chaudhri, *The Muslim Ummah and Iqbal* (Islamabad: National Institute of Historical and Cultural Resarch, 1994), 66.
12) Mian Abdul Hameed, *The Renaissance of The Muslim Ummah* (New Delhi: Adam Publishers & Distributors, 2007), iii.
13) 사이드 쿠틉, 『진리를 향한 이정표』 서정민 옮김(서울: 평사리, 2011), 11.; 사이드 크틉(Sayyid Qutb 1906-1966)은 이슬람의 급진 이념 및 운동에 있어 가장 영향력 있는 인물로 평가받고 있다. 사이드 쿠틉의 저서와 가르침은 이슬람 과격주의, 글로벌 이슬람 과격 운동의 단초를 제공하였다. 그의 사상과 이념을 전수받은 빈 라덴이 알카이다를 창설하여 2001년 9.11테러를 일으켰다.
14) 버나드 루이스, 『중동의 역사』 이희수 옮김(서울: 까치글방, 1998), 225.
15) 엘리사 코프먼, "이슬람 확산의 비밀," 『Christianity Today』 한국판 2008년 7월호, 78-79.
16) 최수현, 원세일, 조백건, "서울은 작은 지구촌…" 『조선일보』 2008년 3월 33일, A11.
17) al-Bukhari 8:56 Jabir reported That The Prophet(Muhammad) "…..and for me the earth has been made a mosque." Maulana Muhammad Ali, 'The Mosque,' *A Munual of Hadith* (Columbus, Ohio; The Ahmadiyya Anjuman Ishaat Islam Lahore Inc, 2001).
18) S. Solomon & E. Alamaqdisi, *The Mosque Exposed* (Charlottesville, VA: ANM Press, 2007), 22.
19) 상징(Symbol)의 형태(form)는 하나이지만 단 하나의 의미만을 전달하지 않고 여러 의미를 전달한다(예, 추상화).
20) John L. Esposito,ed., *The Oxford Dictionary of Islam* (Oxford: Oxford University Press, 2003), 207
21) 황의갑, "이슬람 세계의 마스지드 연구" 『중동문제연구』 제8권 2호. (중동문제연구소, 2009),

22) 박카란 지금의 메카 도시의 옛 이름이다. 이도시안에 카바신전이 들어있는 함람사원(모스크)이 있다.
23) 로버트 어윈, 『이슬람 미술』 황의갑 옮김 (서울: 도서출판 예경, 2005), 64
24) Muhammad Saddique Qureshi, *The Role of Mosque in Islam* (New Dwlhi: International Islamic Publishers, 1990), 6.
25) 미야자키 마사카츠, 112.
26) Paul Lunde, *Islam* (London: A Dorling Kindersley Book, 2003), 82.
27) Muhammad Saddique Qureshi, 8.
28) 신안준, "모스크 건축의 평면 유형에 관한 연구"『충청대학 논문』(제 22집) (충청대학; 2002년), 47.
29) Malek Chebel, *Symbols of Islam* (New York: Assouline Publishing, 2000), 70.
30) 'Uthman said, I heard the Messenger of Allah(Mahammud)say; "Whoever builds a mosque, desiring thereby Allah's pleasure, Allah builds for him the like of it in paradise."(al-Bukhari Hadith 8:65).
31) S. Solomon & E. Alamaqdisi, 75.
32) 모스크와 기타 자선을 목적으로 하는 공공시설을 재정적으로 유지하기 위하여 기증된 토지·가옥 등의 재산.
33) 이완(弛緩); 잘 조성된 분위기 따위가 흐트러져 느슨해진 모습.
34) 그리스 고전문화의 전통 위에 그리스도교적 요소가 더하여진 것이 이 문화의 본질이다. 비잔틴제국(330-1453년)의 성쇠와 함께 전개되었으나, 특히 6세기 중엽, 9~10세기, 14세기에 융성하였다
35) 이희수·이원삼외, 『이슬람』(파주시: 청아출판사, 2005 개정판), 109.
36) 데이비드 맥컬레이, 『이슬람사원』 김영선 옮김 (서울: 도서출판 한길사, 2005), 7.
37) 은석회를 벽에 칠하고 그것이 마르기 전에 채색하는 방법이다. 르네상스 때 많은 작품들이 이런 방법으로 제작되었다.
38) 꾸란 59:24 "이분이 창조주 알라(으로) 창조하시는 분이요 형상을 만드는 분이시라..."
39) 아라베스크 문양은 아랍어문자 또는 식물의 줄기나 덩굴 등에서 기원된 곡선적, 유동적 형태요소에 의해 복잡하게 구성된 추상적인 문양을 지칭한다. 모자이크 기법은 비잔틴 건축으로부터 도입된 기법으로 대리석과 석회석을 비롯한 석재, 색채타일, 색유리, 조개껍질, 금박가루의 화려한 색상과 광택을 지닌 재료를 실내 벽, 천장, 바닥 등의 표면에 부착하여 전체적으로 성화, 인물화, 문양등을 구성함으로써 표면의 작은 조각들이 빛을 반사함으로서 매우 화려하고 강렬한 효과를 창출하다.
40) 로버트 어윈, 24.
41) 꾸란 2:150 "그대가 어느 곳으로 여행을 하던 그대의 얼굴을 하람사원(카바)으로 돌릴 것이며 너희가 어디에 있던 얼굴을 그 쪽으로 향할지니...."
42) 꾸란 24:35 "알라는 하늘과 땅의 빛이라. 그 빛을 비유하사 벽위의 등잔과 같은 것으로 그

안에 등불이 있으며 그 등불은 유리 안에 있더라, 그 유리는 축복받은 올리브기름으로 별처럼 밝게 빛나도다…신은 하늘과 땅의 빛이다…"

43) Muhammad Saddique Qureshi, 21.
44) 최영길, 『이슬람 문화』 (도서출판 알림, 2000 개정증보판), 154.
45) 쉬아파 최대의 성일인 아슈라는 무함드의 손자 이맘 후세인이 680년 이라크 카르발라에서 칼리프 야지드의 군대에게 참혹하게 살해된 날로 시아파와 수니파가 갈라지는 결정적 사건이다.
46) S. Solomon & E. Alamaqdisi, 27.
47) 위의 책, 26.
48) 타블리기 자맛은 1920년대 창설되었고 현재 80여 개국 이상에서 활동 중인 이슬람 근본주의 단체이며, 현재 런던 동부 뉴햄 모스크(Newham)에 메가(Mega Mosque) 건립을 추진하고 있는 단체이다.
49) Muhammad Saddique Qureshi, 130.
50) 꾸란 9:7 "알라와 선지자 앞에서 어떻게 불신자들을 위한 조약을 체결할 수 있느뇨. 그러나 하람 모스크에서 체결한 조약은 제외로 그들이 너희에게 진실할 때 너희도 그들에게 진실해야 되나니…"
51) 하신은 이집트 알 아즈하르 대학에서 공부하였으며, 1919년 13살의 나이에 영국 통치를 반대하는 혁명에 참여한다. 그리고 20세기 세계에서 가장 큰 이슬람 원리주의 단체인 무슬림 형제단(the Muslim Brotherhood)을 1928년 창설하였다.
52) S. Solomon & E. Alamaqdisi, 36.
53) 파트와는 무슬림들이 어떤 사인이 이슬람 법에 저촉되는지 혼자 답을 구하기 어려운 문제에 대해 한 법합자들의 법률적 견해이다.
54) S. Solomon & E. Alamaqdisi, 38.
55) 무함마드 사후의 후계자 들; 제1대 아부바카르(Abu Bakr), 제2대 오마르(Omar), 제3대 우스만(Uthman) 과 제4대 알리(Ali)
56) 미야자키 마사카즈, 113.
57) 정수일, 『이슬람 문명』(서울: (주) 창비, 2002), 263.
58) 이정순, "중국 후이(Hui)족 여성모스크와 여성아훙의 역할," 『복음과 선교』 13편. Vol. VIII/2010. No.2. (경기도: 올리브 나무, 2010), 272.
59) Margaret K. Nydell, *Understanding Arabs*, Fourth edition (Bosten & London, Intercultural Press INC., 2006), 57.
60) 위의 책, 59.
61) 이정순, 『이슬람 문화와 여성』 (서울: CLC, 2007), 191.
62) 고현국, "돼지고기 금기 이슬람교도 순대공장 배치는 인권침해," 『동아일보』 2012년 4월4일자, A12면.
63) Margaret K. Nydell, 33-34.

64) 천지우, "여성장관 히잡 안 썼다고," 『국민일보』 2007년 2월 22일자, 10면.
65) 이슬람력(Islamic Calendar)으로 음력 9월 27일에 꾸란 계시가 시작되었는데 이 때 초승달이 떠 있었다. 이 때문에 초승달이 이슬람에서 중요한 상징이 된다. 모스크 지붕의 맨 꼭대기에 초승달 문양이 부조물로 걸려 있다는 것은 초승달이 이슬람교 세계 공통의 상징임을 나타낸다. 이슬람에서는 적십자(red cross) 대신 적신월(red crescent)을 사용한다.
66) 이정순, 『무슬림 여성과 베일』 (서울: 기독교문서선교회, 2002), 18.
67) Glory E. Dharmaraj & Jacob S. Dharmaraj, *Christianity and Islam* (Delhi: ISPCK, 1999), 254. 이정순『무슬림 여성과 베일』, 47에서 재인용.
68) 창세기 24:65 "종에게 말하되 들에서 배회하다가 우리에게로 마주 오는 자가 누구뇨 종이 가로되 이는 내 주인이니이다 리브가가 면박을 취하여 스스로 가리우더라"

"For she had said unto the servant, What man is this that walketh in the field to meet us? And the servant had said, It is my master: therefore she took a veil, and covered herself."(King James Version); 영어성경에서 Therefore는 그런 까닭에, 그 결과, 그래서 등으로 리브가가 이삭을 만나기 전에 면박(veil)을 취한 것이 아니고, 이삭을 알아본 후에 면박(veil)을 취한 것을 의미한다.
69) 이사야 47:2 "맷돌을 취하여 가루를 갈라 면박을 벗으며 치마를 걷어 다리를 드러내고 강을 건너라".
70) 『기독교대백과사전』 (서울: 기독교문사, 1982), "베일" 항목.
71) 고린도전서 11:4-6 "무릇 남자로서 머리에 무엇을 쓰고 기도나 예언을 하는 자는 그 머리를 욕되게 하는 것이요. 무릇 여자로서 머리에 쓴 것을 벗고 기도나 예언을 하는 자는 그 머리를 욕되게 하는 것이니 이는 머리 민 것과 나름이 없음이니라. 만일 여자가 머리에 쓰지 않거든 깎을 것이요. 만일 깎거나 미는 것이 여자에게 부끄러움이 되거든 쓸찌니라."
72) Muhammad Fuwaad 'Abd al-Baaqii, *al-Mu'jam al-Mufahras li-'AlfaaZ al-Qur'aan al-Kariim bi-Hashiyat al-MuSHaf al-Shariif* (Cairo: Daar al- Hadiith, 1988) s. v "Hijaabun", "Hijaaban."; B. Lewis, V. L. Ménage, Ch. Pellet and J. Schacht, The Encyclopaedia of Islam, new edition, Vol. III. (London: Luza & Co, 1971) "Hidjab", 항목. 히잡(Hijab)이 나오는 꾸란 구절 7:46 33:53 38:32 41:5 42:51 17:45 19:17이다. 「성꾸란」 영문 꾸란은 Abdullah Yusuf Ali, *The Quran* (New York, Tahrike Tarsile Qur'an, Ine. 1997)을 사용하였다. 이정순, 『무슬림 여성과 베일』, 75-76에서 재인용.

꾸란 7:46 "그들 사이에 베일(veil)이있고 천국의 사람과 지옥의 사람들을 상징 으로 아는 이들이 높은 곳에 있으니 이들은 천국의 사람들에게 그대들 위에 평온함이 있으니라 말하나 그들은 천국에 들지 않고 그들도 들어가길 원하더라."

꾸란 33:53 "믿는자들이여 예언자의 가정을 들어가되 이때는 식사를 위해 너희에게 허용되었을 때이며 식사가 완료되기를 기다려서는 아니 되노라. 그러나 너희가 초대되었을 때는 들어가라 그리고 식사를 마치면 자리에서 일어설 것이며 서로가 이야기를 들으려 하지 말라. 실로 이것은 선지자를 괴롭히는 일이라 예언자는 너희를 보냄에 수줍어 하사 하나님은 진리를 말하심에 주저하지 아니 하심이라. 그리고 너희는 선지자의 부인으로부터 무엇을 요구할 때 가림새(screen)를 사이에 두고 하라 그렇게 함이 너희 마음과 선지자 부인들의 마음을 위해 순결한 것이라. 너희는 하나님의 선지자를 괴롭히지 아니하도록 처신하라. 너희는 이 부인들과 결혼할 수 없노라 이것은 실로 하나님 앞에 큰 죄악이라."

꾸란 38:32 "그가 말하기 실로 나는 나의 주님을 염원하는 것 같이 그것을 사랑했으니 태양이 밤의 베일(veil) 속으로 숨을 때까지였더라."

꾸란 41:5 "말하길 우리의 마음이 닫혀져 있어 그대가 초대하는 것이 우리에게 이르지 못하며 우리의 귀가 막혀 이해하지 못하니 우리와 그대 사이에는 장벽 (veils)이 있도다. 그러므로 그대는 그대의 일을 하라 우리는 우리의 일을 하리라 말하더라."

꾸란 42:51 "하나님이 말씀으로 보낸 것은 인간을 통해서가 아니라 계시를 통해서 또는 가리개(veil) 뒤에서 사자를 통하여 계시되었으며 이는 그분께서 뜻을 두고 허락하신 것이라 실로 그분은 높이 계시며 지혜로운 분이시라."

꾸란 17:45 "그대가 꾸란을 낭송할 때 하나님은 그대와 내세를 믿지 않는 자들 사이에 보이지 않는 베일(veil)을 두었노라."

꾸란 19:17 "그들이 보지 아니 하도록 그녀가 얼굴을 가리었(screen)을 때 하나님이 그녀에게 천사를 보내니 그는 그녀 앞에 사람처럼 나타났더라."

73) Mohammed Ismail Memon Madani, *Hijab* (Virginia: Al-Saadawi Publi- cations, 1995), 7.
74) Sachiko Murata & William C. Chittick, *The Vision of Islam* (London: I. B. Tauris Publishers, 1996), 221.
75) Zakaria Bashier, *Muslim Women In The Midst of Change* (London: Joseph Ball LTD, 1990), 30.
76) Mohammed Ismail Memon Madani, 73.
77) Abdur Rahmān I. Doi, *Women in Shari'ah* (Kuala Lumper: Academe Art & Printing Services Sdn. Bhd, 1992), 24.
78). Hamdun Dagher, *The Position Of Women In Islam* (Villach: Light of Life, 1995), 120.
79). Mai Yamani, ed., *Feminism and Islam* (Berkshire: Ithaca Press, 1997), 225.
80) Camillia Fawzi El-Solh & Judy Mabro, ed., *Muslim Women's Choice- Religious Belief and Social Reality* (Oxford: Berg, 1995), 195.

❖ **4부**

1) 쇼캣 모우캐리, 『기독교와 이슬람의 대화』 한국이슬람연구소 옮김(서울: 예영커뮤니케이션, 2003) 23.
2) 이정순, 『이슬람 문화와 여성』(서울: CLC, 2007) 7.
3) 정미경, "다문화사회를 향한 한국기독교 이주민 선교의 방향과 과제,"(신학전문대학원 박사학위논문, 성결대학교, 2010), 147.
4) 박정호, "신라 처용무·토우에도 사라센 흔적 있는데 지금은 이슬람 너무 몰라," 『중앙일보』 2011년 3월 9일자, 3면.